峥嵘岁月歌　奋进的 20 年

——浦东新区基层红十字会优秀案例大盘点

上海市浦东新区红十字会　主编

合肥工业大学出版社

图书在版编目(CIP)数据

峥嵘岁月歌　奋进的20年:浦东新区基层红十字会优秀案例大盘点/上海市浦东新区红十字会主编.—合肥:合肥工业大学出版社,2014.12

ISBN 978-7-5650-2037-7

Ⅰ.①峥…　Ⅱ.①上…　Ⅲ.①红十字会—概况—浦东新区　Ⅳ.①D632.1

中国版本图书馆CIP数据核字(2014)第282411号

峥嵘岁月歌　奋进的20年

——浦东新区基层红十字会优秀案例大盘点

上海市浦东新区红十字会　主编

责任编辑　章　建
出版发行　合肥工业大学出版社
地　　址　(230009)合肥市屯溪路193号
网　　址　www.hfutpress.com.cn
电　　话　总　编　室:0551-62903038
　　　　　　市场营销部:0551-62903198
开　　本　710毫米×1010毫米　1/16
印　　张　19.5
字　　数　330千字
版　　次　2014年12月第1版
印　　次　2014年12月第1次印刷
印　　刷　合肥学苑印务有限公司
书　　号　ISBN 978-7-5650-2037-7
定　　价　46.00元

如果有影响阅读的印装质量问题,请与出版社市场营销部联系调换。

序　言

20年，于沧桑不过一瞬，而于浦东红十字会则或是拼搏的一段精彩、奋斗的一次涅槃。值此浦东新区红十字会建会20周年之际，浦东新区基层红十字组织20年工作成果汇编——《峥嵘岁月歌　奋进的20年——浦东新区基层红十字会优秀案例大盘点》编纂完稿，翔实记录了浦东红十字人20年同心同德、共谱华章的光辉历程，生动再现了浦东新区红十字会系统风雨同舟、共创辉煌的精神面貌！

在浦东这个中国改革开放的前沿窗口，浦东新区红十字会肩负着历史使命和责任，上下齐心，大刀阔斧，在改革发展中争创佳绩，在承载责任中彰显人道，在体系建设中服务民生，在创新奋进中见证博爱，在奉献拼搏中追求卓越，以改革创新的精神实现着红十字事业质的飞越！

历史是一场接力赛。浦东新区红十字会20年的发展历程，是浦东新区改革开放、团结奋进的20年，是新区红十字会围绕中心服务大局、敢闯敢试勇立潮头的20年。如今，面对浦东改革开发开放的重要战略机遇期，新区红十字会亦将抓住这一契机，科学规划、真抓实干，发挥政府人道领域助手作用，共建人民心中的红十字会。

围绕新区红十字会的工作中心，全区296个基层红十字组织交出了20年工作历程的优异答卷，携手谱写了浦东红十字事业的一章章鸿篇巨制。这20年，值得我们为之自豪，更值得我们铭记。

36个街道（镇）红十字会，7家冠名红十字医疗机构，253家学校红十字会，这些基层红十字组织中的佼佼者在本书中呈现了20年来的工作成果，图文并茂。这其中，有红十字博爱街镇的顾盼风姿，有红十字博爱医院的医者仁心，有红十字博爱学校的德爱育人，更有全体红十字人的呕心沥血、奋勇拼搏！

本书中的60多篇优秀案例，从救助、救护、志愿服务等多角度，全面呈现了20年来的人道故事，撼人心扉。这其中，有面对自然灾害时的同舟共济，有情系弱势群体的赤子之心，有危急情势之下的援手相助，更有一例例志愿者无私奉献的感人付出！

记录历史，关照今天，启迪未来。本书的出版，留下的不仅是珍贵的历史资料，更是一份宝贵的精神财富。汲取历史的营养，传承历史的精神，用智慧、用激情、用理性，浦东红十字更多的20年，待我们共同书写！

浦东新区红十字会党组书记、常务副会长

丁老峡

2014年8月20日

目　　录

上篇　基层红十字组织工作成果介绍

街镇

冠名红十字医疗机构

学校红十字会

下篇　红十字系统优秀案例盘点

救助

救护

志愿服务

上　篇

基层红十字组织工作成果介绍

街　镇

南汇新城镇红十字会

2012 年 9 月，南汇新城镇正式成立。原芦潮港、申港红十字会工作在短期内实现顺利衔接和持续发展。南汇新城镇红十字会是临港体制调整后第一个成立的社会团体，亦体现了党委、政府对红十字会工作的关注和支持。

2012 年 11 月 20 日，南汇新城镇红十字会召开了第一次会员代表大会。南汇新城镇红十字会始终在努力着，在实践着，更在成长着。镇红十字会以聚焦基础建设、聚焦宣传造势、聚焦弱势群体、聚焦“三献”工作、聚焦规范管理的“五聚焦”工作宗旨，秉承“人道、博爱、奉献”的红十字精神，各项工作取得了显著成效。

长风破浪会有时，直挂云帆济沧海。镇红十字会成立至今虽不足两年，因原“一镇一街道”基础良好，红十字会各项工作均蓬勃发展。在日常工作中，镇红十字会努力做到：狠抓落实，基础工作更趋规范；凝聚人道，赈济救助落到实处；形式多样，救护培训成效明显；丰富载体，宣传工作深入推进；注重管理，志愿服务规范有序；质速并行，服务总站成功创建。2014 年，我们努力创建“博爱镇”，在临港这片新兴的土壤上，红十字旗帜正迎风飘扬。镇红十字会一如既往的努力也获得了肯定，2013 年新城镇被评为“区红十字会工作先进集体”，镇红十字服务总站获优质项目奖；上级部门多次到镇考察调研，对镇红十字会工作寄予了厚望。

南汇新城镇红十字会工作在探索中前进，在前进中发展，也在努力

社区居民体验南汇新城镇红十字服务总站的服务

发展特色工作。(1)拓展救护培训范畴，实现救护培训的“四进”，即进机关、进社区、进学校、进工地，自行购置高规格救护包等，最大限度地普及急救知识。(2)拓展帮困救助力度，实现春节帮困，年中慰问，“为困难学生送温暖、为失智老人送清凉”，不定时开展“爱心接

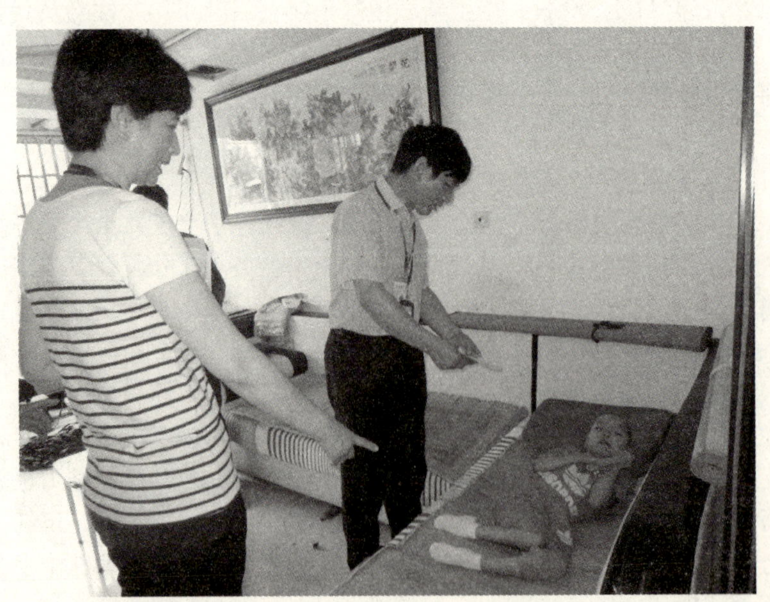

南汇新城镇红十字会开展“为贫困儿童送温暖”活动

力，圆梦未来”“助学接力，港城有爱”等爱心活动，在临港掀起了爱心帮困的热潮。(3) 拓展宣传造势深度，把每月的8日定为“红十字活动日”，每年开展“温暖红、健康蓝、生命绿”等活动，涉及培训、宣传、救助等多项内容。(4) 拓展红十字服务总站功能，通过“三字工作法”，即“早、特、优”，把总站建设成多功能的服务站，为红十字工作发展提供了平台，为传播红十字理念提供了载体，为服务群众提供了场所，为履行救助提供了便利。

潮平岸阔催人进，风正扬帆当有为。未来工作中，南汇新城镇红十字会将以“在提高社会影响力上实现新突破、在加强基层能力建设上实现新突破、在增强‘三救’能力上实现新突破、在强化人道关爱工作上实现新突破、在深化红十字志愿服务上实现新突破”的五个“新突破”为目标，站在更高的起点上，结合自身特点和优势，充分利用好地域资源、政策资源，做出亮点、做出品牌！凝聚人道力量，彰显博爱精神，让红十字在临港土地上高高飘扬，努力开创南汇新城镇红十字事业发展新局面。

川沙新镇红十字会

川沙新镇现区域面积96.7平方公里，户籍人口15.07万，下辖6个社区，包括41个村、40个居委会。“撤三建二”后，选举产生新一届川沙新镇红十字会理事会，设6个社区红会工作负责人。现有81个红会小组，13个博爱社区，1个服务总站，32个服务站。全镇拥有会员家庭9049家、会员20547名。现有镇级救护队1支、村（居委）救护队81支，拥有救护师资5名、救护教学辅导员6名；以及镇救灾工作联络员1名、社区救灾工作联络员6名、村（居委）救灾工作联络员81名、博爱阳光志愿者87名、服务站志愿者160名。

川沙新镇红十字会第一次会员代表大会

一、努力做好帮困救助

五年来，川沙新镇红十字会共发放迎春帮困救助金 108.9 万元；大重病、意外等累计发放救助金 11 万元。特别是由新区红十字会、镇红十字会及界龙村联合举办的“拯救白血病女孩沈燕灵爱心行动”募捐专项活动，共筹集善款 544050 元，通过新区红十字会全额用于患者的医疗费用，这一爱心大行动传递了“千万人帮万家”社会关爱的新风尚。同时，镇红十字会深入推进“社区重度失智困难老人配送护理用品”项目规范化、常态化，实行社区、镇、区三方上门核查，抓好三级配送质量，累计配送护理用品 5131 人次。

二、努力践行服务宗旨

镇红十字会成功创建红十字服务总站，实现全镇社区红十字服务站全覆盖。作为红十字会体现服务质量的重要阵地，历年来服务站开展了募捐帮困活动，举办红十字知识、普法、卫生健康等宣传讲座，组织救护培训、复训演练活动，提供医疗保健咨询、测血压、称体重、量身高以及租借轮椅车、拐杖等便民服务，实现了服务功能的全面提升，为民服务深受欢迎。

川沙新镇界龙村、镇红十字会、新区红十字会联合开展
“拯救白血病女孩沈燕灵爱心行动”募捐活动

三、努力开展宣传传播

镇红十字会积极开展救护培训。自 2007 年以来，共培训救护员 2076 名，普及培训 13890 名，救护员复训 6332 名。“5·8”世界红十字日专题宣传活动形式多样、贴近民心，在宣传、服务过程中获得群众一致好评；“5·12”防灾减灾宣传活动，进一步增强了公民防灾减灾意识，在掌握应急避震、安全避险和自救互救知识中发挥了重要作用。

川沙新镇红十字会在川沙广场举办“防灾减灾”宣传活动

红十字事业是一项造福人类的崇高事业。新的起点，新的追求，川沙新镇红十字会将紧紧围绕全镇经济社会发展大局，创造性地开展工作；坚持以人为本，不断拓展人道工作新领域，大力提升救灾、救护、救助水平，广泛传播红十字精神，开拓进取，为明天更加美好的红十字事业而努力奋斗。

祝桥镇红十字会

历年来，祝桥镇红十字会在镇党委、政府的正确领导下，在新区红十字会的精心指导下，在社会各界的大力支持下，经社区、村居和广大会员及志愿者的共同努力，红十字事业取得了长足的、较快的发展。祝桥镇红十字会始终坚持“面向社会、方便群众、服务群众”的工作方针，充分发挥政府人道领域的助手作用，努力弘扬“人道、博爱、奉献”的红十字精神，以“祝桥新镇、航空新城”为总体目标，积极进取，开拓创新，求真务实，努力开创红十字工作新局面。

浦东新区区委书记沈晓明（左）在祝桥镇调研工作

一、基本情况

祝桥镇位于浦东新区中东部，东临浦东国际机场，南拥中国商飞总装基地，北有保税区和规划中的上海东站，西邻迪斯尼乐园。“五镇一场”合并的新祝桥，是一个镇管社区的模式。全镇区域面积有156平方公里，有5大社区、40个行政村、25个居委，户籍人口约12万人，来沪人员约13万人。现有博爱社区9个，基层红会小组70个，红十字服务总站1家，基层服务站65家（拆迁2家），个人会员2801人，会员家庭5508户，会员总人数达16289名；建立镇、社区、村、组救灾联络员队伍63支，救灾联络员697人；志愿工作者队伍63支，工作者568人；救护队伍616支，救护队员3753人；造血干细胞捐献志愿者登记数206人，遗体捐献志愿者登记数30人，已有实现者1名。

二、主要成效

（一）夯实基础，全面提升红十字队伍建设，充分发挥政府人道领域助手的作用。充分挖掘具有一定文化、技能，以及无私奉献精神的同志加入红十字志愿者队伍。对社区、村居红十字工作开展情况，实行半年一检查、季中一抽查，做到有组织、有计划、有推进、有总结。对红会干部、会员、志愿者、师资等开展分类培训，“六五”普法率达100%，红会干部人道法培训率达100%。

祝桥镇红十字会在文化中心剧场举办2013年应急救护操作技能接力大赛

（二）强化落实，狠抓红十字“三救”工作，认真履行红十字会的主要职责。加大赈济救助力度，每年募捐资金达50万元，积极开展“千万人帮万家”活动，为弱势群体提供人道救助；建立健全四级救灾网络队伍，以高度的责任心及时处理突发事件的救灾工作。全面巩固红十字救护培训成果，重点抓好救护培训工作，截至目前，共完成救护初训、复训 15925 人，已实现达到常住人口 10% 的目标；建立救护队培训长效机制，每年举办技能演练竞赛，积极参加新区组织的各项救护竞赛活动，并屡获优异成绩。

（三）宣传发动，多形式开展宣传活动，大力弘扬“人道、博爱、奉献”的红十字精神。坚持活动引导，营造良好氛围。以“3·1”“5·8”“5·12”“12·1”等纪念日为契机，开展设摊宣传、板报宣传、大型义诊、广场演出等活动。坚持多方联动，推动宣传常态化。与科协、爱卫办联合开展“‘六五’普法和居家护理及常见病预防”等知识讲座，提高居民的自我防病能力，提升社区的整体素质。

（四）志愿服务，大力倡导红十字运动，充分发扬红十字会的人道主义精神。无偿献血工作成效显著，每年超额完成献血指标，建有 800 名应急献血志愿者队伍。造血干细胞捐献稳步发展，现有造血干细胞捐献登记志愿者 204 名。遗体捐献工作扎实推进，现有注册捐献志愿者 30 名。2011 年，祝桥镇有 1 人实现了遗体捐献，为医学和科研事业做出了贡献。

祝桥镇红十字会遗体捐献志愿者和家属参加
在福寿园海港陵园举行的上海市百姓公祭日活动

（五）把握标准，严格落实政府实事项目，努力强化红十字服务为民的宗旨。社区重度失智困难老人关怀项目有序推进，全镇先后有 220 名困难失智老人享受了配送护理用品的关怀服务。少儿住院基金参保率实现 100%。

（六）立足基层，扎实推进博爱家园和服务站建设，稳步提升社区红十字服务水平。充分发挥红十字服务站的桥梁作用，为社区居民提供健康咨询服务及租借轮椅车、担架、拐杖等便民服务，获得了广大群众的普遍欢迎。博爱社区创建成效明显，按照“成熟一个、发展一个”的原则，全镇现已创建 5 个博爱村和 4 个博爱居委。2014 年，祝桥镇将实现博爱社区全覆盖，并积极申报创建红十字博爱镇，全方位推进博爱家园建设，扩大和提升红十字影响力、公信度。

陆家嘴街道红十字会

近年来，陆家嘴街道红十字会在新区红十字会的指导下，弘扬“人道、博爱、奉献”的红十字精神，积极为政府分忧，替群众解难。街道先后荣获“浦东新区红十字会优秀街镇”“上海市红十字示范社区”“上海市红十字工作先进集体”“‘5·12’抗震救灾先进集体”“上海市红十字服务世博会先进集体”等荣誉。

一、加强组织领导，完善机构网络

陆家嘴街道红十字会按照《中华人民共和国红十字会法》和《中国红十字会章程》，加强组织领导、完善机构网络。街道建立红十字会领导小组，各居委建立红十字小组，并将红十字服务工作纳入社区建设规划，纳入街道经济社会发展计划，依法将红十字事业的经费纳入财政预算。在街道红十字服务总站创建后，街道红十字服务站建设得到进一步加强，30个居委均建立社区红十字服务站，建站率达100%；辖区内共建博爱小区15个。

目前，街道共有红十字会员1502人，其中个人会员373人，会员家庭474户，志愿者253人；红十字救护队伍构建完备，包括由15人组成的街道红十字救护队及2支居委救护队。

二、营造宣传氛围，弘扬红会精神

街道红十字会通过抓宣传、造氛围，弘扬红十字“人道、博爱、奉献”精神。尤其是在“5·8”世界红十字日、“5·12”防灾减灾日等重要纪念日，街道红十字会均开展大型纪念和宣传活动，制作红十字知识宣传版面，发放宣传资料，介绍红十字救灾、救助、救护以及造血干细胞、无偿献血和遗体捐献等知识。同时采取红十字急救技能演示等多种形式，将自救互救等知识教给市民，强化意识，提升技能。

街道30个社区红十字服务站，每个星期开放两个半天，医务志愿者为社区居民提供量血压、紧急救护培训、健康咨询等服务，在为民服务中将红十字精神和理念传递。

三、发挥核心职能，助推和谐社区

街道红十字会积极拓宽募捐渠道，发挥救灾、救助、救护核心职能。在每年的“千万人帮万家”迎春帮困活动中，街道红十字会在认真摸排的基础上，对社区内特困、大病重病的家庭进行救助。平均每年发放救助款、物、帮困卡20余万元，受助约500人次。在2008年“5·12”四川汶川地震抗震救灾工作中，街道红十字会募集捐款171万元；2010年，街道红十字会为青海玉树地震募捐32.8万元，为甘肃舟曲泥石流灾害募捐7.1万元；2011年为云南盈江地震捐款13.4万元，等等。同时，街道红十字会拓宽募捐渠道，2009年9月与陆家嘴街道商会一起捐助江西省奉新县一所博爱小学。

汶川地震后，陆家嘴街道各个楼宇积极响应红会宣传，自发组织募捐活动

在救护培训工作中，街道红十字会分别在商务大厦、学校、企业、酒店等，针对外籍人士、白领、老师、导游、巴士公司司机、学生、社

区居民等不同对象开展了现场初级救护培训。2010 年世博会期间，街道红十字会救护志愿者队伍服务于陆家嘴地铁站岗亭；仁恒滨江居委的外国友人救护队，参加了新区红十字会“红十字与世博同行”救护培训实事项目成果展示活动，表现出色。街道救护队在历年新区红十字会世界急救日和“5·12”防灾减灾日竞赛演练活动中屡创佳绩。

陆家嘴街道红十字会志愿者为居民开展救护知识培训

潍坊新村街道红十字会

近年来，潍坊新村街道红十字会始终高举“博爱家园”的旗帜，积极探索推行红十字社区联动机制。为真正实现红十字工作“接地气”，街道红十字会以群众实际需求为导向，把红十字工作与社区居民自治工作紧密结合，用优质的人道服务切实解决居民的“急、难、愁”问题，真正为居民办好事、办实事，让更多人感受到红十字的温暖，提升了红十字会的社会公信力。

街道红十字会探索创新，“老伙伴健康生活馆”作为博爱项目成为新区红十字会首批十大博爱文化品牌之一。截至2014年6月底，累计共有11948名社区居民在“老伙伴健康生活馆”接受服务，服务对象达到44919人次，发放会员卡767张，获得锦旗8面、表扬信12封。2013年，“老伙伴健康生活馆”志愿服务队荣获了潍坊社区“十佳志愿服务集体”荣誉称号。

潍坊新村街道“老伙伴健康生活馆”揭牌启用

作为社区联动机制试点街镇之一，潍坊新村街道红十字社区联动工作取得突破。首个商务楼宇红十字服务站于2014 年3 月在汤臣金融大厦正式揭牌。服务站建立后，街道红十字会为企业员工开展了救护培训，提供不定期的健康咨询，在楼宇内招募“三献”（无偿献血、遗体捐献、造血干细胞捐献）志愿者，通过加强工作联动和日常沟通，促进红十字服务与社会服务的相互衔接、相互配合、相互融入。

在社区联动的过程中，街道红十字会与学校携手，送课程进校园，普及急救知识。街道红十字会与街道团工委合作，将红十字博爱文化送入课堂，每周五中午在浦师附小进行红十字急救课程讲解，课程包括拨打120 急救电话的注意要点、突发事故中的紧急应对、创伤救护四大技术等。红十字会志愿者们成为孩子们的校外辅导员，通过生动形象的授课，帮助社区学生增长急救知识，提高自救互救能力。

潍坊新村街道红十字服务总站为社区居民传递救护知识和技能

社区志愿服务定期送到居民身边。街道红十字会整合社区卫生服务中心的资源，安排医护人员在红十字服务总站内定期开展“关爱生命，关注健康”的社区义诊咨询活动，传递了对居民群众健康的关爱，宣传了红十字博爱精神。截至目前，共计为2300 人次的居民提供服务，发放健康宣传资料1100 余份，开展各类健康讲座，受到居民的欢迎。

此外，街道红十字会在创建“博爱家园”过程中亮点频现。如“博爱社区”创建与居委会自治特色项目建设有机结合 2014 年，街道以创建博爱示范街镇为契机，下辖 27 个居委会全部建成了红十字服务站，在原有 5 个博爱社区的基础上，又扩容至 23 个博爱社区，覆盖率超过 85%。福竹居委就以“福爱家园”为主题，申报创建了红十字特色自治项目，首创了“一金二组三员”工作模式，其中“一金”即福爱互助基金，“二组”即福爱互助服务小组、健康养身关爱小组，“三员”即负责资源收集的博爱管理员队伍、负责发动居民共同参与的博爱宣传员队伍、负责带领志愿者为他人提供帮助的博爱服务员队伍。同时，他们积极拓展宣传手段，由居民自办自编《福爱家园》小报，宣传红十字精神与理念。红十字工作与居委会自治建设的结合，有效地促进了博爱社区工作的长期化、规范化，在社区内逐步形成了较为完善的博爱互助格局和服务网络。通过建设“福爱家园”，小区居民愈发有了“家”的温馨感、归属感，小区也日渐变得民心顺畅、民意落实、民情安逸。

此外，王家宅居民区的“爱心小屋”、潍坊四村居民区的“邻里 1+1”睦邻角、竹园居民区的“幸福竹园”等项目，都结合各自的实际，将红十字工作融入居委会的自治建设中。

塘桥街道红十字会

塘桥街道位于陆家嘴金融贸易区南端，区域面积 3.86 平方公里，常住人口近 10 万。1987 年成立街道红十字会，现辖区内红十字服务站全覆盖，会员总数 20132 人。塘桥街道红十字会的工作坚持创品牌、强特色，取得了显著成效，先后荣获 2006 年上海市红十字示范社区、2006—2010 年度上海市红十字会工作先进集体和历年浦东新区街镇红十字会工作优秀单位等称号。

一、加强阵地建设，创品牌文化项目

（1）以铸造精品为标准，建设服务总站。2013 年 4 月 1 日，集指导辐射、宣传推广、教育培训、咨询服务功能为一体的塘桥红十字服务总站正式对辖区居民开放，现已成为“救灾、救护、救助”的管理平台、弘扬红十字精神的宣传阵地。

（2）以体现红十字元素为目标，建设博爱公园。2012 年，街道在塘桥公园设置红十字会标志人物及主题雕塑群、爱心服务点等红十字元素，宣传红十字精神，组织红十字相关活动，吸引更多的群众参与红十字活动中来。塘桥公园成为博爱文化主题公园，获得浦东新区“十大红十字博爱文化品牌”称号。

二、加强社区服务，扬博爱精神大旗

（1）积极开展救助、救灾活动。历年来街道红十字会积极开展红十字人道救助及“千万人帮万家”迎春募捐帮困活动，从 2006 年至今共发放救助资金 93.12 万元，关爱困难人群达 1856 人次。街道红十字会获“千万人帮万家——2012 年浦东博爱行”筹资工作突出贡献奖。在四川汶川、青海玉树地震等重大自然灾害发生时，街道红十字会积极发动社区居民奉献爱心，募集救灾款 108.66 万余元，2008 年获“上海市红十字会抗震救灾先进集体”荣誉称号。

塘桥街道热心居民参与红十字会组织的爱心募捐活动

塘桥街道组织开展“千万人帮万家”迎春帮困活动

（2）全面开展救护技能培训。街道红十字会建立辐射全社区的救护培训网络，在辖区内全面开展急救培训。完成救护员、普及培训共10528人。塘桥街道还荣获“2010年上海市红十字会服务世博先进集体”“2013年上海市应急救护技能竞赛二等奖”“2007—2008年度浦东新区重大工程立功竞赛优秀集体（救护培训）”，2010—2014年在浦东新区历次急救技能操作竞赛中都取得优异成绩。

塘桥街道组建成立红十字救护队

三、加强探索创新，显红十字工作特色

随着社会进步和经济发展，心理健康服务走进社区成为社会发展的必然趋势。2010年塘桥街道红十字会成立由社区专业人士、持证志愿者组成的红十字“心灵抚慰”志愿者服务队。2011年5月，又创新推进心理健康进社区试点项目，建立“怡心坊”心理健康工作室，在咨询接待、知识普及、专业培训，以及博爱阳光志愿服务包括独生子女亡故家属、社区独居老人、社区“服刑人员”心理健康俱乐部活动中发挥了重要作用。2014年工作室探索推进心理健康进军营、进城管等项目。“怡心坊”心理健康工作室获2013年浦东新区红十字优秀博爱项目提名奖。

四、加强氛围营造，提红十字事业认可度

在各类纪念日，如5月8日世界红十字日、6月16日《上海红十字条例》颁布日、10月31日《中华人民共和国红十字会法》颁布实施纪念日等，街道红十字会都在塘桥博爱公园、服务总站、南泉路休闲广场等处举办大型宣传活动，宣传红十字法律、法规、条例，介绍遗体、造血干细胞捐献及无偿献血、灾害预防与救护等知识，进行医疗健康咨询，发放相关宣传资料，提升了社区居民对红十字事业、红十字精神的认可度，起到了良好的社会效应。

洋泾街道红十字会

洋泾街道地处陆家嘴金融贸易区东北角，西起源深路，东至罗山路，南临杨高中路，北濒黄浦江，面积7.38平方公里。现有户籍人口10.38万人，实有人口11.06万人。街道红十字会设立1个红十字服务总站，38个社区红十字服务站。近年来，洋泾街道红十字会坚持服从新区红十字会中心工作，以积极的工作态度推动了红十字事业的进一步发展。在坚持加强自身建设，积极推进“救灾、救助、救护”各项工作中，取得了一定的成果，实现了管理优化、功能优化、服务优化，扎实有效的工作数次受到了新区红十字会的表彰。

一、宣传工作硕果累累

街道红十字会通过开展“3·1”“5·8”“5·12”“12·1”等纪念日宣传活动，实现遗体捐献志愿者登记人数不断提高；造血干细胞志愿者的征募工作连续两年获得“上海市造血干细胞志愿者征募工作先进集体”，1名造血干细胞志愿者配对成功，成为浦东新区配对成功第35例、洋泾街道第1例志愿者。

二、帮困救助切实到位

街道红十字会积极开展“千万人帮万家”活动，重点抓好“迎春帮困”慰问活动，2012—2014年，共救助城乡低保、低收入人员基本医疗大病补缺救助及支出型贫困家庭人员计约2000人，合计救助金额约35万元。

强化规范管理，认真做好“失智老人关怀”项目工作，深入开展老年介护、心理安抚等培训。3年来对无法参加新区老年介护培训的家庭上门开展老年介护培训约41次。“失智老人关怀”项目抽查合格率达100%，多次得到新区项目工作优秀奖。

三、创建工作成效明显

街道红十字“博爱家园”建设工作初见成效。创建过程中，制订了创建计划，本着“成熟一个、发展一个”的目标，2013 年巨野社区获评博爱社区，海防社区红十字服务站、海院社区红十字服务站获评示范服务站。通过创建工作极大地提升了红十字会的社会形象。

四、救护培训深入开展

连续 3 年按时完成救护培训的初、复训工作；组织红十字服务站救护队员积极开展双月活动约 684 次，年内开展 1 次技能演练竞赛及参加新区组织的各项竞赛 7 次，坚持做到每次培训时有计划、有安排、有记录、有反馈。通过广泛开展救护工作，提高了社区居民自救能力，社区好人好事不断涌现。

洋泾街道红十字会开展现场救护知识展板巡展活动

花木街道红十字会

花木街道红十字会在新区红十字会的关心、支持和具体指导下，以救助、救灾、救护工作为重点，认真履行《中华人民共和国红十字会法》所赋予的职责，大力弘扬“人道、博爱、奉献”的红十字精神，各项工作取得了长足进步，每年都被评为“浦东新区红十字会工作优秀单位”。

目前辖区内42个居委会全部成立了红十字工作领导小组，并落实专人负责红会具体工作，使红十字普法宣传、人道主义救助、救护培训、社区志愿服务等工作得以深入开展。社区红十字服务站每周定时开放，由具有相关医务知识的红十字志愿者为社区居民提供救护培训、遗体捐献登记、会员登记、帮困救助及健康咨询等服务，提供租借轮椅车、担架、拐杖等便民服务项目，惠及更多群众。

花木街道博爱小区

一、深入开展救助救灾工作

街道红十字会在每年春节前开展帮困慰问活动，对社区内特困、大病重病的家庭进行资助，帮助外来困难家庭孩子享受健康保障，年均发放救助金20余万元，惠及400多人次。在“失智老人关怀”项目中，建立民政干部、医生、红会志愿者组成的专项服务志愿者队伍，严把申请关，指导家属对老人的日常护理。志愿者每月定期上门发放免费护理用品，重阳节还对“重度困难失智老人”“特困重病老人”开展博爱慰问活动，得到了居民的充分肯定。在四川汶川、青海玉树地震等重大自然灾害发生时，积极发动社区居民向灾区群众奉献爱心，共计募集救灾款131万元。

二、深入开展救护培训

街道红十字会成立救护培训工作领导小组，建立了辐射全社区的救护培训网络，在辖区内全面开展急救培训，每2个月开展一次救护队复训，从根本上提高居民的自救互救技能。在各社区组织开展由消防、卫生、社区居民等共同参与的模拟火灾现场逃生、救护演练，让居民了解突发事件情况下逃生和自救互救的方法与技能。

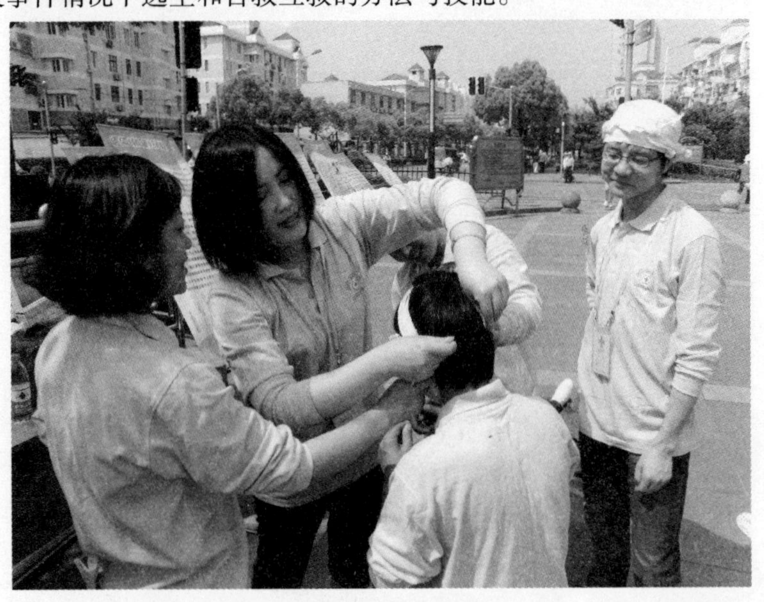

花木街道救护队现场救护演练

三、深入开展宣传工作

在 5 月 8 日世界红十字日、6 月 16 日《上海红十字条例》颁布日、10 月 31 日《中华人民共和国红十字会法》颁布实施纪念日等各类纪念日，街道红十字会充分利用各小区的宣传栏、黑板报、电子屏等载体宣传红十字知识。不定期举办大型宣传活动，宣传红十字法律、法规、条例，宣传遗体、造血干细胞捐献及无偿献血、灾害预防与救护等知识，同时还发放医疗健康、遗体、造血干细胞捐献等相关宣传资料，营造了浓厚的红十字氛围。

金杨新村街道红十字会

金杨新村街道红十字会始建于1998年，辖区常住人口约有20万。外来人口、高龄老人、困难家庭多是社区的显著特点。为此，街道红十字会以社区为主要舞台，不断加强基层组织建设。现今，金杨街道有基层红十字组织48个，红十字服务站实现了全覆盖。

金杨新村街道红十字会以服务最广大、最需求人群为重点，以“三救”“三献”为核心，用心爱、奉献爱、传播爱，取得了较好的工作效果。

一、全力推进“三救”工作

应急救援，“快”当先。灾情就是命令，2008年汶川地震，街道红

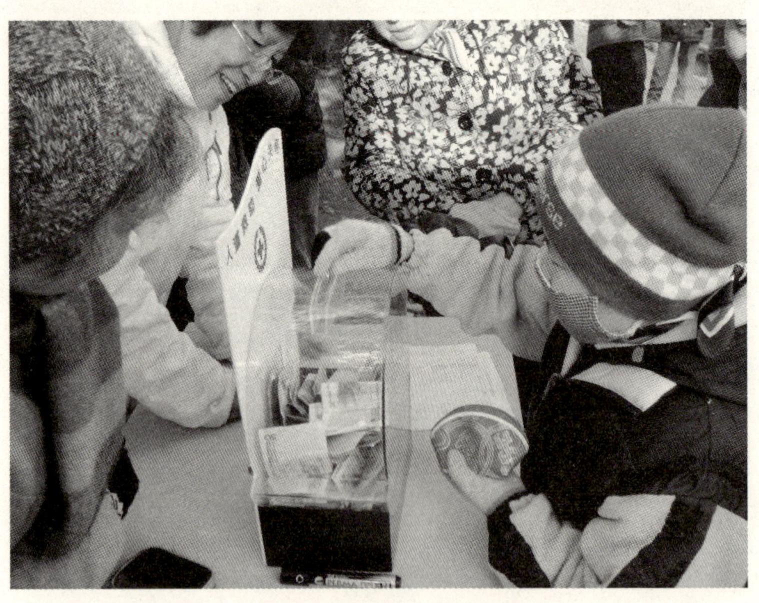

春节前街道红十字会与民政等部门联合开展募捐，
孩子们省下压岁钱，真情献爱心

十字会募捐391万元；2010年玉树地震、甘肃舟曲泥石流，又募集捐款达50多万元。每年春节前，街道红会与民政等部门联合开展“一日捐”活动，募捐善款40万元。

人道救助，“实”惠民。街道红十字会始终着眼于政府人道领域助手作用的发挥，持续开展“千万人帮万家”人道救助品牌活动，努力打造救危“准”、救急“快”、救困“广”的应急救助工程，获得了街道社区群众的拍手称赞。

救护培训，“优”为本。近年来，社区救护网络日渐完善、救护培训稳步拓展、防灾减灾常抓不懈。街道成立了52支红十字救护队、150支分队，在社区优秀救护员中培养了20名普及急救培训辅导员，组织最好的师资力量开展现场急救普及培训，牢牢把握好教学质量关，各居民区救护演练工作开展率达到了100%。

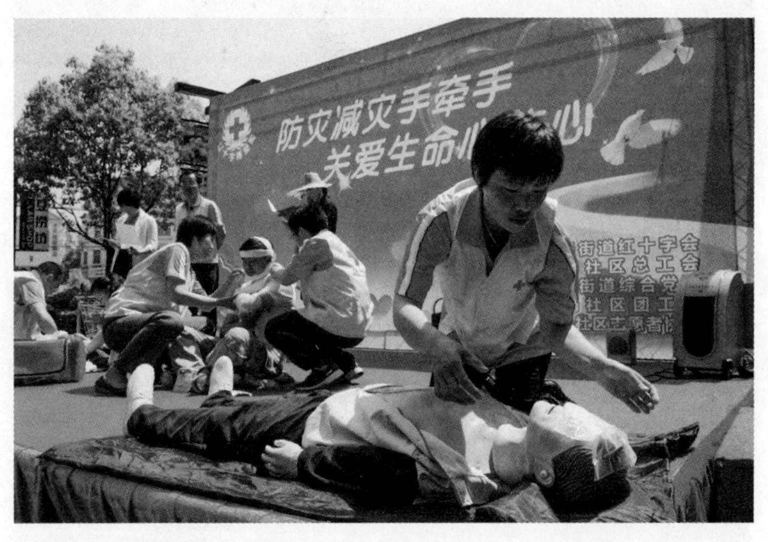

金杨新村街道红十字会结合“5·12”防灾减灾日联合社区总工会、综合党委在金桥国际开展大型群众性救护技能竞赛

二、大力倡导“三献”善举

以诚信触动爱心、以暖心回报爱心，鼓励和吸引志愿者加入“三献”队伍。至今，街道遗体捐献登记志愿者共60人，实现捐献10人。2013年，完成造血干细胞志愿者入库161名；同年，荣获了“上海市造血干细胞捐献志愿者征募工作先进集体”。

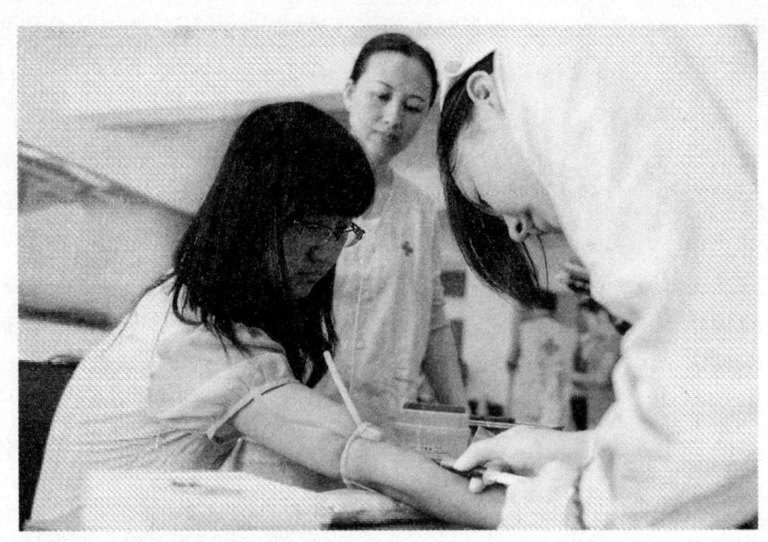

金杨新村街道红十字会发起造血干细胞集中采样活动

三、着力培育品牌项目

金杨新村街道红十字会以志愿服务为切入点，人道贴心服务在社区中赢得了好口碑。红十字志愿服务队先后被金杨社区志愿者协会评为“社区十佳志愿服务团队”和“社区志愿服务明星团队”。如今，失智老人关爱志愿者队伍持续、健康发展，一批又一批红十字志愿者加入进来，用他们的关爱撑起失智困难老人温暖的家。

四、悉力完善文化传播

近年来，金杨新村街道逐步形成了以文化传媒、活动传媒、网络传媒为载体的红十字文化宣传阵地，充分借力新媒体，拓宽宣传路径。利用金杨家园“云社区”、微信等新型传播渠道，在交互性强、开放度高的宣传优势下，潜移默化地实现了社区群众普遍认同的红十字文化传播和宣传特色，唱响了红十字的“好声音”，传递了社会正能量。

沪东新村街道红十字会

沪东新村街道红十字会成立于1995年。多年来，街道红十字会紧紧围绕新区红十字会和街道总体发展目标，解放思想、团结拼搏、艰苦创业、扎实工作，在组织建设、备灾救灾、救护培训、红十字青少年、无偿献血、艾滋病预防与关怀及造血干细胞捐献志愿者招募等方面均取得了可喜的成绩，充分发挥了红十字会在政府人道领域的助手作用，在构建和谐社区中发挥了独特的作用。

一、强化红十字组织网络建设

街道党工委、办事处领导高度重视红十字会基层组织建设，把它作为构建和谐社区的重要内容纳入社区发展总体规划中，建立了由分管领导任会长和分管科长、秘书长及联络员为主要成员的日常管理模式。各居民区成立红十字小组，不断吸纳会员及会员家庭充实到红十字队伍中，形成了管理三级网络。2013年，在新区红十字会的大力支持下，街道建立了红十字服务总站。街道所辖居委都建有红十字服务站，落实了红十字会基层组织有队伍、有制度、有阵地、有活动的“四有”要求，为扎实有效地开展活动提供了组织保证。截至目前，街道共有33个社区红十字服务站，有会员3599人、会员家庭1111户。

二、加强应急救护技能培训，群众自救互救能力不断提升

街道红十字会认真落实《上海市浦东新区红十字会灾害救援应急预案》，以构建应急体系为目标，加强应急救护技能培训。组成了由社区卫生中心及退休医生等11人构成的初级急救培训师资队伍，对社区机关干部、居委社工、社区志愿者、居民及辖区内相关单位的工作人员开

展救护技能培训，几年间共举办初级急救救护员培训班 42 期，培训人数 1466 人，并全部取得了初级急救员证书。举办救护技能普及培训 244 期，培训人数 11175 人，历年来共复训 6870 人次。目前，街道有红十字救护队伍 34 支，居民救护小组 156 个，救灾联络员 34 人，报灾员 173 人，形成了街道、居民区、居民楼组一体的救灾救护网络。

三、完善募捐救助工作，政府人道助手作用充分显现

街道红十字会每年春节前积极开展“千万人帮万家”迎春募捐帮困送温暖活动，发放救助款额达 20 万元左右。积极贯彻落实市、区实事项目，开展“失智老人关怀”项目，成立工作小组负责项目的实施，筛选提交服务对象，组织志愿者的培训和护理用品的配送工作，并专门拨出经费作为项目实施费用，保障了此项服务的顺利开展。目前，已有“失智老人关怀”项目志愿者 20 余名，志愿者辅导员 3 名。街道红十字会按要求对志愿者组织了日常护理知识专项培训，配送护理用品及时到位。

志愿者顶着烈日，为社区困难失智老人送护理用品

四、积极传播红十字理念，志愿服务领域不断扩大

街道红十字会每年通过黑板报、画廊、横幅等形式，大力宣传红十字知识、国际人道法。每年在“3·1”遗体捐献纪念日、“5·8”世界红十字日、“5·12”防灾减灾日和“世界急救日”组织主题鲜明、形式多样的各种活动，开展《中华人民共和国红十字会法》《中华人民共和国献血法》等法律法规的普法培训，并结合健康保健知识、遗体捐献、造血干细胞捐献、无偿献血的宣传工作，开展了内容丰富的志愿服务活动。几年来，不断有社区居民加入到志愿者队伍中来，截至2014年6月，共有84人成为遗体捐献志愿者，6人实现了遗体捐献，1人实现了眼角膜捐献。

2012年春节前夕，沪东街道红十字会工作人员
看望眼角膜捐献者家属，并送上慰问金

浦兴路街道红十字会

浦兴路街道成立于1997年，由东陆新村和金桥新村组成，辖区面积6.25平方公里，常住人口18.3万，共有居民小区73个，设40个居委会。街道红十字会自2002年成立以来，在街道党工委、办事处和社会各界的关心支持下，在新区红十字会的指导下，认真贯彻《中华人民共和国红十字会法》，依法履行职责，努力实践“人道、博爱、奉献”的红十字精神，为社区建设做出了积极贡献。

一、加强组织建设，建立健全组织架构

建立行之有效的组织运行机构是红十字事业的基础工作。浦兴路街道红十字会理顺管理体制，建立分管领导、秘书长、联络员为主要组成的街道红十字会日常管理模式，强化组织领导，落实工作责任，全面落

浦兴社区居民积极申请成为红十字会会员

实红十字会基层组织有队伍、有制度、有阵地、有活动的工作要求。街道红十字会现有会员1000多人，已建立社区红十字服务站40个、红十字会小组40个，基本做到居民区全覆盖。

二、关爱弱势群体，做好人道救助工作

街道红十字会关爱弱势群体，积极为群众解难、为政府分忧。每年春节前，积极开展“千万人帮万家”迎春募捐帮困送温暖活动。通过广泛宣传，许多社区企事业单位和居民踊跃参加募捐献爱心活动，每年按要求完成区红十字会下达的募捐任务。街道红十字会认真做好突发事件、意外灾害的赈灾救灾和扶贫济困活动，为遭受损害的群众缓解燃眉之急。实施落实“社区重度失智困难老人配送护理用品”实事项目，认真梳理辖区内符合受益条件的老人，做到不漏不错，及时更新，每月定期配送护理用品。

三、扎实开展培训，提高居民应急救护技能

街道红十字会定期组织开展健康咨询、救护技能进小区等活动，对社区居民进行初级应急救护知识培训。街道在每个居委成立了红十字救灾救护队，每个居委设1名救灾联络员，有效地提高了应急救灾能力。

浦兴路街道开展初级急救演练

街道救护队和居委救护支队定期组织训练，并聘请专业医生对救护队员进行授课指导，以提高队员的专业理论素养和操作技能。同时还积极抽调骨干参加市、区红十字会的救护培训、竞赛考核。

四、加强宣传教育，弘扬红十字精神

街道红十字会通过各种途径加大宣传力度，定期下发红十字报刊，并通过黑板报、画廊、横幅等途径，宣传红十字知识、国际人道法。在每年“5·8”世界红十字日举行大型宣传活动，通过发放宣传资料、展示宣传画板、动员无偿献血和捐献造血干细胞、进行医学专家义诊等各种活动，弘扬红十字人道主义宗旨和无私奉献精神，树立关爱生命、热心助人的社会新风尚。越来越多的社区居民和外来务工者自愿加入到无偿献血者和造血干细胞捐献者的行列。

上钢新村街道红十字会

上钢新村街道红十字会在新区红十字会的指导下，立足社区实际，认真履行各项职能，积极推进社区红十字会建设，充分发挥了红十字会政府人道领域的助手作用，取得了一定的工作成绩。在全区红十字会年度工作考核评估中，年年被评为优秀单位；2008 年，荣获中国红十字会系统“优秀乡镇（街道）红十字会”称号；2010 年，荣获上海市红十字系统“服务世博”活动优秀组织奖；2013 年，荣获浦东新区红十字应急救护大赛三等奖，街道师资荣获浦东新区基层红十字知识传播师资技能演讲竞赛三等奖等。

街道共建有 1 个红十字服务总站，23 个基层红十字小组，在村（居）委建立了 23 个红十字服务站，成功创建了 2 个博爱村（居）委。目前，街道成立了 24 支红十字志愿者队伍，24 支救护队伍，共有救灾联络员 24 名；发展红十字个人会员 1146 名，会员家庭 2456 户，招募红十字志愿工作者 362 人。

以遗体捐献志愿者为表率的一批红十字志愿者，为上钢新村街道红十字事业的发展做出了特殊的贡献。2001 年，街道红十字会设立了全市第一批基层遗体捐献咨询站，2004 年 10 月在全市率先成立了“遗体捐献志愿者联谊会”。截至目前，街道遗体捐献志愿者达 307 人，角膜捐献志愿者 117 人，实现者 77 人。工作中，街道红十字会加大遗体捐献工作的宣传引导力度，通过抓组织、抓队伍、抓宣传、抓服务，不断完善遗体捐献志愿者联谊会的自我组织、自我宣传、自我服务。同时，坚持为志愿者做好服务，2012 年，街道红十字会利用上钢社区卫生服务中心中医品牌特色，分批组织遗体捐献志愿者进行中医脉象诊测体检，为每位志愿者建立健康档案，开辟就医绿色通道，解决了他们就医难的问题，得到了志愿者们的好评。街道红十字会的遗体捐献工作因成绩突出得到了上级领导的高度肯定。2002 年 10 月，时任中国红十字会会长彭珮云和上海市红十字会领导亲临街道视察遗体捐献工作；之后，中国红十字会江亦曼常务副会长、苏菊香副会长、郭长江副会长等红十字会领导、全国政协常委伍绍祖等领导也曾分别与街道遗体捐献志愿者亲切座谈，国际红十字会的专业机构曾多次率团前来考察。上钢新村街道的遗体捐献志愿者们用自己的行动，为祖国医学事业的发展做出了贡献，也生动地诠释了“人道、博爱、奉献”的红十字精神。

2002 年 10 月 22 日，彭珮云会长（右二）来上钢新村街道视察
并与电位治疗室志愿者亲切恳谈

南码头路街道红十字会

南码头路街道地处浦东新区西北角，面积约4.25平方公里，实有人口11.8万人，辖27个居委会；现有红十字会员1050人、红十字服务站22个。街道红十字会成立至今已有二十余载，自1986年8月从塘桥街道划出后，各居委分别成立了红十字基层组织，落实专人管理。2008年7月和2012年11月分别召开了街道红十字会第二次、第三次会员代表大会，为社区红十字工作的顺利开展提供了组织保证。

2007年以来，街道红十字会以开展政府实事项目——现场急救培训为契机，大力弘扬“人道、博爱、奉献”的红十字精神，积极推进红十字服务进社区工作，各项工作取得了明显成效。

一、服务群众，强化红十字服务站管理

街道红十字会始终注重加强对居委红十字服务站的指导和管理，根据居（村）委红十字服务站建设标准，整合社区资源，为服务站配备了便民服务设施，组建了志愿者队伍。红十字服务站的优势在于直接面向基层，贴近群众，贴近生活，围绕健康保健知识咨询、遗体捐献、造血干细胞捐献、无偿献血宣传咨询、现场初级急救知识与技能培训及红十字法律、法规宣传来开展工作。街道红十字会为服务站统一制作了宣传版面、建立资料台账，制定服务站的工作职责、服务内容和服务时间。各服务站每年开展了大量形式多样、内容丰富的志愿服务活动。2014年，街道进一步创建了红十字服务总站。

二、积极应对，做好灾害赈济工作

街道红十字会在各居委设立救灾联络员，定期开展业务培训，不断完善社区救灾救助网络。2008年5月12日，四川汶川发生8.0级大地震，街道红十字会根据新区红十字会统一部署，于13日下午发出“携

手人道，抗震救灾”的紧急呼吁，受到社区各界人士和单位的热烈响应。红十字会工作人员和志愿者随时待命，在街道办事处设立固定接收点，同时委派专人上门提供服务。期间共收到并上缴区红会赈灾款合计32万余元。对于社区内发生的突发灾害，街道红十字会做到反应迅速，处置及时。近年来，先后对港机、六村、七村、二村等居委的突发火灾家庭给予了一定的经济救助。

街道红十字救护队进行急救技能操作演练

三、扎实开展救护培训，做好市府实事项目

南码头路街道救护培训工作以组织有序、内容涉及面广、培训数量多质量高而见长。2007—2009年三年共培训群众15000多人，世博后，每年坚持保质保量完成复训任务。街道红十字会把防灾救护演练作为检验培训效果和红十字救护培训志愿服务队救护能力的手段。志愿服务队多次和安监部门在街道机关、居民区组织消防和急救演练，既锻炼了自身的救护技能，又使居民提高了防灾减灾能力。志愿服务队队员还加入街道民兵应急分队，组织民兵演练现场救护项目，这一做法受到了新区武装部领导的肯定。

为拓宽救护技能培训的受众面，街道救护培训志愿服务队主动接洽社区单位，上门提供培训服务。几年来为公安、武警、物业、导游、餐饮等行业单位举办了多次专场培训，受到相关单位的好评；不少单位还

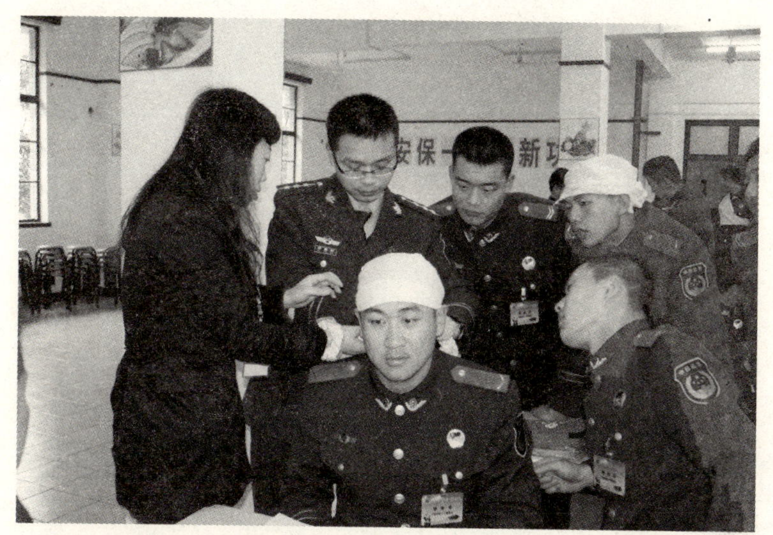

救护技能送进警营

和服务队建立了长期培训合作机制，使社区培训工作得以持续发展。2013 年 7 月，经过数月的强化训练，志愿服务队代表街道红十字会参加上海市救护技能竞赛，获得了全市街镇组第一名的出色成绩。

周家渡街道红十字会

周家渡街道红十字会结合街道实际，广泛传播红十字理念，深入开展帮困救助，积极组织救护培训等各项工作，出色地完成了以救灾、救助、救护为主要内容的人道救助工作，充分发挥了政府人道领域的助手作用。

一、加强红十字会组织建设，努力提高队伍素质

街道红十字会不断完善红十字组织网络建设，构建了红会干部队伍、会员队伍、志愿者队伍、救护队伍、应急救灾联络员队伍 5 条网络，街道所辖 32 个居委均建有红十字小组，26 个居委建有红十字服务站，并配有兼职红十字工作人员（民政干事）。2013 年，街道建设了红十字服务总站，使之成为人道救助的服务平台、红十字基层组织活动的基地。街道红十字会员和志愿者队伍不断壮大，形成了以会员、志愿者为主体、为基础的服务网络。截至目前，街道红十字会有个人会员 3914 人，会员家庭 555 户。

二、关爱弱势群体，有效推进各项帮扶救助工作

街道红十字会积极开展“千万人帮万家”迎春募捐帮困送温暖活动，每年春节前提前对辖区内帮困慰问对象进行认真排查、审核，其中 2013、2014 年度共发放帮困款 29.95 万元、帮困爱心卡 100 张（共 1 万元）。认真做好弱势群体救助、火灾救助、造血干细胞移植患者救助等工作。积极贯彻落实市、区实事项目，开展“社区失智困难老人关怀服务”活动，建立专项服务志愿者队伍，对社区经济困难、生活完全不能自理的失智老人每月定期配送一次性护理用品。6 年来，共为 31 位符合条件的辖区老人办理了项目申请。街道红十字会 2011 年获浦东新区

“社区重度失智困难老人配送护理用品”实事项目评估创优活动标准化示范奖。

三、深入开展应急救护培训，促进平安社区建设

目前，街道有初级救护队 1 支，居委救护支队 32 支，居委救护分队 60 支，每个居委设有 1 名报灾员，有效提高了应急救灾能力。街道红十字会积极开展应急救护培训，几年来共完成 1246 名救护员培训和 15549 名群众性普及培训。2010 年世博会前后，邀请日本大阪三岛医疗急救中心教授和专家来街道进行“迎世博现场急救技术培训”，180 名救护员参加培训。街道红十字会被市红十字会评为 2008—2010 年市政府救护培训实事项目优秀培训站，被新区红十字会评为 2007—2009 年浦东新区救护培训实事项目优秀单位。

街道每年定期开展救护技能演练活动，在历年的市、区救护技能竞赛中均取得了较好的成绩：2007 年上海市红十字会现场急救竞赛三等奖，2010 年浦东新区救护员“救护技能个人全项”竞赛团体总分三等奖，2010 年浦东新区急救技能操作竞赛二等奖，2012 年浦东新区机关干部应急救护技能竞赛街道机关组二等奖，2013 年应急救护大赛社区组二等奖、综合组三等奖，2014 年新区红十字会救护技能竞赛 2 名队员获一等奖、1 名获三等奖，街道红十字会获优秀组织奖。

2014 年“博爱周”期间，周家渡街道红十字会进行现场救护操作和演练

四、加强宣传，大力弘扬红十字精神

街道红十字会充分利用“3·1”遗体捐献纪念日、“5·8”世界红十字日、“5·12”防灾减灾日和“世界急救日”等主题活动日开展形式多样、群众喜闻乐见的活动，大力宣传红十字法律法规以及遗体、造血干细胞捐献、无偿献血、灾害预防与救护等知识，起到了良好的社会效应。四川汶川大地震、青海玉树地震、甘肃舟曲泥石流灾害等突发灾害面前，街道红十字会积极发动社区居民向灾区群众奉献爱心，共计募集救灾款47万余元。2013年四川雅安地震，社区居民自发踊跃捐款41034元。历年来，辖区内共有182位社区居民办理了遗体捐献登记手续，共有25人实现了捐献的遗愿，其中上南九村的博爱家庭戎宏之家庭，共13人相继办理了遗体捐献登记，5人实现了遗愿，戎宏之家庭因此获评2013年度浦东新区社会主义精神文明“十佳”好人好事。

此外，街道红十字会按时完成区红十字会布置的其他各项工作任务。志愿服务热心尽责，世博会期间，20名红十字世博服务队员共服务388班次，街道红十字会因此被市红十字会评为“2010年上海市红十字会服务世博先进集体”，被区红十字会评为“2010年浦东新区‘与红十字同行’志愿服务先进集体”。

东明路街道红十字会

东明路街道地处浦东新区西南，东至杨高南路，南到外环线，西接济阳路，北临华夏西路，是伴随浦东、浦西大动迁、大开发而组建的年轻街道。1997 年 7 月筹建，1999 年 12 月 8 日成立的东明路街道由凌兆新村地区和三林城区域两大块组成，面积 5.95 平方公里，规划人口 16 万，户籍人口 6.19 万，实有人口 12.6 万，现有 37 个居委会。

街道作为人口导入区，存在着动迁户占主体，患病老人多、下岗失业多、吃低保多的特点。针对以上社区实情，2001 年东明路街道红十字会成立以来，以帮困救助为重点，不断充实人道救助基金实力。十多年来累计投入 350 多万元，资助了贫困户以及大病患者；日常还为重病患者、患儿、火灾家庭等送上救助款，为和谐社会做出了贡献。

一、重视宣传

东明路街道有一支 300 多人的红十字志愿者队伍，每年开展“5·8”世界红十字日、“千万人帮万家”及《中华人民共和国红十字会法》系列宣传活动。同时利用各居民区宣传栏、LED 电子显示屏等形式，广泛宣传红十字“人道、博爱、奉献”的精神，提高了红十字的社会知晓率和群众参与率。

二、加强基础设施建设

在原有基础上，街道红十字会为新增的 18 家社区红十字服务站配备了桌椅、血压计、体重秤、轮椅、文件柜、书报架、救护包等用品，服务站标准化建设已达到 33 家，也为更好地服务社区居民提供了便利条件。

三、关爱弱势群体

在做好常规工作基础上，街道红十字会深化红十字社区服务，落实“社区重度失智困难老人配送护理用品”项目，让弱势群体更多地得到关爱和实惠，在社区营造了浓厚的“博爱”氛围，使红十字精神在社区实现全覆盖。

四、救护培训长效管理

街道红十字会每年为6000多人开展救护培训的初、复训，强化群众的急救互救能力，以巩固培训普及成果。在此基础之上，还为颐养院护工开展急救培训，并进行演练，为老人们更添一份安心。

东明路街道红十字会举办大型消防、救护活动演练

五、落实爱心项目

街道红十字会每年举办遗体捐献宣传活动、无偿献血及造血干细胞捐献志愿者招募活动，汇集了60余名志愿者办理遗体和角膜捐献登记

手续，其中已有 8 人实现遗愿；越来越多的有志青年也纷纷加入造血干细胞捐献的队伍。

汶川、玉树地震后，街道红十字会转交给地震灾区善心捐款共计 96 万余元；在辖区内居民遭遇火灾时，及时了解受灾情况并上报。三林苑一户遭受严重火灾的居民就得到了来自街道红十字会和市、区红十字会的关怀，各级红十字会送上慰问金帮助他们购买生活必需品，解决了燃眉之急。

六、特色工作有成效

街道红十字服务总站坐落于凌九居委，设施完善。在这里，每日都有红十字志愿者为社区居民提供服务。而在红枫苑和金桂苑居民区，“博爱社区”的创建使社区红十字工作做到了点面结合，不但拓展了红十字精神传播的有效场所，也促使红十字元素深入社区、深入人心。

金桥镇红十字会

金桥镇地处浦东新区中部，地域面积近25.48平方公里，户籍人口2.9万余人，流动人口8万余人。全镇下辖6个村，12个居民区和1个国际社区。人与自然和谐发展成就了一个富有活力、人居祥和、健康文明的现代金桥。多年来，金桥镇红十字会在镇党委、政府及上级红十字会的领导下，注重发挥“救灾、救护、救助”职能，以“抓重点、干实事、见实效”为出发点和落脚点，使红十字公信力进一步提高。

一、总体概况

金桥镇红十字基层组织网络体系由9个居（村）红十字服务站、27支救护队、18支红十字志愿者队伍、27名救灾联络员构成。发展红十字会会员3229名，会员家庭456户，招募志愿工作者189人，救护培训和普及培训（复训）超1万人次。

二、特色工作

第一，丰富载体，传承红十字博爱文化有成效。金桥镇红十字会通过各种途径加大宣传力度，创新宣传模式，丰富宣传内容，有效传承了红十字博爱文化，使红十字精神得到了发扬。每年结合“5·8”世界红十字日、“5·12”全国防灾减灾日、世界急救日等时机，积极开展红十字会员和志愿者进社区义诊、咨询等各项便民、助民、为民服务活动；通过电子屏幕、板报、横幅等广泛进行红十字“人道、博爱、奉献”的精神宣传；举办红十字普法竞赛、红十字博爱文化知识竞赛，使博爱理念深深根植于金桥精神文明建设和公民道德建设之中。

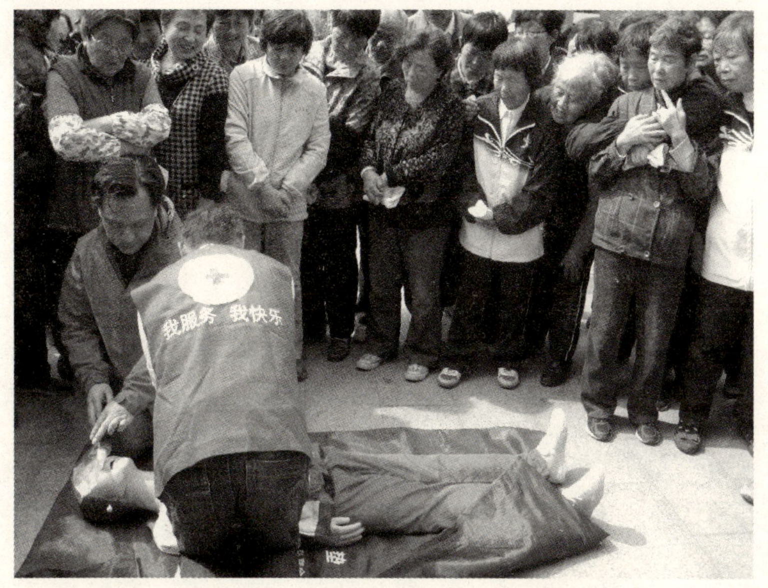

金桥镇红十字会举行心肺复苏演练活动

第二，加强资源整合，巩固创建成果。围绕“全国综合防灾减灾示范社区”的创建和巩固工作，镇红十字会每年以“5·12”防灾减灾日为契机，联合社区办、民防办、消防等部门开展防灾减灾知识宣传，组织大型的地震、火灾紧急疏散和现场救护演练，努力使救灾工作实现从“救”到“防救并重”的转变，提升社区救灾水平。

三、取得成果

自建会以来，金桥镇红十字会工作取得了一定成绩。在全区红十字会年度工作考核评估中，多次被评为优秀单位；在历年新区举办的救护技能竞赛中，团队和个人都取得较好成绩，获得各类奖项；在红十字知识传播师资技能演讲竞赛中获得优秀课件一等奖，传播师资技能演讲二等奖。

曹路镇红十字会

曹路镇位于浦东新区东部，下辖46个村（居）委会。多年来，曹路镇红十字会在镇政府的正确领导下，在新区红十字会的悉心指导下，紧紧围绕镇政府的中心工作，遵循红十字运动的基本原则，弘扬“人道、博爱、奉献”的红十字精神，深入开展红十字核心工作，积极推进特色项目持续发展。

一、总体情况

建立完善社区红十字组织，由镇长为名誉会长，副镇长担任会长，社发办主任任副会长，形成以镇红十字服务总站和社区红十字服务站为平台的两级网络。注重加强基层组织建设，46个村（居）委相应成立红十字会小组，配备专职红会干部，发展会员、志愿者队伍，建立社区救护队、救灾联络员队伍。合理使用社区红十字服务站，由具有相关医务知识的红十字志愿者为社区居民提供健康知识咨询、轮椅、担架、拐杖租借等便民服务，逐步形成制度化、常态化的红十字社区服务网。

二、红十字工作开展情况

以居民为对象、以社区为范围，以需求为中心开展红十字人道服务，让社区群众深入了解了红十字宗旨和精神，曹路镇红十字会在救护培训、人道救助、赈灾募捐、志愿服务等方面都取得了一定的成绩。2012年11月，阳光苑居委和前锋村成功创建博爱村居，为构建和谐社区、创建博爱家园奠定了良好的基础。在近两年来的造血干细胞捐献工作中，镇长吕东胜、副镇长邓悦带头加入造血干细胞捐献志愿者队伍，曹路镇红十字会共招募114位造血干细胞志愿者，凝聚了社会正能量，彰显了博爱情怀。2014年，曹路镇红十字会因地制宜，成功创建红十字服务总站，让红十字关爱更多地惠及社区和农村群众，提高了服务能力。

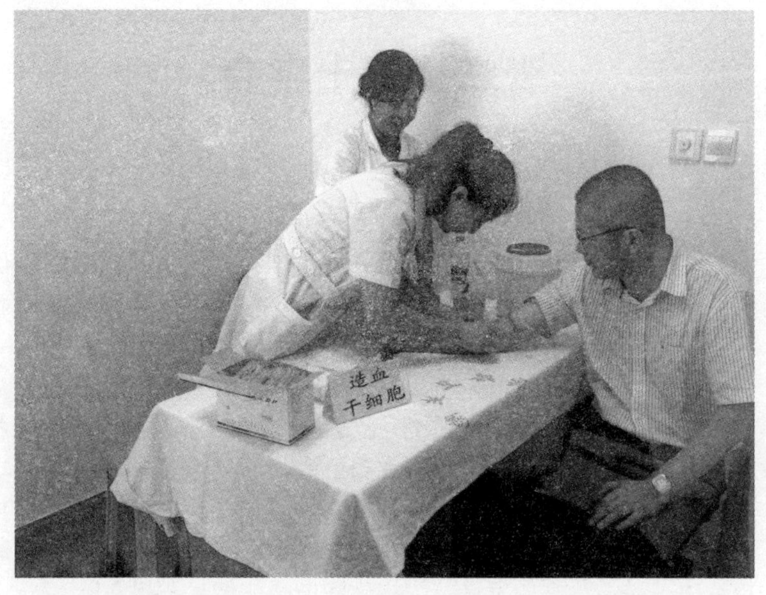

曹路镇红十字会开展无偿献血和造血干细胞捐献活动

惠民生，积极搭建为民、惠民的桥梁，加强对困难群体、特殊群体的关心，曹路镇的特色项目“开心家园”得到了领导的重视和区红会的认可。镇红会与镇妇联联合成立的“开心家园”——心灵港湾重症妇女沙龙，积极组织开展形式多样的活动，让更多的重症妇女走出家门融入社会，分享人生的苦与乐，对生活重燃希望，对人生重获信心，使得更多人的第二次生命得到延续，活出精彩。

红十字工作任重而道远，曹路镇红十字会将在探索中寻求合力，在探索中健全管理机制，把红十字工作做得更好、更实！

张江镇红十字会

张江镇位于浦东新区腹地，全镇区域面积42.96平方公里，辖有29个居委，村和村改居9个，户籍人口约74266人。现有基层红会小组70个，红十字服务总站1家，个人会员880人，正推进博爱社区建设1家。建立镇、社区、村、组救灾联络员队伍16支，救灾联络员30人，志愿工作者队伍140人；救护队伍5支，救护队员16人。造血干细胞捐献志愿者登记数206人，遗体捐献志愿者登记数8人。

历年来，张江镇红十字会紧紧围绕党和政府中心工作，坚持面向社会、方便群众、服务群众的工作方针，不断促进红十字会工作向制度化、规范化、科学化方向发展，为构建和谐张江做出积极贡献。

一、健全组织网络，发展基础不断夯实

张江镇把红十字会基层组织建设作为红十字事业发展的基础性、长远性工作抓紧抓好。张江镇党委、政府高度关心、重视红十字会工作，在人员、经费上给予充分保障，并组建了由镇长任会长，相关机关科室、事业单位负责人和部分村（居）委书记、主任等为理事的张江镇红十字会理事会。各村（居）委相应成立红十字会工作领导小组，以各村（居）委、企事业单位卫生干部、青年团员为骨干的志愿者队伍和救灾联络员队伍，将红十字组织的触角延伸到了单位、社区和社会团体，形成了相互配合、相互促进的工作机制。张江镇红十字服务总站于2013年11月建设完成，2014年初各项工作正式启动。总站在履行基本职能的同时，增设了便民设施，并组织红十字志愿者进行服务和管理，目前已接待居民300余人次。全镇共有社区红十字服务站22个。

二、发挥助手作用，发展途径有效拓宽

第一，建立救灾体系，确保赈灾救助。建立镇、社区、村、组救灾

联络员队伍16支，救灾联络员30人；并对救灾联络员开展防灾减灾救灾相关知识培训，基层红十字服务水平普遍得到提升。

第二，关爱弱势群体，彰显博爱精神。各居（村）认真做好摸底、核实，镇领导多次重点走访，通过“千万人帮万家”等活动，把红十字会的关爱真正落实到每一户困难家庭。五年来，共发放各类救助款、物、帮困卡累计金额160余万元，受助人群达750人次。

第三，普及救护知识，传播健康理念。历年来，张江镇红十字会坚持在辖区内广泛开展现场初级急救培训。截至目前，共普及培训5171人次，共有1217人获得救护员证；同时整合资源，开展健康讲座455场，学校、单位30余场，受益人群达到5.6万人次。

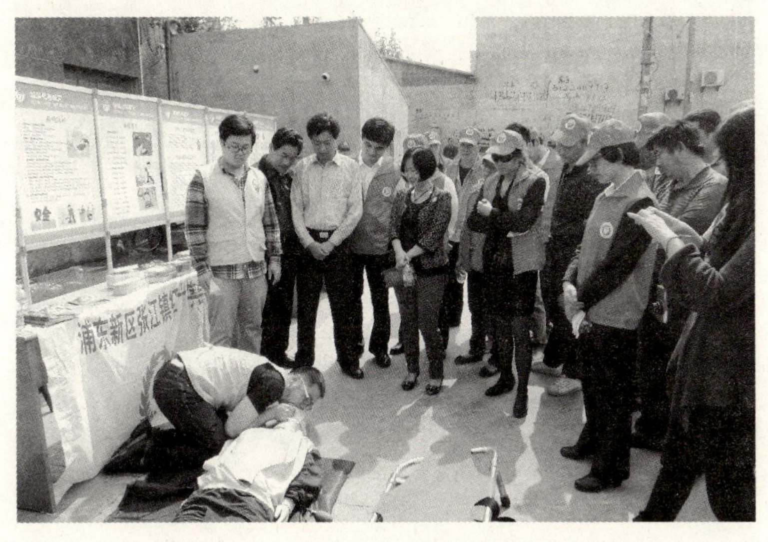

张江镇红十字会开展应急救护知识现场培训

第四，关爱困难老人，落实救助项目。自2011年开始，张江镇有10名失智老人被确定为“社区重度失智困难老人关怀”项目帮困服务对象。在操作中，镇红十字会既严格把握申请和终止条件，又确保困难失智老人能够享受到政府的关爱。专门组织了一支失智老人项目志愿者服务队，开展了老年介护、护理用品使用、心理安抚等培训，家属、监护人、志愿者百分之百参加了培训。此外，2009至2011年在“爱晚工程”项目中，镇红十字会对全镇60岁以上特困糖尿病老人进行排摸，为90位老人发放“紫竹爱心卡”，为他们提供每人每年732元医疗费用，并通过红十字会干部、志愿者们具体指导使用，确保项目好事做好、实事做实。

三、开展普法宣传，红十字精神持续弘扬

五年来，张江镇红十字会通过各种途径加大宣传力度。对各村（居）委定期下发《上海红十字报》等报刊，并通过黑板报、画廊、横幅、网络等宣传媒介，利用各种会议、活动、主题纪念日等节点，宣传红十字知识和相关法律法规，每年的“5·8”世界红十字日和10月31日《中华人民共和国红十字会法》颁布纪念日，均组织主题鲜明、形式多样的各种活动，使红十字精神深深根植于张江镇居民的心中。

张江镇红十字会开展红十字知识传播

目前，张江镇各村（居）委都建立了红十字会志愿者队伍。他们活跃在社区内，以红十字“人道、博爱、奉献”精神为宗旨，开展多种形式的救灾、助困、助医、助学、义诊、心理援助、健康教育等便民、利民系列服务，努力为政府分忧、为群众解难。通过广泛宣传有关遗体捐献的相关法律法规，张江镇共有12位有识之士依法办理了遗体捐献手续，为发展医学科学事业、造福人类做出了积极贡献。

合庆镇红十字会

合庆镇位于浦东新区东南角，东临长江入海口。镇域面积41.97平方公里，常住人口约143520人，其中户籍人口57352万。下辖29个村委会和6个居委会。

合庆镇红十字会在镇党委、政府的正确领导下，坚持“人道、博爱、奉献”的红十字精神，务实求新，开拓进取，不断拓展红十字服务领域，各项工作都取得了显著成效。

一、总体概况

合庆镇红十字会建立了由镇分管领导担任会长，主任任副会长，镇相关办公室、社区卫生服务中心和村、居委代表为理事的红十字会理事会；各村、居委相应成立红十字会小组，并组建了救灾联络员队伍。

截至2014年8月，合庆镇红十字会已着力建设红十字服务总站，预计2015年全面建成。并建有35个红十字服务站，直属村、青三村、勤昌村、东风村、合庆居委、蔡路居委、益华居委7个村居先后成功创建博爱社区。

二、取得成果

2010年，荣获“2007—2009年度浦东新区救护技能培训实事项目先进集体”；2010年，荣获浦东新区急救技能操作竞赛金奖；2011年，在浦东新区红十字救护员“救护技能个人全项”竞赛中，总成绩荣获二等奖，3名救护队员荣获个人银奖；2011年，荣获新区红十字会“社区重度失智困难老人配送护理用品”实事项目标准化示范奖；2012年，荣获“浦东新区机关干部应急救护技能竞赛”活动二等奖；参与中国红十字会总会组织的2012年全国红十字系统防灾减灾知识竞赛，获得优秀组织奖；2013年和2014年，均荣获上海市造血干细胞捐献征募工作先进集体。

三、特色工作

第一，造血干细胞资料库的建立和发展，是红十字会积极扩大和延伸人道主义救助工作和服务对象，在人道救助服务领域打造的一项公益品牌。合庆镇红十字会加大力度做好宣传及动员工作，提高广大群众对造血干细胞捐献的认识，动员更多的人加入造血干细胞资料库，2013、2014两年共招募造血干细胞志愿者115人。

合庆镇造血干细胞捐献志愿者

第二，镇红十字会积极开展“千万人帮万家”活动，通过每年春节的“迎春帮困慰问”、重阳节的“敬老慰问”、意外火灾救助等活动，对大重病家庭进行帮困慰问。近五年的春节“千万人帮万家”活动帮困360人，共计金额38.3万元；火灾救助9户，共接受新区救助款8.1万元；平时救助累计受助人群达1000多人次。2010年，在市红会的帮助下，免费为勤俭村先天性心脏病患者唐语轩小朋友成功进行了心脏手术，唐语轩现恢复状况良好。2008至2011年，110位生活困难的糖尿病老人获得了每人每年732元的“紫竹红十字”爱心医疗卡，一些老人家属特地打来感谢电话，感谢红十字会给受尽病痛折磨、生活困难的老人带来贴心的关爱和温暖。

合庆镇红十字会发放爱心卡

唐镇红十字会

唐镇位于浦东新区的东南部，内含金桥出口加工区，西临张江高科技园区，北接银联卡产业园区，南抵川沙新镇和规划中的迪斯尼乐园。全镇总面积 32.16 平方公里，人口约 12.87 万人，其中户籍人口 4.06 万，下辖 12 个村、16 个居民委员会。唐镇红十字会从为政府分忧，为群众解难出发，在红十字“人道救助”“普及培训”和“实事项目”等各项工作的开展中，坚持依法建会兴会，围绕宗旨，因地制宜地开展工作，取得良好的社会效应。

一、总体概况

目前，唐镇红十字共有理事 18 名，红十字会会长、副会长、秘书长、联络员（总站负责人）各 1 名，建有红十字服务总站 1 个，基层红十字小组 28 个，红十字服务站 23 个；创建博爱社区 1 个；现有红十字志愿者 70 人；红十字救灾联络员 33 名，红十字救护队 25 支，队员 365 名；共发展红十字会员 3171 人，红十字会员家庭 513 户，造血干细胞捐献志愿者登记数 81 人，遗体捐献志愿者登记数 36 人，已有实现者 3 人。

二、工作情况

第一，夯实基础，建立健全红十字会基层组织。发展完善村（居）委、企事业单位的红十字组织网络，完成红十字服务总站的建设工作，完善 23 家红十字服务站的创建工作，强化服务意识，依法履行职责，依法募捐，进一步开拓思路，弘扬“人道、博爱、奉献”的红十字精神。

第二，把握重点，认真做好红十字会的“三救”工作。一是积极开展“千万人帮万家”迎春帮困活动，发挥了红十字会人道救助团体的独特作用，为大病困难家庭和支出型贫困家庭进行补缺补助。二是为应对突发事件，和民防部门联合制定《唐镇突发事件人员疏散撤离和应急防护预案》，及时做好突发事件的救助工作。三是巩固应急救护培训成果，做好现场初级急救培训（初训和复训）工作，近5年来已累计完成救护初训、复训7000多人次。

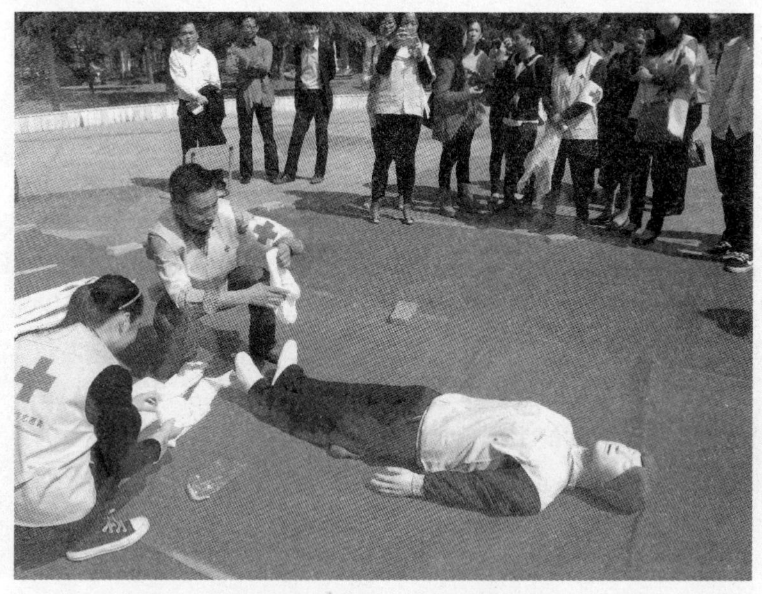

唐镇红十字会开展应急救护演练

第三，营造氛围，广泛开展红十字宣传和培训工作。一是依托重大纪念日，广泛开展形式多样的红十字法规知识宣传活动。二是每年4月初启动“普法”及国际红十字运动和国际人道法知识培训，为红十字会专兼职干部、会员、红十字青少年和红十字志愿者等进行红十字知识的培训。三是围绕防灾救灾日开展现场初级急救演练比赛，让志愿者能学以致用，熟练掌握各项操作技能。

第四，救助项目，狠抓具体工作的执行和落实。一是把为镇城范围内90多名困难糖尿病老人进行医药费专项补助工作作为唐镇红十字会的特色项目，每年为他们送去补缺救助；二是严格落实“失智老人关怀”项目，做到对每一位申请老人仔细排摸，认真审核，并定期开展社区居民老年介护培训，让这些失智困难老人能真正获益。

此外，唐镇红十字会根据实际，因地制宜，有序开展红十字会各项工作。积极引导热心社会公益事业的社会各界人士和外资、民营企业参与并支持红十字会事业；号召其他部门、红十字会员、志愿工作者一起参与，鼎力相助，把红十字会建成充满生机和活力、密切联系群众的社会公益团体。与时俱进，开拓创新，为唐镇红十字事业的开展提供更强大的动力和活力。

高桥镇红十字会

高桥镇位于浦东新区北部，北毗吴淞口，西临黄浦江与杨浦区相邻，东与外高桥港区、保税区相接并毗邻长江口，南与高行镇相邻，总面积38.73平方公里。下辖13个村委会，28个居委会，总人口19.16万。高桥镇红十字会一直以来在党委、政府的高度重视下，从弘扬“人道、博爱、奉献”的红十字精神出发，推动红十字工作更上一层楼。

一、总体概况

目前，高桥镇红十字会已完成红十字服务总站验收，并建设有38个基层红十字服务站；组建了39个基层红十字小组；成立了红十字志愿者队伍38支，志愿者241人，救灾联络员队伍38支，联络员39名，救护队38支，救护员552人，形成了高桥镇红十字会基层组织网络体系。共发展红十字会会员445名，造血干细胞捐献志愿者61人，遗体捐献志愿者23人，其中实现者7人。

二、工作情况

第一，领导重视，健全红十字组织。镇红十字会在镇党委、政府的高度重视下，各村（居）委分别建立由主任、红会干部担任组长和副组长，卫生、青保和工青妇干部为成员的红十字会领导小组，并将红十字会组织的触角延伸到了各企事业单位、队、楼组和社会各团体。同时还实现了组织管理和信息网络化，及时将红十字会各项工作数据输入信息化管理平台。

第二，突出重点，狠抓红十字“三救”工作。一是关爱弱势群体，彰显博爱精神，每年坚持开展“千万人帮万家”系列帮困慰问活动，确保红十字会的关爱落实到困难家庭。二是建立救灾体系，制定了自然灾害预警机制，明确了职责和任务，健全了预防预警、应急响应、应急保障、综合演练等工作机制。做到救灾响应及时，落实措施到位，实现第一时间救助。三是稳扎稳打，巩固救护培训成果。每年都提前超额完成新区下达的现场初级急救培训任务指标。另外，在历年的新区救护技能竞赛中，镇救护队均取得了较好的成绩。

第三，爱心奉献，做好红十字志愿服务工作。一是严格落实“社区重度失智困难老人配送护理用品”项目，做到严格审核，规范操作，让每一位困难失智老人都能享受项目帮助；二是积极开展志愿者招募登记工作，累计完成23名遗体捐献志愿者登记手续，其中7名志愿者实现了遗体捐献；三是开展造血干细胞志愿者招募工作，2012年获上海市红十字会“造血干细胞捐献特别支持奖”。

高桥镇红十字会造血干细胞志愿者招募现场

第四，丰富载体，传承红十字博爱文化。利用各种途径加大宣传力度、创新宣传模式、丰富宣传内容，有效传承红十字博爱文化。一是每季度利用例会对镇红十字会专（兼）职干部和联络员进行业务培训，积极参加新区红十字会组织的各种培训和宣传活动。二是做到红十字会员、红十字青少年和干部“六五”普法全覆盖。三是加强节日宣传，以“5·8”、“5·12”、世界急救日、“12·1”纪念日为契机，组织红十字会员和志愿者开展义诊、咨询等各项便民、助民和为民服务活动。四是通过电子屏幕、黑板报、画廊、横幅和举办红十字普法知识竞赛等形式，进行红十字精神、理念的宣传活动。

高桥镇红十字会一直以来都认真贯彻上级红十字会精神，从为政府分忧、为群众解难出发，扎实推进各项工作。坚持依法建会兴会，狠抓组织和队伍建设，注重基础工作规范化、项目工作特色化，竭诚当好政府人道领域的助手，传承和光大博爱文化，使红十字精神深入社区，为构建和谐新高桥做出了积极的贡献。

高东镇红十字会

高东镇位于浦东新区东北部，长江入海口的东海之滨，东与宝山区长兴岛、横沙岛隔江相望，南与曹路镇毗邻，西与高行镇交界，北与高桥镇接壤。镇域面积36.24平方公里，人口约11万。全镇下辖10个行政村，15个居委会。高东镇红十字会始终以弘扬“人道、博爱、奉献”的红十字精神为己任，稳扎稳打地开展各项基础工作，为实现红十字会事业大跨越打下扎实基础。

一、总体概况

高东镇红十字会建有镇红十字服务总站，另有基层红十字服务站25个，实现了全覆盖。2013年成功创建2家博爱社区，2014年继续申报8个村居的博爱社区创建，提高居民对红十字会的认识，扩大红十字会的影响力。目前在册会员4623名、会员家庭916户、志愿工作者375名；救护队23支、救护分队43支、救护小组77支、救护员408名；救灾联络员176名。

二、工作情况

第一，红十字服务总站见功效。高东镇红十字服务总站位于园二路268号老年人日间服务中心内，定期开展老年人居家养老护理、初级急救演练、志愿者服务、造血干细胞宣传等一系列基础工作。同时组织开展区级救护队交流、“小小红十字志愿者为老服务”、培训、竞赛等形式多样的红十字活动。各基层红十字服务站也充分利用各方资源开展便民博爱服务，包括测量血压、血糖等常规检查，高血压知识小讲堂，义务理发、磨剪刀、修补羊毛衫等便民服务以及心理疏导、法律咨询等。

第二，红十字宣传广覆盖。积极传播红十字理念，扩大红十字影响。利用“3·1”“5·8”“5·12”等纪念日，以及“六进社区”活动等开展内容丰富、形式多样的红十字宣传活动。通过大型电子屏幕、黑板报、公告栏等各种宣传渠道，开展红十字理念传播。发放红十字读本和自制的红十字宣传环保袋，将红十字精神传播到镇域内的一些中小企业、文化广场以及各个居民社区。

高东镇红十字志愿者来到广场开展红十字知识的传播与咨询等宣传活动

第三，红十字项目惠民生。一是通过“千万人帮万家”活动，对辖区内大重病特困户进行慰问，发放救助款和帮困卡，并依照“两公开、两透明”的工作原则，对帮困救助信息进行公示，增强了红十字会的公信力。二是落实“社区重度失智困难老人配送护理用品”实事项目，不管春夏秋冬、严寒酷暑，志愿者们每月将护理用品送到老人家里，并及时了解失智老人的情况。先后有110名困难失智老人享受了配送护理用品的关怀服务。秉承着严格管理、规范落实、优化服务的工作理念，志愿者们把项目服务做实、做细、做精。

第四，红十字救护学技能。近几年自然灾害的发生，凸显救护知识和技能培训的重要性。镇红十字会定期开展居民救护演练，提高自救、互救能力。救护队每两月复训一次，积极开展初级急救知识讲座、现场急救演练、地震自救互救演练等活动，提高社区居民应对突发事件的能力。同时进一步巩固救护培训成果，每年定时定量完成救护培训初训及复训工作。

高东镇红十字会将继续贯彻上级红十字会和党委、政府对红十字会工作的有关要求，做好政府在人道领域的助手，按照“宣传筹资长效化、组织建设规范化、公益项目品牌化、救助渠道多元化”的工作思路，力求重点工作有突破，常规工作上水平，努力为高东镇的稳定与发展做出更大的贡献。

高行镇红十字会

高行镇共有28家居委，均成功创建了基层红十字服务站。目前在册会员1661人，会员家庭1322户；志愿者工作队伍26支、人数422名；救灾联络员队伍25支，人数349名；救护队29支，人数167名。2013年成功创建博爱社区两家，目前高行共有3家博爱社区。2014年将争取全镇百分之百创建博爱社区，并创建博爱示范街镇。

镇红十字服务总站于2012年成功创建并投入使用。总站共分为4个区域：接待室、活动室、看报读报室和办公室，并配有专职工作人员1名，配置便民服务、按摩椅等设施。镇红十字服务总站投入使用后，每年开展初级救护培训、志愿者服务、救护队训练等一系列活动。村居社区红十字服务站与镇红十字服务总站构成良好的组织系统和网络服务，为促进红十字事业发展奠定了扎实的工作基础。

高行镇举办防灾减灾应急救护技能竞赛

高行镇红十字会在纪念日积极开展内容丰富、形式多样的红十字宣传活动。在“5·8”世界红十字日和“5·12”全国防灾减灾日、世界急救日等纪念日，开展大型广场宣传活动、造血干细胞宣传招募活动、“六五”普法培训。2014 年高行镇成功举办了“大爱无疆，生命永续”防灾减灾应急救护技能竞赛，让更多的人了解红十字“人道、博爱、奉献”的精神。

救护队每月复训一次，同时进行初级救护技能的培训、现场急救演练，将救护知识和技能在社区群众中进一步普及，提高大家的自救互救意识，降低了突发意外灾害的伤亡率。

每年的春节前夕，高行镇红十字会通过“千万人帮万家”帮困活动对大重病特困户进行慰问，发放救助款、帮困卡。在“失智老人关怀”项目中，高行镇虽只有一位老人申请项目，但志愿者依然尽心尽力，每月将护理用品及时地送到老人家里。同时通过老年介护的培训，为失智老人提供最直接的帮助。

高行镇红十字会组织开展火灾逃生救护技能演练

不懈的努力收获了累累成果。高行镇红十字会荣获了 2007—2009 年度浦东新区救护培训实事项目优秀单位；2011 年被浦东新区评为红十字会工作先进单位；2012 年浦东新区街镇红十字救护队绩效评估取得了 3 项“优秀”、3 项“良好”的成绩；2013 年镇救护队参加区红十字应急救护大赛荣获综合组一等奖，社区组二等奖；2014 年参加区红十字会“大爱无疆，生命永续”群众性初级救护知识技能个人竞赛的 3 名救护队员获救护技能个人全项竞赛两个一等奖，一个二等奖。

三林镇红十字会

三林镇位于浦东新区西南部，现有 6 个社区、35 个居委会、18 个村委会。有三林刺绣、三林舞龙、三林庙会等多项本土特色文化事业，被称为中国民间艺术之乡、中国龙狮运动之乡。正是在这一片人杰地灵之地，三林镇红十字事业也在蓬勃发展着。

一、取得成绩

近年来，三林镇红十字会弘扬“人道、博爱、奉献”的红十字精神，先后荣获 2012 年“浦东新区红十字会工作先进集体”“上海市浦东新区红十字系统 2013 年先进集体”“服务中国 2010 上海世博会组织奖”“上海市 2010 世博城市站点红十字志愿服务优秀组织奖”“2013 年浦东新区红十字会系统筹资工作贡献奖”“2013 年浦东新区红十字系统信息撰写优质奖”等荣誉。

三林镇红十字会开展红十字知识讲座

二、主要做法

第一，完善服务组织网络。建立红十字会领导小组，各居委建立红十字会小组，定期召开会议；加强红十字服务站的建设，创立镇红十字服务总站，在 60 个居（村）委建立社区红十字服务站，建站率达 100%；建立了红十字救护队伍；积极创建博爱社区。

第二，形成立体宣传格局。每年重大节日，如 5 月 8 日世界红十字日、5 月 12 日防灾减灾日都开展大型纪念和宣传活动；制作红十字知识宣传版面，发放宣传资料，介绍红十字运动知识；开展造血干细胞和遗体捐献宣传，进行应急救护演练。60 个社区红十字服务站每星期定时开放，由有医务背景的红十字志愿者为社区居民提供量血压、紧急救护培训、健康咨询等服务。

三林镇红十字会开展“5·8”世界红十字日纪念活动

第三，着力推进服务项目。依托红十字会的救助平台，开展多形式、多方位、多层次的帮困扶贫工作，积极开展“千万人帮万家”迎春帮困活动，在认真排摸的基础上，对社区内特困、大病重病的家庭进行救助。2013 年发放救助款、物、帮困卡 26.2 万元，受助人群约 524 人次。在 2008 年“5·12”四川汶川地震时，镇红十字会募集捐款 50 万元

北蔡镇红十字会

红十字会是党和政府联系群众的桥梁，是政府在人道救助领域的重要助手。多年来，北蔡镇红十字会紧紧围绕镇党委和政府的中心工作，认真履行《中华人民共和国红十字会法》所赋予的职责，以“救灾、救助、救护”为宗旨，发扬“人道、博爱、奉献”精神，积极开展红十字会各项工作，为北蔡镇红十字事业的发展奠定了良好的基础。

一、健全基层组织网络，夯实红会发展基础

镇党委、政府十分重视红十字会工作，在人员、经费上给予充分保障，保证了红十字会各项工作能有序、正常地开展，使红十字会更好地服务基层群众。镇红十字会建立了由镇分管领导担任会长、社会事业发展办公室主任任副会长、镇相关科室与辖区相关单位为理事的红十字会理事会；各村（居）委相应成立红十字会小组，建立救灾联络员队伍。全镇62个村（居）委逐步建立红十字服务窗口，面向群众宣传红十字法律法规知识。

二、大力发挥助手作用，推动工作创新发展

北蔡镇红十字会坚持募捐救助、救护技能培训、红十字会相关知识宣传传播、红十字青少年工作、造血干细胞及无偿献血、健康教育等红十字工作“六进”社区，充分发挥红十字会在社区救灾、救护等人道主义领域的服务作用，使社区红十字事业取得了长足的进步。

第一，建立救灾队伍保障体系。镇红十字会在各村（居）委设立救灾联络员，并对人员进行业务培训，学习各类防灾减灾、急救等知识，使基层红十字服务水平得到进一步提升。

第二，加大人道主义救助力度。每年镇红十字会积极开展“千万人

帮万家”迎春帮困活动，对辖区内居民认真排查，为那些在灾害、突发事件和意外事故中遭受损害的群众缓解燃眉之急。通过每年春节的“迎春帮困慰问”，2009—2014 年镇红十字会发放的救助款、物、帮困卡累计金额 170 万元左右，受助人群达 4000 多人次。

第三，全面开展现场初级急救培训。镇红十字会在辖区内全面开展急救培训。2008—2013 年对社区机关干部、村（居）委骨干、志愿者、社区居民及辖区内相关行业单位的工作人员进行救护技能培训，成效显著，共计完成救护员培训 453 人，普及培训 9041 人。

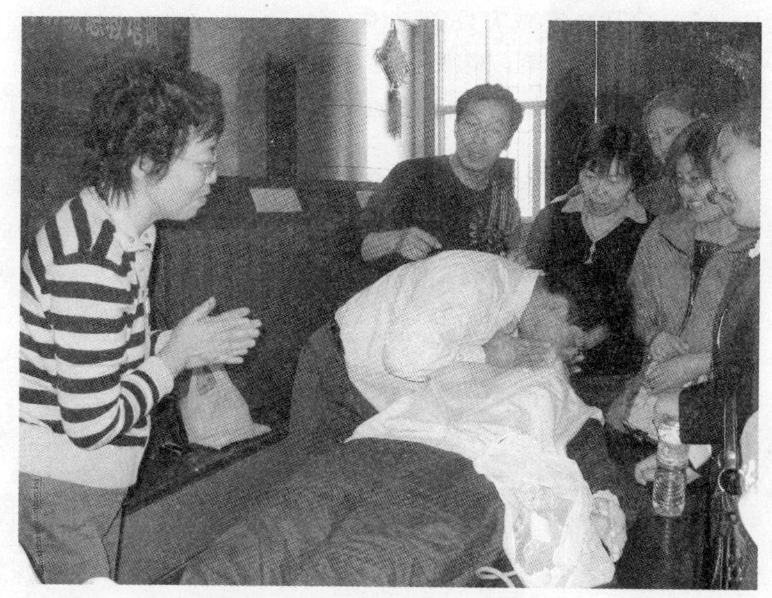

北蔡镇红十字会开展应急救护培训

同时，积极开展救护技能演练活动，在历年的新区救护技能竞赛中均取得了较好的成绩。2010 年荣获浦东新区应急技能操作竞赛二等奖，同年荣获浦东新区救护技能个人全项竞赛团体总分三等奖；2012 年获得了浦东新区机关干部应急救护技能竞赛三等奖，共 6 名队员参赛，其中 1 人荣获区级救护队员救护技能个人全项评估验收优秀；2013 年综合组、社区组分别荣获浦东新区红十字应急救护大赛三等奖；2014 年 3 名群众参加浦东新区“大爱无疆，生命永续”群众性初级救护知识和技能个人竞赛活动，获得 2 名二等奖、1 名三等奖。

第四，扎实推进各类实事项目。镇红十字会积极贯彻落实市、区实事项目，开展“社区重度失智困难老人配送护理用品”项目，建立专项服务志愿者队伍，为项目服务对象每月定期发送一次性护理用品。2012

年荣获浦东新区“社区重度失智困难老人配送护理用品”实事项目优秀奖。

三、扩大宣传传播力度，进一步提升知晓率

第一，开展宣传普及工作。镇红十字会通过各种途径加大宣传力度。对各村（居）委定期下发红十字报刊，并通过黑板报、画廊、横幅等宣传途径，宣传红十字知识、国际人道法，每年的“5·8”世界红十字日、“5·12”防灾减灾日和“10·31”红十字会法颁布纪念日、“12·1”世界艾滋病日等，组织主题鲜明、形式多样的活动。

第二，做好无偿献血、遗体捐献等工作。通过多种宣传形式，把人道主义精神、献血科学知识普及到各行各业，在辖区内广泛动员、组织，许多社区居民与机关干部踊跃报名，多次被市、区评为优秀集体，荣获“2013年造血干细胞捐献志愿者征募工作先进集体”。同时，在遗体捐献方面，镇红十字会倡导居民树立正确的遗体捐献观念，截至2014年8月11日，有50位居民由镇红十字会代为办理了遗体捐献手续，其中有1位已经实现愿望。

第三，面向社区，开展志愿服务。利用社区志愿者，开展各项红十字活动。围绕健康保健知识咨询，遗体、造血干细胞、器官捐献，无偿献血宣传咨询及红十字法律、法规宣传等主要内容，开展形式多样、内容丰富的志愿服务活动。

康桥镇红十字会

红十字会是一个凝聚社会人道力量的广阔平台，红十字工作是一项造福全人类的崇高而神圣的事业。近年来，康桥镇红十字会紧跟时代步伐、顺应社会规律，积极弘扬红十字文化，提高了红十字会的凝聚力和创造力。

一、建立健全组织，推进运作规范化

近年来，康桥镇逐步完善红十字组织，确保各部门密切配合，全社会广泛参与，内外形成合力，共同推进红十字事业的发展。全面推进红十字会组织建设，进一步拓展红十字覆盖面，促进红十字事业进学校、进机关、进企业、进社区、进农村，发展基层红十字组织，不断壮大队伍。全面提高红十字会干部的能力素质，通过提高红十字会干部的统筹协调能力、策划宣传能力和服务社会的综合能力，推动工作制度化、长效化和科学化。

二、加大宣传力度，扩大红会影响力

加大宣传教育的力度，努力扩大红十字组织的社会影响力。一是注重普法宣传，提高社会对红十字事业的知晓率，传播“人道、博爱、奉献”的红十字精神；二是加大宣传力度，利用专栏、板报、宣传册等常见形式从深度和广度上全面推进红十字宣传；三是突出事迹宣传，做好对爱心企业和社会热心人士的宣传表彰工作，激发他们扶贫济困、敬老助残的爱心行动，形成热心公益的浓厚社会氛围；四是深入基层、深入第一线，让群众真正感受到红十字会大家庭的关心，并吸收和凝聚更多的人参与弘扬红十字文化。

康桥老街红十字活动理论操作竞赛

三、开展特色项目，提高群众满意度

康桥镇红十字会积极配合上级红十字会工作，组织开展造血干细胞捐献志愿者招募工作。近 3 年内，共招募志愿者 320 余人。

镇红十字会把关注和解决社会民生问题摆在了更加突出的位置，按照有关捐赠的法规政策，严格工作程序，建立责任制度，坚持专账管理、专人负责。同时严格信息公开，及时向社会公布捐赠款物接受使用情况，提高捐赠款物使用的透明度，主动接受社会公众的监督。

周浦镇红十字会

周浦镇行政区域面积 43.2 平方公里，人口约 20.6 万，现有红十字会小组 39 个、博爱社区 3 个、红十字会员 5907 人。组建志愿者队伍 40 支，志愿者 141 人；救灾联络员队伍 40 支，联络员 334 人；救护队 40 支，救护员 494 人。遗体捐献志愿者登记在册人数 106 人，已实现遗体捐献 16 人。

周浦镇红十字会始终按照“基础工作标准化，重点工作项目化，特色工作精品化”的工作思路，以服务社会为宗旨，以努力改善最易受损害群体现状为己任。近年来，在组织建设、赈灾救助、救护培训、志愿服务、博爱社区等方面取得了一定的工作成效。

周浦镇红十字会开设应急救护知识培训班

一、获得荣誉

2009 年，周浦镇红十字会荣获原南汇区红十字会“十佳感动”称号、“五五”普法红十字知识竞赛中优胜奖；2010 年荣获服务世博“遗体捐献”志愿服务工作优秀组织奖、浦东新区急救技能操作竞赛二等奖；2011 年在浦东新区“社区重度失智困难老人配送护理用品”实事项目评估创优活动中荣获及时完成任务奖；2012 年获全国红十字系统防灾减灾知识竞赛优秀组织奖；2013 年获浦东新区红十字应急救护大赛三等奖、浦东新区基层红十字会知识传播师资技能演讲竞赛优秀课件奖三等奖；2014 年获得“大爱无疆，生命永续”群众性初级救护培训和技能竞赛活动优秀组织奖等。

二、特色工作

遗体捐献工作成绩突出，是周浦镇红十字会多年来积极努力的成果。镇红十字志愿者参加恒辉志愿服务队，组织宣讲遗体捐献知识。在每年重阳节来临之前，镇红十字会上门慰问遗体捐献志愿者，送达慰问信和慰问品。

周浦镇社区居民在红十字服务总站内接受服务

服务总站的创建则为周浦镇红十字事业的前进提供了有力的基石。2014 年 8 月，周浦镇红十字服务总站建设完成并对外开放服务，服务总站配备专职工作人员 1 名，以及若干名红十字志愿工作者。作为镇红十字组织的管理平台，红十字服务总站本着为百姓服务的宗旨，努力做好镇红十字会的工作平台。利用总站优势，扩大服务范围，改善民生需求，塑造红十字形象，把总站真正打造成为：面向居民展示红十字文化、传播红十字精神的窗口；志愿者提供红十字人道救助、关爱服务进社区的服务平台；红十字社区组织活动和发展的基地，充分发挥红十字组织在构建和谐社会中应有的作用。

航头镇红十字会

在镇党委、政府的正确领导下，在新区红十字会的精心指导下，航头镇红十字会以科学发展观为指导，充分发挥自身特点和优势，始终践行红十字会宗旨，严格落实代表大会决议，红十字事业近年来取得了显著成效：红十字队伍不断壮大，组织体系进一步完善；救灾、救助能力显著增强，应急救护工作水平进一步提高；遗体捐献事业稳步发展；志愿者培训、救护培训工作规范有序；红十字青少年工作进一步活跃；各类项目扎实推进。

一、基础工作扎实有效，稳步推进

近年来，航头镇红十字会基础工作扎实，领导制度健全，经费保障充足。截至2014年6月，全镇共有户籍人口72802人，其中红十字会员9203人，会员家庭2514户。18个村（居）委均设立了红十字服务站，志愿者队伍、救灾联络员队伍、救护培训队伍均已建立，从而形成了广泛覆盖、深入到户的红十字工作网络。

二、社区服务站严格达标，效果显著

在社区红十字服务站和居委成立调整的基础上，镇红十字会在条件成熟的社区居委配备了红十字专职干部，配置轮椅、体重秤、拐杖、救护包等服务器材，积极开展红十字活动，扎实推进红十字项目。其中，镇红十字会以社区红十字服务站为平台重点开展了博爱阳光志愿者培训及老年介护培训工作。

三、专项工作积极开展，活动丰富

第一，扶贫助困工作。大力开展人道救助基金募集工作，以“千万人帮万家”“意外身亡救助”等博爱帮困系列活动为载体，加大人道救助基金的募捐力度，传播红十字知识，加大红十字会的社会影响力，吸引广大社区群众踊跃参与，增强红十字会的公信力。

航头镇红十字会组织残疾儿童家庭赴东方绿洲科普基地参加活动

第二，救护培训活动。围绕新区红十字会普及救护培训（复训）的工作要求，扎实推进红十字救护新概念、心肺复苏、创伤救护技术、意外伤害和突发事件认识与现场处置技术等培训项目，有效开展理论讲座及技能培训，社区群众红十字救护知识普及率大幅提升，应急救护技能显著提高。

第三，宣传推广活动。广泛开展各类红十字系列活动，包括“5·8”世界红十字日、“5·12”防灾减灾日、“12·1”世界艾滋病宣传日、世界急救日、普法宣传等。同时，镇红十字会积极联合横向部门，组织开展了形式多样的关爱活动。例如，“‘3·1’生命在奉献中延续”，“携手人道，关爱生命——‘仁济情·医者心’航头仁济和谐共建活动”，造血干细胞捐献活动，“5·12”防灾减灾知识竞赛活动，“青春健康快乐行”暑期拓展培训活动等。各类活动受益对象全、覆盖范围广、活动形式新，受到了群众的广泛好评。

新场镇红十字会

一、基本情况

新场镇位于浦东新区的西南部，地域总面积 54.3 平方公里，下辖 13 个行政村、6 个居委会。新场镇红十字在区红会的指导下，全面贯彻执行《中华人民共和国红十字会法》，积极发扬“人道、博爱、奉献”的红十字精神，及时完成上级布置的各项工作任务，利用自身优势，努力开拓创新特色工程。

目前，全镇已经建立了 3 个博爱居委、1 个博爱村。为了进一步巩固创建成果，狠抓建设质量，2014 年，镇红十字会将再创建 3 个博爱社区，以广泛开展宣传动员，传播红十字知识，发扬红十字精神。

新场镇红十字会参加“2013 年浦东新区红十字应急救护大赛”并获得良好成绩

二、主要做法

第一，领导重视，组织完善。红十字会经费列入当年财政预算，确保各项工作有序开展。制度健全，不断加强镇、村（居）委两级红十字组织网络建设，并加强对各单位的管理及考核，从组织上保证各项活动的顺利开展。

第二，队伍健全，全面覆盖。积极参加新区组织的各项竞赛，并根据区红十字会建立四级网络的要求，在建立救护救灾队和救护救灾支队的基础上，进一步完善救护救灾联络分队和救护救灾小组工作，使人人掌握红十字应急救护知识。

第三，关爱弱势，积极救助。大力开展人道救助基金的募集工作，以“关爱弱势，关爱健康，帮农济幼”“千万人帮万家”及“5·8”世界红十字日等博爱帮困系列活动为载体，加大人道救助基金的募捐力度，传播红十字知识，加大红十字会的社会影响力，吸引广大群众加入其中，增强红十字会的公信力，并对白血病、尿毒症、癌症和精神病患者等一些最易受损害群体提供人道救助，为他们排忧解难。

新场镇红十字会结合“我们的家园——科技进社区”活动开展“赞美生命、奉献爱心”主题宣传活动

第四，搭建平台，服务有力。19 个村（居）委全部建立了红十字服务站，并配置了轮椅、体重秤、拐杖等服务器材。服务站布点和器材发放已全覆盖，并组织了志愿者队伍，定期定时为居民服务。积极组织会员和志愿者开展各种形式的活动，深入开展红十字义诊、扶贫帮困等系列博爱救助行动，发挥其服务功能。

宣桥镇红十字会

宣桥镇位于浦东新区中部，区域面积46平方公里，现有户籍人口4.25万，下辖12个行政村和6个居委会。宣桥镇红十字会紧紧围绕着镇党委、政府中心工作，始终坚持以“保护人的生命和健康”为己任，大力弘扬“人道、博爱、奉献”的红十字精神，积极发挥红十字组织在政府人道领域的助手作用，努力提升红十字会社会影响力。

一、总体概况

宣桥镇红十字会现有基层红十字小组18个，博爱村（居）4个，红十字会专（兼）职干部19人。红十字会员总数8004人，其中个人会员234人，会员家庭3071户。志愿者队伍18支，志愿工作者63人。救灾联络员队伍16支，救灾联络员264人。各级救护队34支，救护员2271人。红十字救护培训师资5人，红十字知识传播师资1人。

二、工作开展情况

第一，认真履行“三救”职能。认真做好救灾工作，在汶川大地震、“莫拉克”台风以及玉树地震等突发灾害中，镇红十字会发挥了积极作用，累计募捐115.8万元，捐物530余件。认真落实救助工作，抓好城乡低保、低收入人员基本医疗大病补缺救助，以及支出型贫困家庭救助工作。有序开展救护工作，不断壮大救护师资队伍，提高救护培训质量。各级救护队定期开展复训，不断提高应急救护水平。

第二，“博爱阳光”深入开展。在春节前系统地开展迎春帮困救助活动，为困难家庭送去关怀与慰问。2010年春节以来，镇红十字会共计慰问困难人员586人次，慰问金额达77.06万元。认真开展“社区重度失智困难老人配送护理用品”实事项目，全镇累计有262位老人获得人道关怀与护理用品配送服务。镇红十字会现有博爱阳光志愿者19名，队伍稳定，服务到位，每月为失智老人家庭送上护理用品。

第三，志愿服务增添活力。在“3·1”“5·8”“12·1”以及“世界急救日”期间，积极开展社区志愿服务活动，传播红十字精神与理念，做好遗体（角膜）捐献、器官捐献、造血干细胞捐献招募宣传工作，举办各类健康讲座和便民服务，将红十字会的关怀送进社区。

宣桥镇红十字会志愿者为失智困难老人配送护理用品

三、特色工作亮点呈现

第一，健全基层组织网络。宣桥镇红十字服务总站创建完成，并被评为浦东新区红十字会2013年度项目优质奖。总站实用面积426.6平方米，设有文化长廊、宣传区、办公区，同时建设博爱健康生活馆作为便民服务区，开展红十字“助老”项目，提供营养膳食、心理慰藉、体感康复、休闲养生等多种健康服务。宣桥镇将在2014年底完成社区红十字服务站全覆盖，完成镇域内的二级工作网络建设。

第二，探索社区联动机制。宣桥镇红十字会与浦东新区老年医院尝试探索社区联动机制，整合社区资源、优势共享，在2014年“5·8”红十字博爱周期间合作开展了社区志愿服务活动，由老年医院医护志愿者队伍为宣桥社区居民提供测血糖、健康咨询等服务，并开设红十字老年健康讲座，宣传健康知识。

惠南镇红十字会

惠南镇地处浦东新区东南部，地域面积近65平方公里，人口约27万，其中户籍人口11.6万。全镇下辖29个行政村、23个居委会。惠南镇红十字会自2003年建会以来，在新区红十字会的精心指导下，在镇党委、政府的正确领导下，在社会各界的大力支持下，努力弘扬红十字精神，推动红十字事业迈上了新台阶。

一、总体概况

截至2014年6月，惠南镇共建有1个红十字服务总站，50个基层红十字服务站。组建52个基层红十字小组，成功创建了11个博爱村

敬老节期间惠南镇红十字会开展“金色港湾、爱老家园、志愿奉献活动”

（居）委会，成立了红十字志愿者队伍 52 支；救灾联络员 52 名、救护队 52 支，形成了惠南镇红十字会基层组织网络体系。发展红十字会员 9132 名，会员家庭 5843 户，招募红十字志愿工作者 876 人（其中包括社区服务志愿者、造血干细胞捐献志愿者、失智老人关怀服务志愿者、博爱阳光志愿者）。

二、取得成果

多年来，惠南镇红十字会工作屡创佳绩，在全区红十字会年度工作考核评估中，年年被评为优秀单位：2007—2009 年，荣获浦东新区救护培训实事项目先进集体称号；2010 年，荣获上海市红十字系统“服务世博”活动优秀组织奖；2011—2013 年荣获“社区重度困难失智老人配送护理用品”实事项目优秀奖，2011 年惠南镇红十字会还被评为区级“优秀街镇红十字会”；2012 年，荣获全国防灾减灾知识竞赛优秀组织奖；2013 年荣获上海市造血干细胞捐献志愿者征募工作先进集体等。

三、特色工作

第一，开展社区联动机制试点工作。根据新区红十字会总体要求，惠南镇被列为浦东新区建立社区红十字工作联动机制的试点镇。惠南

惠南镇红十字会建立的博爱健康生活馆

镇政府领导高度重视，亲自抓社区联动机制试点推进工作，经反复修改、意见征询，正式下发“实施意见”，建立联席会议制度，制订详细活动计划，形成工作组织架构。试点运行以来，凝聚了各方力量，整合了各方资源，强化了与居民区、镇各职能部门及辖区中小学、医院等各单位、各部门的联动沟通，将红十字人道服务工作与其他社会服务相互衔接、相互配合、相互融入，进一步完善了镇红十字工作管理机制，破解红十字工作的难点、顽症，为广大社区居民带来了实实在在的好处。

第二，建立惠南镇博爱健康生活馆。以“博爱家园”建设为引领，以红十字社区联动工作为切入点，探索建立了“惠南镇博爱健康生活馆”。场馆旨在为本镇老年朋友提供基本的健康干预服务，包括健康检测、健康大使活动中心、年龄博物馆、科技驿站、照料者支持中心等。建馆以来，红十字志愿者每周定期为社区老人免费量血压，接待健康问题咨询，组织健康知识讲座，开展了以“博爱”为主题的各类活动，如老年人防中风健康知识普及社区活动、老年人防虐待的法律倡导活动、健康饮食活动等，受到了社区群众的普遍认可和欢迎。

老港镇红十字会

老港镇位于上海远郊的东海之滨，镇域总面积近39平方公里，常住人口4.5万，下辖7个行政村、2个居委会。多年来，老港镇红十字会认真贯彻《中华人民共和国红十字会法》，遵照红十字会职责，确立了“以组织建设为基础，以宣传作先导，以活动显特色，以服务聚民心”的工作思路，围绕“改善最易受损害群体的境况”的工作目标，用实效强组织，以作为求地位，无论是红十字基层组织建设、志愿服务、博爱创建，还是红十字会社会救助、救护培训、红十字精神宣传等方面，都取得了令人满意的成绩，在构建“和谐老港”的实践中做出了积极贡献。

岁月见证变迁，付出见证收获；多年的奋斗历程让人铭记，多年的佳绩硕果令人欣喜。2008年，老港镇红十字会在中国红十字总会组织的“十佳百优千星”评比活动中获得“优秀乡镇红十字会”光荣称号；

老港镇红十字服务总站——居民的“家”

2009 年，老港镇博爱创建活动获得区红十字系统“十佳感动”称号；2010 年，荣获上海市红十字系统“服务世博”优秀组织奖。老港镇红十字会连续 6 年被评为区红十字系统“先进集体”，并被授予 2006—2010 年度上海市红十字系统“先进集体”荣誉称号。

为把红十字关爱送进千家万户，镇红十字会积极从群众实际需求出发，力求在继承创新的基础上进一步彰显工作的特色、亮点，不断开辟服务新载体：一是博爱小组。在已创建的博爱村（居）委中，将会员家庭入会率达 90% 以上的村民小组创建为博爱小组，设立服务站，添置按摩椅、血压计等医疗设备，由红十字志愿者实施管理和服务。二是博爱街。将鑫旺路和鑫盛路创建为红十字“博爱街”，博爱街上有博爱理发店、博爱之家、志愿者服务站等。三是博爱超市。2009 年，老港镇天闰发超市因多年来向全镇困难群众及会员家庭发放“博爱购物卡”、为群众提供各类优惠让利服务而被镇红十字会命名为“博爱超市”，并加快推进红十字博爱超市标准化建设。截至 2013 年，累计优惠金额达 50 多万元。四是红十字服务总站。此项目被列为 2012 年度镇政府实事工程，于同年 5 月 7 日正式揭牌启用。服务总站充分发挥宣传阵地、业务指导、活动策划和组织协调等功能，积极开展红十字精神传播、救护培训、会员管理、志愿服务、遗体捐献登记、人道救助、健康训练等一体活动，逐渐成为方便群众的服务窗口、服务基层的工作平台。五是“博爱公园”特色项目。为进一步加强红十字精神的传播，让更多的人参与到红十字活动中来，镇红十字会向新区红十字会申请建设特色项目博爱公

老港镇红十字会“5 · 8”世界红十字日纪念活动

园，并于2014年5月8日“博爱周”之际正式揭牌启用，为老港镇红十字工作开辟了一块新的宣传阵地。

东海浪涌奏凯歌，老港巨变展新颜。回首过去，欢欣鼓舞、心潮澎湃；展望未来，信心百倍、豪情满怀。未来几年，老港镇红十字会将认真贯彻落实《国务院关于促进红十字事业发展的意见》和新区红十字会的工作要求，紧紧围绕镇党委、政府的中心工作，积极服务民生建设，大力弘扬人道主义精神，保护人的生命和健康，改善弱势群体境况，促进社会公平正义，为建设“美丽老港”、促进社会和谐、推动浦东二次创业做出新的更大贡献。

受助群众为老港镇红十字会送来锦旗

万祥镇红十字会

万祥镇红十字成立于1985年，致力于当好政府人道领域的助手，以改善最易受损害群体的境况为己任，紧紧围绕镇党委、政府的中心工作，积极为政府分忧，为弱势群体解难。

一、总体概况

镇红十字会于2013年8月召开第一次会员代表大会，开启了红十字工作的新篇章。全镇建有镇、村（居）委两级红十字组织网络。有1个红十字服务总站，10个红十字服务站，3个村、2个居委成功创建为博爱村（居）委。10个村（居）委均建立红十字工作小组，并有专人负

万祥镇红十字会举办世界红十字日宣传活动

责本辖区的红十字工作。真正做到“上下联动、领导有序”，保障了镇红十字工作的蓬勃开展。

二、各项工作全面发展

第一，“三献”工作扎实推进。一是大力开展有关遗体捐献知识的宣传和咨询，共有7人参与了遗体捐献登记，促进了医学教学和科研事业。二是造血干细胞捐献工作稳步发展。经过数次造血干细胞捐献志愿者招募活动，累计有93名志愿者加入造血干细胞库。三是积极参与无偿献血工作宣传，推动该项工作的全面开展。

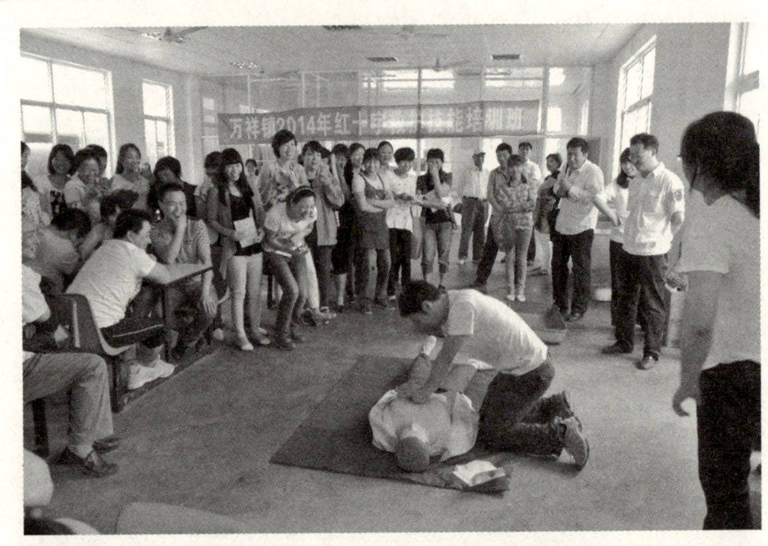

万祥镇红十字会为企业举办救护技能初训班

第二，“三救”作用明显发挥。灾害救助能力不断加强，在发生重大自然灾害后，镇红十字会立即响应，组织辖区内各单位开展募捐活动，十余年来，共为灾区捐款75万余元。社会救助能力明显增强，从2003年开始，累计帮助困难家庭600余户，发放救助金93万余元。此外对因火灾、车祸、意外事件导致贫困的家庭进行了人道救助，发放慰问金15万元，救助40余户。社会救护能力显著提高，扎实开展群众性应急救护知识培训。截至目前，共培训救护员203名，重点对象3370名，一般对象3700名。同时，定期开展救护技能竞赛，巩固培训成果。

第三，特色工作巩固发展。一是各类实事项目扎实推进。开展特困糖尿病老人救助项目，先后有35名困难老年糖尿病患者纳入了该救助范围，救助金额2.5万元。开展镇重度失智困难老人护理用品申领项目。从2014年3月至今，受益家庭22户次，发放护理用品66箱。二是积极做好宣传工作。镇红十字会高度重视对红十字理念和红十字工作的宣传，把它作为提高红十字会社会公信力的一项重要工作来抓。通过讲座、培训、宣传栏、知识竞赛等形式多方位、全方面宣传红十字法律、法规、基本知识，受益对象包括红十字会员、志愿者、红会干部、学生及社区群众，使红十字精神的影响力不断扩大。

大团镇红十字会

大团镇位于浦东新区东南部，镇域面积 50.7 平方公里，下辖 16 个行政村和 4 个居委会，户籍人口 6.5 万。大团镇红十字会始终坚持人道宗旨，大力弘扬“人道、博爱、奉献”的红十字精神，注重发挥“救灾、救助、救护”核心职能，改善民生、促进和谐，竭诚为群众解难，为政府分忧。

一、加强组织建设，组建红十字队伍

大团镇现有红十字服务总站 1 个，基层红十字服务站 17 个，博爱村（居）委 4 个，个人会员 8383 人，会员家庭 2916 户、6012 人，镇、村（居）委、小组、楼组四级“救护队”505 支、2725 人，救灾联络员队伍 20 支、439 人，各类红十字志愿者队伍 20 支、616 人。

二、加强社会宣传，扩大红十字精神传播

第一，以“3·1”遗体捐献纪念日、“5·8”世界红十字日等纪念日为契机，组织红十字志愿者开展宣传活动。镇红十字会联合其他部门开展大型义诊、广场演出等活动，以群众喜闻乐见的形式宣传急救、红十字等知识。

第二，积极开展“五五”“六五”普法工作。以讲座、培训等方式对红十字会专（兼）职干部、会员、志愿者、红十字青少年进行红十字法宣传教育。目前，会员普法人数为 8383 人，普法率达 100%，新增会员和会员家庭成员普法率达 100%。

第三，利用宣传栏、报刊等舆论工具，全方位报道镇红十字会开展的“三救”“三献”工作，增强广大社会公众对红十字会的了解和认识，提升红十字会社会影响力。

三、加强特色工作，倡导红十字人道服务

第一，规范落实“社区重度失智困难老人配送护理用品”项目。镇红十字会严格按照项目要求，对新增对象一一上门检查，做到严格把关，不遗漏、不马虎，对符合的对象及时上报，不符合的对象当场做好解释工作。截至2014年7月底，共有107名失智老人享受该项目，并组织老人家属参加社区老年介护培训，为不断改善老人生活状况提供人道服务。

第二，遗体捐献工作扎实推进。镇红十字会认真贯彻《上海市遗体捐献条例》，通过制发倡议书、发放宣传资料、开展知情调查等方式，大力开展有关遗体捐献知识的宣传和咨询，消除了市民对遗体捐献的认识误区，推动捐献工作正常开展。目前，共有11人进行了遗体捐献登记，2013年有1人实现捐献，促进了医学教学和科研事业的发展。

第三，造血干细胞捐献工作稳步发展。为充分体现红十字会“保护人的生命和健康”的宗旨，镇红十字会利用各种场合动员和呼唤社会奉献爱心，让更多的生命在爱中延续。2013年，共有59名志愿者采集血样，镇红十字会获得2013年度上海市造血干细胞捐献优秀组织奖。

大团镇红十字会进行造血干细胞捐献宣传活动

四、加强核心业务，发挥红十字会职责功能

第一，社会救助能力明显增强。每年春节前夕，镇红十字会都组织开展“千万人帮万家”活动。本着公开、透明、负责的指导思想，做到主动帮、全覆盖、不遗漏，切实为困难群众家庭雪中送炭。2014 年为 188 人发放慰问金达 14 万元，同时镇红十字会对部分生活困难的家庭发放了 2 万元慰问卡，使这些困难家庭深深感受到党和政府以及红十字会人道博爱精神的关怀。

第二，灾害救灾能力不断加强。近几年，我国频发重大自然灾害。在每次灾情发生后，镇红十字会立即响应，按照市、区红十字会统一部署，组织辖区内各单位开展募捐活动，发动机关、企事业单位、村（居）委、社区群众踊跃捐款。近年来，共为灾区捐款 20 余万元，将涓涓暖流汇入灾区人民心中。

第三，社会救护能力显著提高。扎实开展群众性应急救护知识培训。建立健全镇救护队、村（居）救护支队、村（居）民小组救护分队 505 支、2725 人。做好救护队网络化管理，每年定期开展救护复训工作，不断加强社区居民自救互救能力，营造“人人知救护，人人会救护”的氛围。

泥城镇红十字会

泥城镇位于浦东新区南部，总面积61.5平方公里，辖有12个行政村、9个居委会，户籍人口5.8万人，外来人口2.5万人。自2004年以来，泥城人民继承了先辈着眼大局、勤劳奉献的光荣传统，致力于开发建设，全镇面貌发生了翻天覆地的变化：近70%的人口住进了安置社区，诸多生活商业配套逐步完备，泥城人民尽情享受着新农村开发建设的成果。

过上现代美好生活的泥城人，响应国家文化战略号召，把继承光荣传统与弘扬博爱文化有机结合起来，充分把握红十字会的“三救”“三献”职责，以建设红十字服务总站为契机，建设博爱文化名镇，取得了较好的成效，多次获得“先进集体”称号。

一、抓好组织建设，普及博爱文化

近年来，泥城镇红十字会以抓组织建设为基础，发展红十字会员和会员家庭1万多人（户），推动会员覆盖率达到20%以上；统筹镇财政和红十字会资源，建设博爱社区6家、红十字服务站18个（含总站1个），基本实现了全覆盖；大力发展各类红十字志愿者500多人，完善各项工作制度，开展普法教育和救护培训等活动，普及博爱文化，全镇上下逐步形成“我爱人人、大家互爱、集体仁爱”的良好氛围，推进各项红十字会业务工作。

二、突出“三救”职能，造福泥城百姓

针对农业大镇、拆迁大镇的特点，泥城镇红十字会在做好调查研究的基础上，充分统筹各类资源，发挥好各村（居）志愿者的作用，积极

履行“救灾、救护、救助”职能，造福泥城百姓。近年来，对遭遇火灾、雷击、台风等意外受灾的50多个家庭，及时施救，确保受灾群众的生活有所保障；面对外省区的地震、泥石流等灾害，发动捐款捐物进行支援；因应现代居民应急救护培训的需求，开展好“5·12”应急救护演练和9月“世界急救日”救护大赛活动，组织培训师资力量和志愿者，以发放光盘、宣传折页及现场操作等方式开展普及性救护培训，许多突发伤病患者得到前期的现场护理；积极配合“社区重度失智困难老人配送护理用品”实事项目，为近200位老人送去护理用品4000多份，有效缓解了家庭困难；上报10例爱心行动信息，结合“千万人帮万家”项目，做好每年募捐善款的工作，并切实用好人道救助基金。2014年，镇红十字会用13万余元对近400户困难家庭进行了救助。

泥城镇红十字博爱文化街

三、做好“三献”工作，弘扬博爱精神

泥城镇红十字会以“三救”工作赢得了群众的真心，以春华换来了秋实，在“无偿献血、造血干细胞捐献、遗体（角膜）器官捐献”等工作中群众踊跃参与，支持红十字会把“三献”工作做好，弘扬博爱精神。近年来，泥城镇红十字会每年完成造血干细胞捐献及无偿献血的采集任务，数十人参与或有意加入遗体（角膜）器官捐献。令人欣喜的

是，在目前科学知识不断普及的情况下，越来越多充满爱心的志愿者，加入了“三献”的队伍。

四、用好新的平台，打造博爱新镇

2013 年，泥城镇红十字服务总站建设完工，博爱文化墙、博爱文化广场、博爱宣传雕塑、博爱文化大道正式启用；2014 年，服务总站配备了专职人员，5 个新的红十字服务站开工建设，红十字工作具有了一个更好的平台，红十字工作队伍更加健全完善，构筑博爱新镇之梦更添动力。

书院镇红十字会

书院镇红十字会大力发扬“人道、博爱、奉献”的红十字精神，积极开展救灾、救护、救助，以“创新、重点、特色”为突破口，红十字各项工作均取得明显成效。目前，镇有红十字服务基地 1 个，红十字服务总站 1 个，基层红十字服务站 15 个，博爱村（居）5 个，现有会员 6230 人，有镇、村（居）委、小组、楼组四级“救护队”363 支，共有救护队员 2001 人。

一、领导重视，广泛宣传

书院镇领导把红十字会工作列入重要工作议程，把红十字会工作纳入各村（居）委年终工作考核项目。通过平时经常宣传和节日集中宣传相结合的办法，深入持久地宣传《中华人民共和国红十字会法》《中国红十字会章程》等基本知识。每个村（居）委通过举办形式多样的宣传活动，让红十字精神深入人心。利用初级急救培训、救护员复训、红十字救灾联络员培训、普法培训等活动，进一步宣传红十字精神，拓展红十字服务站服务功能。

二、深化服务，救助帮困

每个村（居）委都配备一支红十字会志愿者队伍、一支救灾联络员队伍，在各区域开展救助帮困活动。有红十字会服务站的村（居）委，发挥服务站的优势，提供全面的优质服务。每年开展各种形式的募捐活动，筹集善款，以解困难群众的燃眉之急，以 2014 年春节为例，共慰问 303 人，发放帮困金 19.7 万元，帮困卡 1 万元，完成年度募捐 25 万元。“社区重度失智困难老人配送护理用品”实事项目中，严格把关，把握标准，每月按时发放护理用品，更好地改善本地区失智老人的生活，截至 2014 年 6 月底，全镇共有 68 名失智老人纳入“失智老人关怀”项目。

三、救护培训，体现特色

为提高群众自救互救能力，积极开展现场初级救护普及培训，镇红十字会邀请师资从救护新概念、心肺复苏术、四项技术等方面进行培训，镇 18 个村（居）的 720 名学员参加培训。积极参加新区举办的救护演练比赛，荣获应急救护比赛社区组和综合组三等奖。开展救护接力比赛，18 个村（居）积极参与，涉及面广，参与度高。暑假期间，全镇各村（居）委红十字服务站开展了丰富多彩的救护知识活动，深得学生们的好评，并进一步拓宽了红十字救护的影响面。

书院镇红十字会举办群众性应急初级救护知识和技能个人竞赛

四、服务总站，发挥功能

2013 年，书院镇成功创建红十字服务总站，目前运行良好。通过总站平台一体化发挥好各项红十字功能，面向村（居）民展示红十字文化、传播红十字精神；提供红十字人道救助、关爱服务进社区；同时也成为红十字社区基层组织活动和发展的基地。

通过积极探索，深入基层，开展各类活动，书院镇红十字会以实际行动体现了“人道、博爱、奉献”的红十字精神，使红十字服务向全方位、多层次、多领域的方向发展。书院镇红十字会将再接再厉，继续关注好弱势群体，为需要帮助的人提供服务，让红十字理念深入人心。

冠名红十字医疗机构

浦东新区红十字医院

1980 年，浦东新区人民医院成为上海市红十字冠名医疗机构。34 年来，在历任领导的带领下，医院始终以人道为本、博爱为怀、奉献为荣，保护着人民群众的生命和健康。

2012 年 10 月，医院创建“博爱医院”通过验收，成为浦东新区红十字会“十大博爱文化品牌”之一。

上海公安高等专科学校的志愿者到儿科开展
“安全守护健康成长”主题活动

一、志愿者的光彩

2010年3月，医院成立志愿者工作站。经过近4年的发展，目前有注册志愿者220名，累计服务时间近40000小时。2013年，这一集体正式命名为“满天星”。集体中每位志愿者都用自己的实际行动弘扬着“人道、博爱、奉献”的红十字精神，践行“幸福，从助人开始”的志愿服务理念，始终将患者和居民的需求放在第一位，提供全方位、立体化的志愿服务。他们贴心、真诚的服务得到了患者的高度赞扬，也感染着身边的医护人员和病人。2013年10月，成为上海市志愿者服务基地。

二、紧急救援在行动

浦东新区红十字医院紧急救援队分A、B两个分队，每个分队16至20人左右，有医生、护士、麻醉师、驾驶员、组长等，保证全天候应急保障。医院借用现代信息技术（手机语言指令）建立快速反应机制，保证救护队能在最短时间内集结完毕并展开救援工作。

医院红十字紧急救援队员院外开展拓展培训

2012年年底，申报“新区红十字救援队建设项目”成功后，医院开展了大量的队列训练、救援技能、心理救援、野外拓展等培训。2013年，上海市红十字会举行全市应急救护大赛，共有来自医院、学校、消防、社区等各个组别共116支队伍参加。浦东新区红十字医院的红十字紧急救援队的队员们以出色的理论和娴熟的技能一路过关斩将，最终获得团体第一和个人综合第一的好成绩。

2014年，亚信峰会急训演习共14个医院参加，浦东新区红十字医院的救援队反应敏捷，5分钟全部集合，34分钟到达目的地康新路，展现了较高的素质。

三、爱心基金熠熠生辉

“保护人的生命和健康，尽力改善弱势群体境况”是医院始终倡导的红十字宗旨。浦东新区红十字医院作为红十字冠名医疗机构，经常收治一些无家属、昏迷、流浪、身份不详的病人，为解决这些“无名患者”、三无人员的医疗保障支出，2010年，医院成立了爱心基金，通过现场募捐、基金筹集、举行义卖等形式，发动医院员工、社会爱心人士一起筹集善款，4年来共募集“爱心基金”80余万元，216位患者从中受益。

四、造血干细胞捐献点燃希望

造血干细胞捐献活动在医院已开展10年了。2002年，院内的外科医生郑君华捐出造血干细胞，成功挽救了上海交大的一位罹患白血病的女大学生，郑君华也成为全国卫生系统捐献造血干细胞第一人。

近几年来，在志愿者的努力下，造血干细胞捐献宣传征募活动在医院、在学校、在社区开展得如火如荼，356名爱心人士加入中国造血干细胞捐献者资料库，成为光荣的造血干细胞捐献志愿者，为白血病患者带去生的希望。

医院先后获得了上海市红十字会“造血干细胞捐献志愿者征募工作先进集体”和“造血干细胞捐献特别支持奖”，以及新区红十字会的“造血干细胞工作优秀组织奖”等荣誉称号。

五、博爱医院创品牌

2012年10月24日，浦东新区红十字医院创建博爱医院通过验收，成为新区红十字会“十大博爱文化品牌”之一。医院大力开展红十字工作，不断拓展广度和深度，加大了红十字精神多元化的传播途径：门诊设立红十字志愿者工作站，在院内走廊制作旗帜、设立固定的宣传橱窗，住院部每个楼层科技之窗内增设红十字标志，在白求恩书苑放置红十字宣传册，院内红十字氛围日渐浓厚。

在浦东新区红十字医院里，红十字不再是一种工作，而是一项事业。博爱医院的创建成功，是领导理念、红十字宣传等方面努力的结果，也为爱心义诊活动、志愿服务开展等特色工作创建了更高的平台。

浦东红十字医院

一、总体概况

浦东红十字医院创建于 1932 年。1986 年 11 月，经市红十字会批准为红十字团体会员单位；2008 年 5 月冠名为南汇区红十字医院，2009 年 5 月更名为浦东新区南汇红十字医院；2012 年 3 月，经医疗机构清理整顿后成为新区 7 家冠名红十字医疗机构之一；2012 年 10 月院庆 80 周年之际，更名为上海市浦东红十字医院，是浦东新区南片唯一的一家红十字综合性医院。

医院现有 1300 名红十字会员，有一支 30 人组成的红十字紧急救援队，2013 年 7 月被浦东新区红十字会列为建设项目之一。医院每年组织开展“5・8”世界红十字日活动，以及“千万人帮万家”、赈灾募捐、世界急救日救护演练、无偿献血、造血干细胞捐献志愿者招募、医疗救护、慈善义诊等活动，不断弘扬红十字“人道、博爱、奉献”精神，认真履行红十字赋予的权利和义务。

二、取得荣誉

医院的红十字救护队在 1998、1999 年和 2006、2007 年的市、区群众性初级急救比赛中分别获得奖励。2007 年 5 月 8 日，被市红十字会命名为郊区首批红十字志愿者服务基地。在 2006 年上海世界特奥会国际邀请赛和 2007 年上海世界夏季特奥会期间，是特奥会的定点医院，同时医院派出 2 支医疗队到南汇赛区和浦东机场注册点担任医疗保障任务，获得了上海市红十字会颁发的特奥会“优秀服务单位”的称号；2008 年荣获中国红十字会总会“十佳百优千星”最佳医疗机构称号，是上海市获此殊荣的唯一一家二级医院。此外，医院还获得了“2007—

2009年度新区红十字会救护培训优秀单位”“2010年浦东新区急救技能操作竞赛贡献奖”，以及“2006—2010年度上海市红十字工作先进集体”称号。

三、特色工作

第一，“161服务体系”建设项目。2009年2月17日，来自四川地震灾区的小伙欧明林突患急腹症，身无分文的他在新区红十字会、电视台的热心帮助下，住入医院外二病区。医院予以紧急手术，并请一名护工予以照顾，使小欧转危为安，康复出院。医院外二病区的医务人员自发地为小欧捐款1380元。基于像小欧这样的外来人员，遇到突发急病，走投无路的情况，新区红十字会专门设立了红十字医疗机构“应急、救危”补缺保障救助项目，在浦东红十字医院投入40万元，用于救治外地来沪人员急诊生命垂危者、无任何生活来源的危重病人、见义勇为医药费无任何部门支付者；低保家庭、失地农民、无任何医疗保障的城镇居民、大病无能力支付的自负部分医疗费用；以及突发性灾害应急药品费用支出。2009年7月，院救助基金延伸为“161服务体系”建设项目，以16个“一”的形式实践红十字改善最易受损害群体境况的工作

医院红十字会为利比里亚脑瘤患者送上救助基金

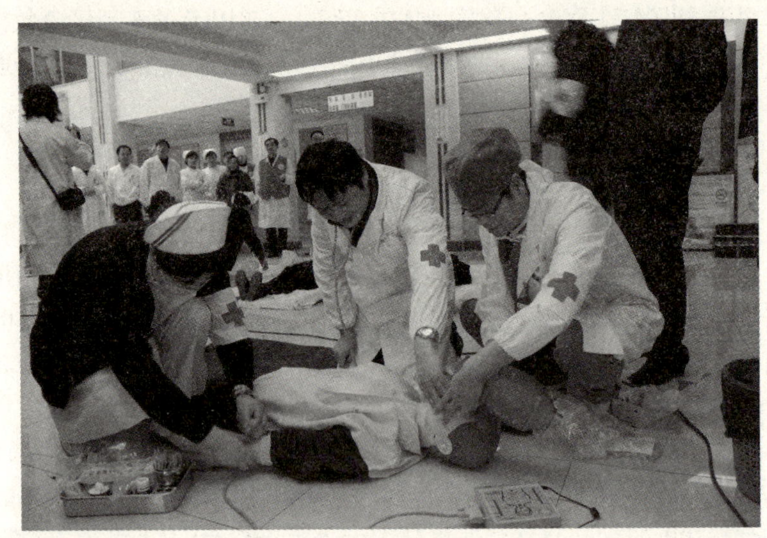

医院红十字救援队演练活动

上海市浦东红十字医院紧急救援队

目标，弘扬人道主义精神，让弱势群体在应急、危难之中感受到红十字会的关爱，为政府和社会解忧。5 年来，已为 41 名患者提供救助基金共计 618654 元。在“浦东新区纪念‘5·8’世界红十字日暨博爱文化品牌表彰大会”上，“红十字‘161 服务体系’”项目获“2012 年红十字博爱文化十大品牌”提名奖。

第二，红十字紧急救援队。上海市浦东红十字医院紧急救援队由新区红十字会依托医院资源及浦东新区急救创伤部的建设，通过2—3年的专业培训及配备相应的救援设备和装备而组建起来的一支训练有素、心理素质过硬、操作技能水平一流的医疗救援队伍，在本地区发生突发事件和灾害时可短时间内快速启动，有序地在灾害现场实施救援，必要时可以承担跨省市应急医疗救援任务。2013年7月被新区红十字会列为特色项目。救援队成立以来，已参加2013年市、区红十字会组织的救护大赛，周海燕进入个人决赛，获得优胜奖；2014年在“‘5·12’防灾减灾宣传周暨周家渡公益月”开幕式上表演了精彩的应急救护演练。

浦东新区红十字老年医院

浦东新区红十字老年医院位于浦东新区宣桥镇张家桥路 119 号，沪南公路张家桥车站北首，原为 1988 年创办的全国首家老年护理院——上海市退休职工南汇护理院，是一家为老年人提供医疗、护理、康复、生命关怀的二级公立医疗机构，1989 年和 1992 年被市政府授予上海市模范集体称号。

医院中心花园的亨利·杜南塑像

医院占地面积 1 万平方米，建筑面积 10677 平方米，为医保定点、“新农合”定点和“红十字”冠名医疗机构，开放床位 400 多张。病区设有单人房、双人房和多人房，有专门的阅览室、谈心室、活动室、康复中心等。医院主要有老年病科、呼吸内科、康复医学科、中医科、放射科、检验科、功能室等科室。

一、总体概况

作为"红十字"冠名医疗机构，老年医院在多年的红十字工作中，始终贯彻落实市、区红十字会的有关文件精神，充分发扬"人道、博爱、奉献"的红十字精神，定期召开医院红十字理事会，规范医院各项红十字工作；积极开展各项帮困募捐、关爱老人活动；组织职工开展初级救护培训、应急演练；开展无偿献血、造血干细胞捐献志愿者招募、红十字知识宣传等工作；组织"医—护—工志愿者"开展义诊、咨询、健康体检等医疗志愿服务；设立红十字爱心病房，为困难患者就医提供方便；设置了专门的临终关怀病房，充分体现了红十字人道主义救助的精神。

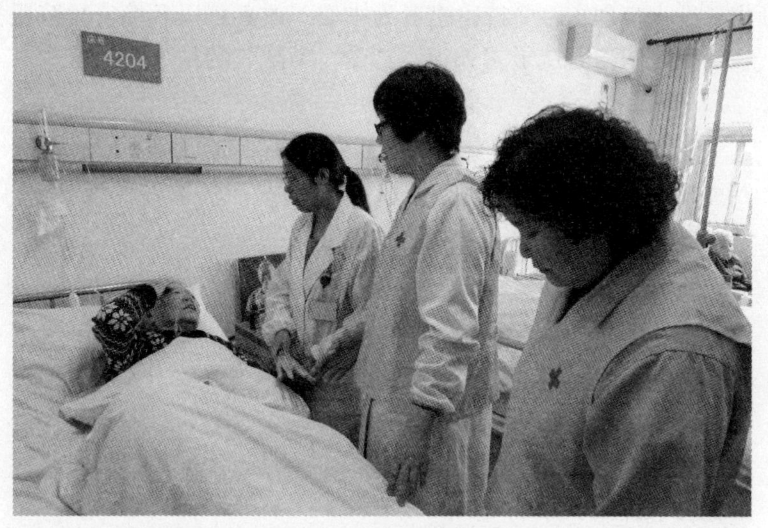

老年医院"医—护—工志愿小组"看望住院老人

二、取得成果

浦东新区红十字老年医院获"2012 年度造血干细胞捐献志愿者征募工作先进集体"称号；医院"个性化舒缓疗护"项目荣获浦东新区"2012 年红十字博爱文化十大品牌"提名奖；2013 年，医院获得浦东新区红十字应急救护大赛综合组三等奖、浦东新区基层红十字知识传播师资技能演讲竞赛"优秀课件奖"三等奖、浦东新区红十字会系统 2013

年度先进集体，医院志愿者服务队还被评为“2013年度浦东新区红十字志愿服务先进集体”。

三、特色工作

浦东新区红十字老年医院积极开展“个性化舒缓疗护”项目，设立了专门的临终关怀病房。通过优化医疗环境和病房设施，强化生理护理与心理护理，创出了临终关怀的服务特色。制订与落实个性化的临终关怀服务方案，实施人性化的精心护理，有效提升了临终关怀的服务质量。医院开展临终关怀服务，不仅维护了临终病人的尊严，让临终病人舒适安宁地度过人生最后旅程，也使病人家属得到了心灵上的慰藉。

浦东新区红十字老年医院以“关爱老人、关爱生命”为服务宗旨，不断倡导红十字理念，坚持以患者为中心，改善就医环境，规范服务流程，在全院范围内营造了“人道、博爱、奉献”的红十字氛围。

浦东新区第二红十字老年护理院

上海市浦东新区第二红十字老年护理院成立于1992年12月，是上海市浦东新区肺科医院的第二冠名（上海市浦东新区肺科医院始建于1975年7月），地处浦东新区曹路镇秦家港路1569号。医院占地面积为17160平方米，其中建筑面积7334.94平方米。医院设有预防保健科、内科、结核病科、中医科、医学检验科、医学影像科等诊疗科目，核定床位100张，实际开放床位近200张，其中红十字老年护理病区实际开放床位140张，主要收治脑血管后遗症等需康复治疗与护理的老年患者，以及肿瘤晚期需临终关怀的患者。

医院红十字志愿者在曹路镇阳光苑参加学雷锋志愿者服务活动

医院成立二十多年来，不断完善基础设施，改善住院条件，缓解患病老人入院难问题，以优质的医疗、贴心的服务赢得了患者及其家属的高度赞誉。在做好临床医疗护理服务的同时，医院红十字理事会认真组织开展红十字运动基本知识和法律法规宣传培训，组织红十字会员积极参与无偿献血、造血干细胞捐献和遗体捐献宣传活动，开展应急救护培训与演练，落实募捐和帮困救助工作。医院红十字志愿者医疗服务队利用双休日等休息时间，深入周边的村（居）、敬老院、福利院、学校等，开展“医疗进社区”“服务百姓健康行动”“健康直通车”“冬病夏治——关爱哮喘儿童”等志愿者服务活动，为社区居民开设慢性病防治、中医养生等医疗知识讲座。在促进全民健康的同时，把“人道、博爱、奉献”的红十字精神不断传递和发扬光大。

近年来，浦东新区第二红十字老年护理院获得了多项殊荣：2011 年度，荣获浦东新区红十字医疗机构“5·12”应急救护演练三等奖；“关爱老人，守护健康，用心服务”项目荣获浦东新区“2012 年红十字博爱文化十大品牌”提名奖；2013 年度，荣获浦东新区红十字应急救护大赛（综合组）二等奖；“健康直通车”项目荣获曹路镇 2013 年志愿服务项目星级展评活动“一星”志愿服务项目。

医院红十字志愿者开展志愿服务活动

浦东新区红十字医疗急救中心

浦东新区红十字医疗急救中心 1986 年被冠名为红十字医疗机构，至今已有 28 年。在这期间，红十字医疗急救中心秉持“人道、博爱、奉献”的红十字精神，发挥院前急救领域的资源优势，关注弱势群体，积极开展捐款救灾、应急救援、福利院送温暖、爱护儿童送希望、打造红十字品牌等一系列活动，将红十字工作进一步提升到一个新的水平。

一、历史变迁及简介

红十字医疗急救中心担负着浦东新区 1400 平方公里、526 万多人口的院前医疗急救保障任务。其前身是川沙县医疗救护站，成立于 1976 年 5 月，担负川沙地区 1 个镇 12 个乡的院前急救工作。1985 年 1 月，川沙县医疗救护站在上海地区率先实行了医生上救护车到现场抢救病人的随车医疗救护模式，并于 1986 年，冠名为川沙县红十字医疗救护站。1991 年 9 月，在区域内开通“120”专线急救电话。1993 年浦东新区成立后，更名为浦东新区红十字医疗救护站。1997 年 7 月，“120”接警调度指挥系统正式投入使用。2001 年 4 月，升格并更名为上海市浦东新区红十字医疗急救中心。2010 年 1 月，根据国务院《关于南汇区并入浦东新区的批复》，南汇区红十字医疗救护站并入浦东新区红十字医疗急救中心。

二、主要职能概况

职能一：承担新区范围内日常急、危、重伤病员的院前急救和转院工作。通过现场急救，维持伤病员基本生命体征，减轻伤病员痛苦，稳定伤病情，防止再损伤，降低伤残率和死亡率，为伤病员的院内救治提供条件。

职能二：承担新区范围内重特大突发事件和灾害性事故的紧急医疗救援任务。配合新区红十字会做好辖区内救灾、救助、普及卫生救护和防病知识、推动无偿献血等工作。

职能三：承担新区范围内大型集会、重大比赛和社会活动的现场急救保障任务。

2011 年 5 月，急救中心参加新区红十字会应急救护演练获得医疗机构团体一等奖

三、工作特色及取得成果

第一，组织开展“千万人帮万家——浦东博爱行”活动。红十字医疗急救中心自 2010 年启动“千万人帮万家——浦东博爱行”活动以来，累计捐款达 27680 元，全部上缴新区红十字会；2010 年 4 月，向青海玉树灾区捐款 9175 元；2013 年 4 月四川雅安地震，全体红十字会会员积极参与“众志成城、共渡难关”抗震救灾募捐活动，共募得捐款 7972 元，所有捐款上缴至新区红十字会指定账户。

第二，发挥应急救援作用。急救中心加强应急演练，随时应对突发事件，开展迅速、有序、有效的现场救援。20 年来，红十字医疗急救中心参与重大突发性事件的应急救护累计达 96 起，出动救护车 348 车次，救护各类伤亡员 913 人，如沪东造船厂高度为 80 多米的龙门吊车倒塌死 36 人伤 3 人、高桥炼油厂龙门吊车倒塌死 5 人伤 11 人、受“威马逊”

强台风影响锦绣路龙阳路工棚坍塌死 5 人伤 44 人、南码头路 200 号水泥厂内氯气中毒伤 48 人、浦三路加油站爆炸死 2 人伤 19 人等重大突发事件的现场，都能看到红十字急救中心工作人员忙碌的身影。

第三，打造富有内涵的红十字文化品牌。为广大老年人办实事、做好事、献爱心，红十字医疗急救中心一直将学雷锋活动与培养志愿服务精神、弘扬尊老助老传统结合起来，每年的 3 月 5 日及重阳节前后为老年人提供义诊检查、健康咨询、制定健康教育处方等，为护理院护理部员工提供急救常识和现场应急处置演示的培训课程。近三年，急救中心走进福利院 5 次，志愿服务老人 487 人次，培训护理人员 127 人次，为老人们捐送物资价值 4812 元。

红十字医疗急救中心赴安徽省肥东县八斗镇小普小学捐赠文教用品

儿童是祖国的花朵，是民族的未来和希望。为了让孩子们感受到社会的温暖，体验到人间的真情，志愿者们除了给孩子们精神上的抚慰外，还给予物质上的帮扶。2013 年 1 月，红十字医疗急救中心为浦东新区特殊学校一至九年级 70 余名学生及教师带去了一场别具特色的迎新春联欢会。2014 年 5 月，在"博爱家园"建设旗帜引领下，红十字医疗急救中心开展的"阳光义捐，志愿践行"红十字博爱周活动，累计共 124 名红十字会会员参与活动，最终完成义卖的物品达 110 件，筹得善款共计 3018 元，并以善款购买学习文具和体育用品。5 月 8 日世界红十字日当天，组织红十字志愿者服务队代表启程赶赴结对帮扶的安徽省肥东县小普小学，将捐赠物资及红十字会博爱之心传递到他们的手中。

浦东新区红十字老年护理院

浦东新区潍坊社区卫生服务中心成立于1988年12月，1995年经上级部门核准第二冠名为“浦东新区红十字老年护理院”，成为浦东新区红十字团体会员单位。

护理院现有个人会员167名，医疗应急救援队2支，志愿服务者18人。20年来，护理院领导深入贯彻落实《中华人民共和国红十字会法》和《上海市红十字会条例》，在新区红十字会的正确领导下积极履行红十字医疗机构的职责，始终秉承“保护人的生命健康，发扬人道主义精神，促进和平进步事业”的宗旨，坚持“救死扶伤、扶危济困、敬老助残、助人为乐”的工作方针，情系社会大众，彰显博爱华章。

特色之一：健康家园管理

随着社区群众的健康意识提高，护理院于2011年10月在街道及区卫计委的支持下，成立了浦东新区首家以健康自测为目的的健康管理家园。家园的设备为无创设计，为社区群众提供了一个健康基本项目的自测平台。健康管理家园也参与社区65岁以上老年人的免费健康体检，总计服务群众约4万余人次。

特色之二：亲人般的关爱

老年护理病房成立以来，医护人员对待患者如亲人般，从入院到出院，细致周到，体贴入微。在提供的医疗护理服务中特设了家庭式服务内容，如代买生活用品、加工食品、生日祝寿等。每逢敬老节、重阳节，护理院领导都会到老年护理病房进行慰问，送上食品和慰问金。上海中医药大学、洋泾东校与护理院结成“爱心在社区”对子，学生们成为护理院的红十字志愿者，定期上门为老人读报、唱歌，与老人谈心，给老人以精神安慰，病室里充满欢声笑语。

特色之三：人道援助、敬老助残

为弘扬“人道、博爱、奉献”的红十字精神，护理院积极支援汶川地震灾区的灾后重建工作，选派了1名医疗骨干参与当地医疗工作。

为使社区特困老人、残障人士享受到同等的医疗待遇，护理院对他们减免部分医疗费用累计47050元，发放帮困金5500元。同时也把这份关爱传递给护理院外来护工中的困难人群，累计发放帮困金2856元。护理院还建立了一支专为本社区敬老院服务的志愿服务队，定期上门为老人开设医疗咨询、健康讲座、健康体检等活动，每逢佳节给老人们送上慰问品等。

护理院组织敬老志愿活动

特色之四：三年光明行动

面对老龄化社会因白内障致盲的老人越来越多的现状，为把红十字理念延伸的更深更广，护理院参加了光明行动，每月为低视力老人做眼底筛查，做到早发现、早治疗，提高老人的生活质量。三年里，共筛查低视力老人2000余名，并有家庭医生提供双向转诊，适当补助困难家庭老人完成白内障手术，全科工作团队术后继续跟进随访，提高患者的生存质量。

浦东新区合庆红十字社区卫生服务中心

上海市浦东新区合庆社区卫生服务中心，第二冠名是上海市浦东新区合庆红十字社区卫生服务中心，创建于1952年，是一所各科齐全的综合性一级甲等医院，由原蔡路红十字卫生院和原合庆镇卫生院于2004年4月合并而成，在蔡路地区设一个分中心，核定床位82张，职工总数143人。浦东的开发开放以及综合配套改革，使中心步入稳定、健康的发展轨道，几年来社会效益和经济效益都呈良性增长态势，中心获得新区文明单位、无烟医院、健康促进医院等称号。

合庆红十字社区卫生服务中心地处城乡接合部，离浦东国际机场仅5公里，担负着方圆41.97平方公里内5.3万常住人口以及8万外来人口的临床医疗、预防、保健、康复、健康教育和计划生育技术指导等"六位一体"的社区卫生服务工作。2007年开始组建了5个全科服务团队，为社区居民提供方便、快捷的卫生服务。中心在上级部门的大力支

合庆红十字社区卫生服务中心志愿者为路人测量血压

持下，添置更新了先进的医疗设备，并聘请二三级医院专家、教授坐诊及指导工作，从而保证了医疗质量的全面提高。

中心本着“队伍建设是基础、文化建设是保证、群众满意是根本”的宗旨，坚持“和谐发展、服务社区”的理念，将“人道、博爱、奉献”的红十字精神融入中心的日常工作之中。

中心每年参加无偿献血者 8 名，现有造血干细胞捐献志愿者 12 名；2007 年起，中心培养了应急救护培训讲师 6 名，为合庆社区村（居）委开展急救培训 90 余次，培训 3000 余人次；在“H1N1”临时观察点医学观察及世博会等重大事件中，中心派出医护人员和救护培训志愿者等参与救急、救灾工作。

通过上级各部门和中心几代干部群众的不懈努力，中心的医疗技术水平和服务质量有了长足的提高，在传递红十字理念的同时，也赢得了社会各界的信任和赞誉。

学校红十字会

上海市南汇实验学校红十字会

秉承与弘扬优秀文化及高尚美德，是学校教育的永恒主题！感恩生命，传承美德；救助救灾，人道博爱；助人为乐，无私奉献……上海市南汇实验学校红十字文化关注健康、关爱生命的运动宗旨与学校“两纲”精神的生命教育完美融合，红十字青少年在丰富多彩的体验活动中秉承人道、感悟生命、博爱奉献，使学校教育焕发出全新的生长点与活力，为勾勒学校的美好图景泼墨生辉。

南汇实验学校红十字会“爱之梦”志愿服务团队

一、营造文化氛围，凸显学校品牌

红十字的“人道、博爱、奉献”精神，与学校的育人目标紧密相关。学校积极寻求文化关怀，营造人文校园，锻造教育品牌，构建和谐校园，总结提升校园文化，构建了以“红十字精神”为主题之一的校园文化。学校精心创设“博爱”主题乐园，命名“博爱”楼，构建红十字书画走廊文化，专设“博爱”活动室，布置班级红十字角等，让学校处处洋溢“博爱”精神，使红十字文化彰显校园独特魅力，使学校的红十字青少年工作在促进学生德育教育、促进与各校青少年之间友谊交流方面发挥着积极作用。

二、诠释博爱风采，弘扬人道精神

一是博爱主题活动精彩纷呈。学校注重参加上级红十字会组织的各类红十字主题活动，并结合学校红十字主题教育开展博爱活动，寓红十字教育于丰富多彩的师生体验活动中。如参加市级纪念红十字会成立100周年活动、红十字青少年文化节活动、市人道法师资培训、中日国际红十字青少年暑期交流，以及区级“携手人道、关爱生命”迎春帮困募捐、博爱品牌评选活动、师生救护技能大赛等，并开展校“博爱小讲坛”“博爱红十字征文活动”“博爱行——抗灾助学捐款”“博爱月系列活动”“献爱心，享欢乐；伸援手，分担忧——六一抗震救灾爱心义卖、消防疏散演练和防空疏散演练”，以及红十字电脑小报、博爱征文评比等活动。每年学校精心策划组织“5·8”世界红十字日纪念活动，丰富了红十字青少年红十字知识与技能体验，也有力地促进了师生人文素养的提升和温馨校园建设。

二是救护、救助、救灾志愿行动。学校红十字会开展了形式多样的自救互救培训活动，不断提高师生救护能力。组织学生参加署、区、市级救护知识及技能大赛，并屡获佳绩：荣获红十字青少年自救互救知识竞赛全国二等奖、上海市青少年红十字知识竞赛第三名、浦东新区红十字青少年应急救护技能决赛初中组二等奖等。各班红十字志愿者队伍开展献爱心社区服务活动，做好社区帮困工作，弘扬人道精神。每年，学校贯彻落实新区红十字会“千万人帮万家”迎春募捐帮困。近六年来学校师生参加“千万人帮万家”捐款人民币10万元左右。

三是红十字知识宣传丰富多样。学校红十字会利用多种形式加强会务知识宣传。将红十字会工作与课堂教学适度渗透、有机结合。学校还组织学生开展以红十字精神为内容的征文比赛、电子小报比赛、红十字知识竞赛，以及参观禁毒展览、观看有关艾滋病防治知识、捐献造血干细胞等展览或录像，广泛深入地宣传红十字工作的重要意义，对青少年会员进行人道主义教育，培养学生“人道、博爱、奉献”的红十字精神。

三、秉承人道精神，感悟博爱文化

“埋下种子，等待花开。”经过这几年的不懈努力，如今学校红十字会和红十字工作已经取得了一系列成果：2008 年 3 月获“上海市红十字达标学校”；2008 年 7 月被上海市红十字会命名为“上海红十字南汇实验学校”，成为上海市第二所红十字学校；2008 年 9 月荣获南汇红十字模范学校；2009 年 2 月荣获南汇红十字会所颁的“十佳感动”奖牌；获上海市 2006—2011 年红十字工作先进集体；2011 年 11 月获全国红十字模范学校；2012 年 4 月获浦东新区红十字博爱学校；2013 年 5 月荣获浦东新区十大品牌之一博爱学校品牌；2014 年 1 月荣获上海市国际人道法项目教学先进集体。

学校红十字会员参加中日红十字青少年暑期夏令营

撒真情博爱满园，谱新篇再创灿烂。新的起点、新的希望，让我们携手共创红十字青少年事业新辉煌。

浦东新区顾路镇中心小学红十字会

浦东新区顾路镇中心小学创建于 1907 年，是一所有百余年办学历史的老校。近年来，学校高度重视红十字工作，将其融入学校的整体工作中，逐步摸索出一套以多部门协作机制为基础的运行机制和管理方法。学校积极倡导“人道、博爱、奉献”的红十字精神，把开展有特色的红十字活动作为提高师生人文素养的重要载体，校园文化内涵不断深化，优雅的校风、儒雅的师风和高雅的学风日趋浓郁，先后荣获市红十字工作达标学校、市红十字工作示范学校、区红十字博爱学校等荣誉称号。

顾路中心小学红十字会秘书长带领新会员宣誓

学校红十字工作坚持“三化”：管理规范化、工作制度化、活动多样化。首先，构建了校内领导小组和工作网络，建立了校外协作网络，基本搭建起以学校为主体，基层政府及各职能部门、社区企业、单位和家庭共建共创的良好格局。认真学习并贯彻执行上级红十字会的要求和精神，坚持做到：加强组织建设，专人负责；定期发展会员，自觉缴纳会费；档案管理规范；开展宣传教育，100%学生参加少儿住院互助基金；积极开展活动；做好救护培训，建立救护队，师生救护培训覆盖率达到50%以上等。

其次，学校建立健全了《会议制度》《入会登记制度》《会费登记制度》《宣传比赛制度》等若干红十字会工作制度，并在日常工作中加以落实，为顺利开展各项红十字工作提供了保障。如两年召开一次会员代表大会，选举新一届理事会，每学期召开一至两次理事会，定期召开工作例会；坚持校内自培和校外培训结合；通过专题培训、结对培训、社团活动等形式扎实有序地普及红十字知识和急救包扎技能，开展地震、消防逃生演练，大大提高了师生们遇到突发事件和伤害时的自救意识和能力；学校设有红十字活动室、红十字宣传橱窗；每周都有红十字健康教育广播，普及红十字常识和健康教育知识；定期开展红会知识竞赛和急救包扎比赛等。

再次，学校红十字活动长年不断，内容丰富，形式多样，融知识性、趣味性、教育性于一体，深受会员欢迎。先后开展红十字义卖活动、募捐活动、急救包扎比赛、志愿者活动、黑板报、电子小报评比活动、红十字夏令营等主题教育活动，丰富教育内涵。结合学校社团特色，在学校社团管理中心的指导下成立红十字社团，建立管理章程、规

顾路中心小学红十字小会员们参观世博红十字馆

范管理流程、开发社团课程、展示活动成果，不断深化“自主合作”的社团精神。团队带动了个人，6 位老师被授予上海市红十字会“人道救助，爱心关怀”荣誉证书；两篇红十字论文获 2012 年度市、区学校红十字工作理论研究征文一、三等奖；3 名师生获区红十字优秀工作者、优秀师生会员称号；红十字摄影、美术社团作品荣获市、区级比赛 22 个奖项，并入选《博爱在身边——上海市中小学绘画、摄影作品集》。学校先后三次举行了区、署级展示活动，发挥示范辐射作用。2008 年 10 月 30 日，成功举办“关爱生命，保护健康，迎世博展顾小风采”区级红十字展示活动；2011 年 5 月 5 日，圆满开展了纪念“5 · 12”防灾减灾日区级主题教育活动；2013 年 6 月 18 日，顺利举行署级“红十字在我心中——全国助残日主题活动”暨第一教育署“生命与法”项目特色联动。此外，计飞鸣校长、黄燕老师也在区级层面交流了学校红十字工作的经验；东方电视台及《大众医学》《少年日报》《浦东时报》《东方文明画刊》等媒体都先后报道过学校红十字工作。

“救死扶伤，扶危济困，敬老助残，助人为乐”，这既是红十字精神的体现，也是学校红十字工作着力在学生心灵中熏陶的人道境界。红十字工作的开展，使人道的沃土在校园里培植，博爱的情怀传遍世间的每一个角落，奉献的热情化作幸福与温馨。

浦东新区周浦小学红十字会

1986年，周浦小学成立了学校红十字会，是上海市首批红十字达标学校，2011年被评为上海市红十字示范学校。学校还先后被评为市红十字先进学校，并多次获得区红十字会先进集体等荣誉称号。

学校红十字会员开展学雷锋活动

学校始终把红十字会作为学校实施素质教育的重要平台，作为开展学校精神文明建设和学生德育教育的重要途径和重要工作。学校通过结合素质教育、健康教育、救护逃生等知识的教育活动来培养学生崇高的品质、高尚的人格、美好的心灵，提高认识，加强博爱观念，促进学校德育工作；学校还采取多种活动形式，开展扶危济困、尊老爱幼、服务社会等体现人道主义精神的活动，促使会员内化红十字精神。

“人道、博爱、奉献”的红十字精神是当前促进和谐社会中亟须倡导和践行的，是建立诚信社会的精神基础，是对师生开展基础道德教育、构建和谐校园的有效抓手。学校不断地通过红十字会争创活动，明确目标，积极探索，坚持不懈，勇于创新，从阵地建设、制度建设、组织建设、活动开展、课程开设等诸多方面逐步规范学校红十字工作，使学校红十字工作呈现出勃勃生机。

一、注重阵地建设，形成校园红十字教育氛围

学校高度重视红十字会的宣传工作，通过广播、讲座、图片展、宣传栏、印发资料等方式进行通识培训，定期开展板报、会标制作、征文、演讲、知识竞赛等活动，在会员心灵上播下“善良、友爱、互助、文明”的种子。

在学校网站专门开设红十字会宣传报道专栏，加大对外宣传力度。学校专门开辟了红十字会活动室和宣传走廊，在校园文化布置中专门设置红十字精神的宣传板块，形成了浓郁的教育氛围，使师生感受到红十字精神无所不在。

二、注重活动体验，形成学校红十字会活动机制

学校在坚持开展常规的红十字会员入会仪式、“5·8”世界红十字日活动、会员冬（夏）令营、师生红十字救护培训、救护与逃生演练、捐款捐物等活动之外，还积极组织师生走出校园、走进社会，践行红十字精神。

学校红十字会与少先队大队部一起组建了“周浦小学红领巾志愿者服务队”。在2011年初，学校建立了第一支红领巾志愿者服务队，并建立了志愿者服务基地：其一是浦东新区周浦民乐养老院，其二是毗邻学校的向阳居委，其三是与学校结对的民办学校。

学校每年组织到周浦万达广场开展“蓝天下的至爱”募捐活动，以及在学校附近单位、街道开展“红领巾啄木鸟行动”。每学期一开始，志愿者们就利用每周的队课时间，对所在向阳居委的新育公寓、丽都家园、月桂苑、文馨苑等居民小区开展“清洁家园”活动。小小志愿者们还把问候送到了执勤的交警叔叔和协管员身边，送到了军营的指战员身边。“六一”节，红领巾志愿者们积极组织队员募集书籍，把书籍送到与学校结对的民办明光金都小学，并送上小伙伴最真挚的问候。每年重阳节，周浦镇民乐养老院的老人们也会迎来孩子们的体贴慰问，自2011

学校红领巾志愿者慰问独居老人

年 3 月起，在周浦向阳居委的帮助下，志愿者们连续 4 年照顾两位独居老人。

浦东新区航头学校红十字会

航头学校是一所小学、初中九年一贯制学校。学校红十字会现有教师会员161人，学生会员1420人；学校学生会员共建43个红会小组。红十字会理事共16人，其中学生理事3人。学校红十字会在2005年5月通过了区红十字会的达标验收。2005年8月被评为2003—2004学年南汇区学校红十字会工作先进集体，2008年3月创建成市红十字会达标学校。2008年9月又获得“南汇区模范学校红十字会”的荣誉。2011年2月被授予上海市红十字工作先进学校。

学校红十字会组织

学校充分认识到做好学校红十字青少年工作的重要性，在思想上予以高度重视，在工作上予以大力支持。定期召开红十字会代表大会，把红十字会工作纳入学校发展规划和整体工作中，进一步明确了学校红十字会发展的工作目标，坚持以学生为主体、师生共同参加的原则，加强组织建设，健全各项规章制度，狠抓组织落实。学校红十字会青少年工作与学校德育处、共青团、少先队活动相结合，把红十字工作与学校精神文明建设有机结合、与生命安全教育相结合、与心理健康相结合。学校红十字工作充分体现红十字元素，以生命教育、德育教育、素质教育为载体来提高学生综合素养、技能、综合能力，丰富了学校红十字会工作的内容，拓宽了红十字会活动的场所。在“清洁家园”“两纲教育”“革命传统教育”等活动中，都有飘扬的红十字旗帜。学校红十字宣传橱窗刊出“红十字会法”“抗击艾滋病”“远离毒品”“禁烟行动”“自救互救技能”等方面的知识。利用“5·8”世界红十字日，积极开展纪念活动，如每年举行的全体会员升旗、宣誓仪式，逃生避险演习活动。

在应急救护培训工作中，学校红十字会专门成立了救护培训领导小组，定培训方案，编培训教材，分年级由低到高，有序推进。学校自编了《自救互救》《学生安全知识手册》《珍爱生命——小学生安全读本》等系列校本教材，以主题班会、体育活动课为主，统一安排时间组织师生会员学习，进一步保证了培训计划的落实和质量，使红十字内容逐步走向课程化。

学校红十字会组织的救护培训

为了真正提高全体会员预防意外伤害和自然灾害等现场救护能力，达到挽救生命和减少伤残的目的，学校举行了一系列全校性的“火口逃生”演习、“消防与逃生知识讲座”和“灭火演习”等活动，提高了全校师生员工防灾救灾、自救互救的意识和技能，收到了良好的效果，推动了群众性的意外伤害和自然灾害的现场救护工作。

学校还从骨干红十字会员入手，鼓励学生“小手牵大手”，充当小小传播员，向家长宣传红十字精神和救护知识。通过各级各类初级救生技能的培训，全体红十字会员进一步了解和掌握了基本的自救、互救知识和现场初级急救知识和技能，传播了尊重生命、关爱健康的红十字人道理念，从而提高会员们在突发灾害、意外事件发生时的应急救护能力。在2012年中小学师生识险避险、自救互救网上知识竞赛中，学校红十字会荣获区优秀组织奖；2013年5月，学校学生救护队参加了浦东新区现场救护竞赛，荣获二等奖；2013年8月，荣获全国红十字青少年自救互救知识竞赛最佳组织二等奖。

浦东新区老港小学红十字会

浦东新区老港小学红十字会在上级红十字会的指导下不断发展和壮大，促进了老港镇红十字事业的前进步伐。在获得区红十字会达标学校、上海市红十字会达标学校、区红十字会工作模范学校后，2011 年 2 月学校红十字会又被命名为上海红十字工作示范校。

学校红十字会与学校德育工作、体卫艺科工作、安全工作相结合，积极组织开展丰富多彩的红十字青少年活动，有力地促进了学生人文素养的提升和学生素质的全面提高，推动了各项学校工作的全面开展。

一、健全组织，加强领导

学校红十字会定期召开会员代表大会，适时调整理事会成员，骨干会员担任红十字会小组组长。红十字会工作纳入学校目标管理体系和班

“5・8”系列活动后，老港小学红十字会评出博爱会员，给予奖励和表彰

主任工作考核之中。各条线相互配合，积极开展红十字青少年活动。学校红十字会开展活动所需的物质、经费，学校行政全部予以保证和支持。

二、完善制度，有序高效

在老港红十字博爱镇的辐射下，学校红十字会制度逐步完善。各项制度确保了学校红十字会工作有序、有效地开展。学校红十字会撰写的相关文章编入学校的《港小教育》。所有红十字会员都能按时交纳会费，会费收缴率达100%，并100%上缴上级红十字会。学校红十字会规范管理档案，定期召开会员代表大会，及时上报学校红十字会活动信息，认真完成上级红十字会布置的任务和各项统计事宜。

老港小学红十字会员们在认真地答题

三、宣传教育，及时有效

学校红十字会每年按时订阅《中国红十字报》《上海红十字报》和《博爱》杂志，其中《上海红十字报》分发到各红十字会小组。通过教师会员大会，宣传无偿献血的意义，宣传造血干细胞捐献的作用和有关知识。教师会员积极参加无偿献血，加入造血干细胞捐献志愿者队伍。会员季刚、丁祥龙、朱玉兰、单丽丽4位老师已成为光荣的造血干细胞捐献志愿者。学校红十字会利用小火箭广播、红十字之窗、国旗下讲话等多种形式，向全体红十字会员宣传红十字知识、健康卫生知识、安全知识；介绍红十字运动的来历，阐释红十字的人道理念，也促进了和谐校园、温馨教室的创建。在红十字精神的传播下，全校100%的学生参加了少儿住院医疗互助基金，共同撑起少儿健康生命的“保护伞”。

同时，学校红十字会每年都会结合“5·8”世界红十字日，组织学生会员参加全国青少年红十字运动知识和防灾减灾知识竞赛；每年参与新区红十字会“千万人帮万家”募捐帮困活动。在抗震救灾、贫困帮扶等工作中，会员们都能踊跃奉献爱心。每学期组织全校师生会员开展各种突发事件的逃生演练，帮助学生掌握逃生、呼救的正确方法。学校红十字志愿服务队走出校门，开展“我微笑、我捡起”“讲普通话、写规范字”“助残送微笑”等活动，传送“人道、博爱、奉献”的红十字精神，在服务中共享和谐社会的幸福。

上海南汇中学红十字会

上海南汇中学红十字会成立于1986年，现有红十字会员2290名，其中青少年会员2093名。长期以来，学校高度重视红十字会工作，把红十字会工作作为全面推进素质教育、建设和谐校园一个不可缺少的组成部分。以学生为主体，师生员工共同参与，与学校教育教学活动有机融合的红十字会工作，取得了显著成效。1998年被评为上海市首批红十字工作达标学校，并多次被评为区红十字工作先进集体。

学校红十字会组织救护竞赛

一、完善组织建制，规范有序运行

健全组织网络。每年随人员变动，学校及时调整红十字会理事会成员。理事会定期召开会议，研究制订工作计划，组织协调各项工作。各班建立红十字工作小组，根据实际开展各种小型多样的活动，比如主题班会、团课、演讲赛、小报评比等。每年新生入学，校红十字会及时做好会员转接和会员发展工作，学生入会率始终保持100%。

政策支持到位。学校重视红十字会工作，将红十字工作作为学校整体工作的一部分写入学校工作计划，并在经费上予以充分保证。制定了与红十字会有关的会议、学习、宣传、训练、社会服务等十项制度，确保红十字会工作规范有序地运行。

二、宣传会务知识，培育红会精神

学校红十字会利用每周的健康教育课，组织会员学习红十字知识，开展无偿献血、捐献造血干细胞、禁毒、预防艾滋病等方面的教育。学校为每个班级订了《金爱心》《爱的教育》杂志，并利用宣传橱窗、班级主题活动、组织观看相关电影、红十字知识竞赛等形式，宣传“人道、博爱、奉献”的红十字精神，红十字精神逐渐深入人心。2013年，学校获得全国红十字知识竞赛最佳组织奖。每年的无偿献血活动中，广大教职工踊跃报名，为社会奉献自己的一份爱。

学校红十字会组织救护演练

三、丰富体验活动，弘扬红十字精神

学校红十字会工作只有与学校教育工作有机结合，才有生命力、才有实效，学校自觉抓住一切可以利用的契机开展各项活动，积极培养师生的红十字精神。

第一，培训急救技术，提高救护能力。学校十分注重在师生中普及红十字救护知识，每学期持续五周，通过学校电视台向高一及预科年级授课，并开展现场救护培训。校运动会和防灾逃生演练时，红十字会员组成救护队，发挥了积极作用。2013 年学校参加浦东新区红十字救护技能比赛，获三等奖。

第二，开展志愿服务活动，培养奉献精神。学校红十字会广泛组织开展志愿服务活动，培养学生的奉献精神。各班红十字小组都建立了固定的服务点，定期开展服务工作，增强了对他人、对社会的责任感，也锻炼了自己、提升了自己。如新疆班的志愿者到惠南镇第一福利院为老人服务，在给老人带去欢笑的同时，自己的心灵也得到净化。学校每年都会表彰一批优秀志愿者，陈淑芬老师还获得了“浦东新区十佳志愿者”称号。

第三，积极参加募捐活动，奉献一份爱心。红十字会员积极参加各类爱心捐赠活动，如“蓝天下的至爱——好心人帮好心人”活动、“巾帼手工集市暨手指间的母爱义卖活动”、为云南大寺中学捐书互赠祝福、抗震救灾义卖和捐助、“成长心通心”体验式爱心捐助等。学校注重活动的设计，注重师生在活动中的体验。活动不仅仅是师生捐赠了物资，更使人道博爱的精神通过奉献的小小举动发扬光大。

学校红十字会工作是学校德育工作的重要载体，各项红十字活动的广泛开展，不仅弘扬了红十字精神，而且促进了学生道德素质和身心素质的提高，推进了和谐校园建设。

浦东新区逸夫小学红十字会

十几年来，红十字工作的不断探索和创新，已经使之成为逸夫小学特色发展的新亮点、德育活动的新载体、学生实践活动的大舞台。回顾学校红十字会的成长过程，红十字会工作与素质教育、校园文化建设和德育工作的有机结合，凸显了红十字活动的闪光点，也使学校红十字工作多了一份主动、一份责任、一份快乐。

逸夫小学红十字会获赠锦旗

一、教会孩子学会关怀，在心里播下爱的种子

学校红十字会与德育部门、少先队组织一起有目的、有层次地引导学生学习、宣传“人道、博爱、奉献”的红十字精神和红十字运动的基本知识，充分利用“3·5”学雷锋、“6·1”儿童节、“5·8”世界红十字日、“九九”重阳节等重要节日、纪念日，开展丰富多彩的主题教

育活动，如“人人学急救、急救为人人”救护知识竞赛；关爱白血病患者，开展了“捐出一日零花钱、关爱同龄小伙伴”慈善募捐活动；“学雷锋、做美德少年”爱心捐赠校服活动等，让“己所不欲，勿施于人”作为一种文化在逸小的校园里传承，让“人道、博爱、奉献”精神永远传递下去。

每次捐款、捐物活动，学校红十字会积极宣传、发出倡议、讲明意义，在会员心灵播下爱的种子，体验大家庭的温暖。每年重阳节，校红十字会组织会员到敬老院看望慰问老人，给老人带去精彩的节目，送去水果，还力所能及地为老人打扫卫生、收拾屋子。会员们从老人们开心的笑容和诚挚的感谢中感受到了光荣与快乐。每年春节组织教师代表与工会、校行政一起上门慰问离退休教师、社区的孤寡老人，并送去慰问金，让他们也感受到红十字会带给他们的爱。学校红十字会还在教师中广泛开展人道主义教育，组织无偿献血活动以及“蓝天下的至爱”募捐活动。

“捐出一日零花钱、关爱同龄小伙伴”逸夫小学慈善募捐仪式现场

二、教会孩子学会自救，掌握知识与技能服务他人

掌握自救互救技能是学校红十字会的一项基本职能。学校积极组织教师参与红十字会举办的救护技能培训。近几年来，有25%的教师参加

了培训。培训后的老师把学到的技能通过知识讲座、担任学校救护包扎兴趣小组的辅导老师等途径传授给学生。这些举措的实施，一方面让红十字会会员能真正掌握救护技能，能够在需要的时候发挥作用；另一方面也通过培训，增强了会员救死扶伤、发扬人道主义精神的责任感，从情感意识上明白自己作为红十字会会员的神圣使命和崇高责任，把红十字精神和宗旨内化为自己的理想追求。

红十字会的活动成为在全校范围内宣传和践行红十字宗旨的好形式和好载体。广大红十字会会员在奉献爱心的同时，实现了心灵的净化，收获了追求美好理想的幸福。红十字青少年工作播洒着爱的阳光雨露，让红十字之花在学校广大师生心田中开得更为鲜艳。

上海海事大学附属北蔡高级中学红十字会

上海海事大学附属北蔡高级中学红十字会成立于2003 年9 月。2011 年，学校被评为上海市红十字示范校。在工作中，学校红十字会努力做好基础工作和制度建设，制定了会议、工作、学习、培训、评比、宣传、服务、会费收缴制度和档案管理等各项制度，还建立了会员队伍、救护队伍、志愿者队伍。坚持组织管理，每两年召开一次代表大会，每学年召开 1 至 2 次理事会，积极配合上级红十字会组织完成校红十字会组织网络信息输入工作，使得学校红十字工作得以正常开展。

上海海事大学附属北蔡高级中学红十字会举行入会仪式

学校历来注重红十字会工作，把学校红十字青少年工作纳入学校整体工作计划当中，在工作中做好两个相结合：一是校红十字工作与德育工作相结合。学校红十字青少年工作，在弘扬“人道、博爱、奉献”的红十字精神指导下，开展不同形式的敬老助残、尊师爱幼、救死扶伤、扶危济困、捐资助学等德育实践活动和爱国主义、集体主义和社会主义等中华民族精神教育，进一步树立他们的民族自尊心和自信心，丰富了学生的第二课堂，提高了青少年学生的思想素质和品德修养，帮助学生树立了正确的世界观、人生观和价值观。二是校红十字工作与素质教育相结合。加大对红十字青少年进行初级救护培训，关爱人的生命健康，倡导文明生活方式，提高会员的社会公德意识，积极开展传播先进文化、心理健康、艾滋病预防、远离毒品、无偿献血、捐献造血干细胞知识等宣传教育，以增强青少年的良好道德品质、自主和自我保护能力。近年来，学校红十字会开展了丰富多彩的主题活动，如“现场初级急救和防灾逃生知识培训”，培训校红十字会骨干会员，再通过骨干在班级进行普及，培训内容以止血、包扎、骨折固定、心肺复苏等理论知识为主，从而达到“自救、互救、挽救生命”的目的；开展赈灾募捐，帮困救援，献爱心活动；组织开展红十字夏令营活动，让学生到大自然中进行实践，到青少年基地参加磨炼，使学生们在活动中体验红十字精神，增长才干。

学校红十字会组织紧急疏散演练

结合每年的“5·8”世界红十字日，学校红十字会以主题班会形式，组织新入学的学生举行入会宣誓仪式，做到学校有红十字宣传橱窗，黑板报有红十字宣传园地，同时开展了红十字知识竞赛活动，提高了青少年学生对于红十字知识的知晓率。学校为会员订阅了《上海红十字报》，学校订阅了《博爱》杂志、《中国红十字报》等，并利用宣传橱窗定期张贴宣传。每学期在部分会员中开展红十字知识测试，同时利用学校广播宣传报道红十字好人好事。在少儿住院互助基金的宣传工作中，下发“告家长书”，征求家长意见，坚持自愿原则，为他们做好缴费工作，学校少儿基金投保率达到100%。同时学校重视做好服务工作，落实专人负责开具住院证明，为学生家长提供方便。

经过学校红十字会这些年来不懈的努力，学校的红十字工作取得了令人瞩目的成绩。在校园浓厚的红十字氛围中，学校红十字会将继续努力，把“人道、博爱、奉献”的红十字精神播撒到每个学生的心中。

浦东新区新场中学红十字会

1986 年，新场中学成立了学校红十字会。多年来，积极开展学校红十字青少年活动，在建立组织机构、发展会员队伍、传播人道主义、开展救护培训、普及健康知识、组织社会服务和推动无偿献血等方面取得了一定成绩。学校被评为 2003—2004 年度南汇区红十字会工作先进集体，同时被命名为南汇区第四批红十字达标学校，2005 年被命名为上海市红十字达标学校。

回顾学校红十字会的发展历程，从当初的师生会员 126 人，发展到目前的师生会员 1300 余人，占全校师生总人数的 95% 以上。可以说，新场中学红十字会已经步入了健康发展的轨道。

新场中学红十字会组织的板报展览

多年来，学校着重在以下几个方面进行了探索与实践：通过专题宣讲动员、知识竞赛、专题演讲比赛等，使师生了解红十字运动的起源与历史。红十字精神对于当前的素质教育具有指导和推动作用，对于全面推进学校的素质教育具有现实意义，积极开展红十字工作，从组织上保证学校红十字会工作的正常运展。在师生自愿报名的基础上，坚持做好新会员的发展工作，每次新会员入会均举行入会宣誓仪式，学生入会率为100%。学校先后制定了红十字工作十项制度，把红十字工作纳入学校的议事日程，每年行政资助经费达3万余元，用于爱心帮困、资助贫困学生、关心社区孤老、慰问退休教师等。

学校坚持把人道主义原则与思想品德教育相结合，把救护培训与卫生保健相结合，把社会服务与劳动教育相结合，将红十字工作纳入学校精神文明建设的轨道，积极组织学生开展各项活动，使学生的思想得到了净化，情操得到熏陶，爱心得到加强，能力得到提高。每学年以“5·8”世界红十字日等纪念日活动为契机，学校以广播、闭路电视、板报、主题班会等为载体，组织学生开展以红十字精神为内容的征文比赛、演讲比赛、红十字知识竞赛，以及组织参观禁毒展览、观看有关艾滋病防治知识的录像、参加社区人道服务等活动，大力宣传红十字宗旨和《中华人民共和国红十字会法》，积极传播人道主义，以此培养青少年会员博爱之心和奉献精神。学校认真做好少儿住院互助基金的宣传发动，参加率达100%，多次被评为区少儿住院互助基金工作先进集体。学校采用集中与分散相结合的办法，分批对红十字会全体会员进行急救操作培训，有组织地开展四项急救技术（止血、包扎、固定、搬运）和消防灭火等技能训练，教授红十字的四项急救技术和消防灭火防灾逃生知识，从2006年开始急救技能正式纳入校园运动会的团体项目，并得到原南汇电视台、《东方城乡报》、原《南汇报》的重点报道。学校拥有两支市级志愿者服务队：“新空气”服务队和“敬老冶情”服务队，曾多次被评为上海市“先进志愿者服务队”和新区“百件好事”，还得到中央电视台和上海教育台的采访报道。

学校红十字工作持之以恒地开展到今天，对学校的教育教学、团队工作等起到了不可替代的积极作用，促进了学校的精神文明建设，也进一步提高了学生的综合素质。

浦东新区新港小学红十字会

在新港小学，以“人道、奉献、博爱”为精神的红十字文化对学校精神文明建设、校园文化建设、学生的思想道德建设起到了积极的推动作用。红十字教育与学校教育、社会教育互相联系、互相补充，共同构成一个完整的教育体系。学校是红十字教育的主阵地，新港小学中的每位教师都是红十字会员，红十字教育渗透到了学校教育的方方面面。新港小学红十字文化让校园文化充满温情，更具魅力。

新港小学红十字会开展“初级现场急救技能”救护培训

一、坚持在教育活动中弘扬红十字文化

学校红十字工作纳入了学校精神文明建设的轨道，坚持过程育人、

活动育人。学校以“5·8”世界红十字会纪念日为契机，传播红十字文化，包括在红十字活动周中开展专题培训，大力宣传红十字会宗旨和《中华人民共和国红十字会法》，积极传播人道主义思想；组织学生开展以红十字精神为内容的征文、知识竞赛、手抄报比赛，通过红十字主题班会、新会员入会仪式、社区服务等活动，使学生进一步了解红十字会，热爱红十字会，使红十字精神更加深入人心。此外，学校红十字会充分发挥校园广播、橱窗等宣传功能，传播健康知识、救护知识等，提高师生健康意识，了解和掌握自救互救知识和现场初级急救知识的技能。

二、坚持在帮困互助中传播红十字文化

学校红十字会从关心、爱护、指导特困生的策略、途径、方法入手，以“让每一个生命都精彩”为主题开展系列红十字帮困活动。学校里的每个特殊生都有自己的成长档案，相关的老师都有相应的辅导记录，建立多元评价方案，关注每个特殊生的成长。了解到学区内有3名孩子从小因病致残、致瘫无法上学的情况后，学校红十字会成立了服务小组，聘请退休教师作为志愿者，开展送教上门活动。每学期学校红十字会领导都会上门看望学生，带去爱的关注与温暖。爱是不需要用任何言语来装饰的，行动更足以诠释它的内涵，每年的“蓝天下的挚爱”“千万人帮万家”等公益活动倡导全体师生弘扬博爱、奉献精神。

三、坚持在志愿服务中践行红十字文化

志愿服务为师生搭建了走向社会的桥梁，增强了社会责任感，培养了仁义博爱的精神品质。师生们在形式多样的社区志愿服务活动中，接受了传统道德教育，感受到自身的社会价值，发扬了红十字的奉献精神。在繁荣校园文化的同时，为社会、为他人奉献着自己的微薄之力，传递着社会正能量。

近年来，新港小学红十字工作取得了可喜的成果：2009年，学校被评为上海市红十字示范学校；2011年，1名教师被评为浦东新区学校红十字会先进工作者，1名学生被评为浦东新区红十字会优秀学生会员，有5人次撰写的红十字文化征文在区级和市级获奖；2013年，学校获全

国青少年红十字运动和防灾减灾知识竞赛三等奖。

校园文化建设是学校可持续发展的动力，也是学校个性魅力与办学特色的体现，红十字文化的内涵与精神具有其独特的育人功能，使我们的校园文化更具人文性和生命力，这就是红十字文化在校园文化建设中的魅力所在。

下　篇

红十字系统优秀案例盘点

救　助

东方华润　新心启航

霞霞是在一岁时被现在的爸爸妈妈捡来的，她还记得小的时候，爸爸抱着她走了很远的路，似乎感觉不到终点，她不知道去哪里，更不知道是去看病。直到有一次，霞霞听到奶奶和爷爷说自己有心脏病，看病需要很多钱，所以亲生父母才不要她……

爸爸妈妈视霞霞为亲生女儿，为了给她治病，他们向亲戚朋友借钱都借遍了。后来，又来到浦东打工，霞霞也因此进入浦东大别山小学上学。

有一天，霞霞看见妈妈哭得很伤心，霞霞很害怕，问大人："我会死吗?"一家人泪如雨下。

学校里的老师知道了霞霞的故事，跟霞霞妈妈说，浦东新区红十字会有个先天性心脏病患儿资助项目。到了东方医院，一个医生阿姨带着霞霞去检查身体。妈妈又哭了，可这次哭得不一样，像是开心的哭，因为医生说要给霞霞一个健康的心脏。后来，霞霞和全家的愿望终于实现了。再后来，霞霞和其他健康孩子一样回到教室继续读书。

2009 年 10 月 26 日，浦东新区红十字会、上海华润大东船务工程有限公司和上海市东方医院合作，开展"东方华润　新心启航——资助困难家庭先天性心脏病患者诊疗手术爱心项目"，成为浦东新区红十字会博爱阳光爱心救助系列项目之一。在 2009—2013 年的 5 年内，上海华润大东船务工程有限公司每年捐赠人民币 200 万元，共捐出 1000 万元，由浦东新区红十字会监管捐赠款，上海市东方医院负责诊疗手术，资助困难家庭先天性心脏病患者实施诊疗和手术，使他们重获生活希望。

"东方华润　新心启航"红十字爱心项目启动以来，工作人员首先联系了浦东新区 22 所民工子弟学校，了解民工学校学生的健康状况，迅速开展先天性心脏病患者摸查工作，热心、谨慎地选择病人，小霞霞成了这个项目的第一个受益者。

那之后，全国近 20 个省市（包括本市）的 858 名患者受益，呈现出良好的爱心效应和社会影响力，项目获得了 2009—2010 年度上海市民政局颁发的“上海慈善奖”。2012 年，获浦东新区优秀慈善公益项目奖，在 10 个公益项目中名列榜首，同时被推荐为上海市 2012 年度“慈善公益联合捐”优秀慈善公益项目奖。

项目资金量大、影响覆盖面广、受益人数多，是弘扬“人道、博爱、奉献”的红十字精神、提高社会公信力的良好契机。浦东新区红十字会和东方医院精心组织、热情服务，为困难家庭先天性心脏病患者解除疾苦，定期向捐赠企业通报项目进展情况和爱心捐款使用情况，并对社会公开，踏实地把好事做好，惠及于民。

每遇到节日，或有病人手术成功出院，浦东新区红十字会常务副会长丁超英还会同东方医院和捐款单位有关领导一同到病房慰问患儿。

作为红十字团体会员单位，东方医院秉承“关爱生命、保护健康”的宗旨，坚持“学以去疾、德以扬善”的服务理念，致力于通过慈善爱心和精湛的医疗技术回报社会。有的外省市贫困家庭来沪诊疗的孩子，经检查如不符合手术指征，或手术将使患儿面临很大的危险，医院就会耐心解释，并将其在医院检查的费用全部免去。有些来沪陪护的家长，实在没钱住宾馆，甚至连吃饭都成问题，医院就想方设法帮助解决。医院还通过宣传、动员，寻找社会资源，帮助解决特困家庭患儿来回车费。病房里的医生、护士从家里拿来衣服、玩具和书籍送给病孩。他们手术成功要出院了，常常会抱着医生叔叔和护士阿姨不舍地哭。

爱心没有边际，“东方华润　新心启航”红十字爱心项目走出了上海。江西省革命老区爱心基金会与捐赠方、东方医院和浦东新区红十字会签订协议，从捐赠款中拨出部分款项资助江西革命老区城乡低保户和重点优抚对象等贫困家庭先天性心脏病患者，以扩大项目的爱心效应，救助更多的患儿。

在东方医院院长、心胸外科专家刘中民教授带领下，医护人员克服重重困难，加班加点，精心手术，细心护理，800 余名先天性心脏病患儿通过手术治疗获得新生，患儿们摆脱了病魔的长期困扰，与同年龄的孩子一样欢唱、奔跑、玩耍和学习，享受着本该属于他们健康、快乐的生活。孩子的康复驱散了笼罩在他们父母亲心中的乌云，患儿家庭传出了久违的欢笑声……

（浦东新区红十字会）

尽孝道、献爱心

自古以来，“孝”是子女对父母的一种善行和美德，《尔雅》曰：“善事父母为孝。”许慎在《说文解字》中释义：“善事父母者，从老省、从子，子承老也。”孝作为一种道德，是以个体家庭为基础，并由此形成的一定的社会人际关系。孝，离不开道德主体的主观需要和社会需求。浦东新区红十字会从2009年开始特别设立了“博爱阳光”爱心救助项目，本着“尽孝道、献爱心”的博爱愿望，坚持真情服务弱势群体的原则，动员更多的爱心企业和有识之士热情参与红十字人道救助事业，深入了解特困老年群体和造血干细胞移植术后患者需求，及时将捐赠者的爱心奉给需要帮助的人群手中。

一、庆生日、捐助款

2009年11月19日，这是一个特殊的日子，上海申宏凯林进出口有限公司总经理陈林先生再一次迎来了他的生日。在度过了许多平凡的生日之后，陈林先生想在这一天能有个不平凡的举动。生命如涟漪，什么能在岁月中留下永恒的轨迹?

陈林先生想到了浦东新区红十字会的“博爱阳光”爱心救助项目，这是一个饱含真情、凝聚红十字博爱力量的项目。企业和社会爱心人士可以在“阳光”下自选博爱捐赠项目，也可以自立项目（可以是公司，也可以是本人或家人冠名项目名称），捐赠款项全部进入浦东新区红十字会人道救助基金。这是一个依法监管爱心捐款的项目，根据有关法律、法规规定和项目启动仪式上所签协议约定，浦东新区红十字会依法对资金进行严格监管，按《中国红十字会募捐和接受捐赠工作管理办法》和《上海市红十字会人道救助基金管理办法》《浦东新区红十字会人道救助基金管理办法》，严把捐赠款物和专项基金管理关。按照信息公开透明的要求，浦东新区红十字会建立了项目公开管理制度，坚持

"一预算一审计一通报两公开两透明两相符四把关"的原则。在日常工作中，对"博爱阳光"救助项目资金使用情况、爱心捐款清单、爱心物资捐赠及使用情况等信息及时公开公示。新区红十字会定期接受审计部门审计，并将资金使用情况、审计结果向理事会报告。

救助项目资金如此阳光、透明的管理，陈林先生觉得很放心。于是，在家人的支持下，陈林先生决定在 11 月 19 日这一天，向浦东新区红十字会捐赠人民币 100 万元！这不是一个小的数字，它饱含着陈先生对于社会的一份责任，饱含着他对于红十字会的一种信任，饱含着他对于困难群众的一片爱心！他还动员公司全体员工、亲朋好友现场捐款 6.016 万元，共计 106.016 万元，全部捐赠给浦东新区红十字会人道救助基金。后期，再追加 3.27 万元，项目专项捐款达 109.286 万元。其中 59.016 万元用于资助特困白血病患者造血干细胞移植手术费用，主要针对浦东新区困难家庭 25 岁以下白血病患者骨髓移植的救助；50.27 万元用于特困老人大病费用补缺救助，针对浦东新区低保、低收入、年满 60 周岁患病老人进行帮困助医。截至 2013 年 11 月底，特困老人大病补缺救助已使用 40.8415 万元，帮困 650 位老人；特困白血病患儿等移植手术资助项目已使用 56.0714 万元，资助 37 位造血干细胞移植患者，根据每位患者的实际情况新区红十字会资助 5 万元以下的人道救助金。

这 109.286 万元的生日捐款，如同绵延的爱火，在群众中间传递。是的，如果每个人都能尽自己的一份力，播撒爱心的种子，人间就会有永不褪色的美丽风景！

二、重阳节，菊花香

"九月九日，佩茱萸，食蓬饵，饮菊花酒，云令人长寿"。2010 年重阳敬老节期间，虽没有茱萸、没有蓬饵，但是浦东新区的困难老人，却感受到了温暖的菊花香，这股芬芳的菊香来自于浦东新区红十字会。

重阳节到来之际，浦东新区红十字会组织街镇红十字会、红十字医疗机构开展了"困难失智老人""特困重病老人"及红十字老年护理院住院老人博爱送温暖活动。10 月 15 日，新区政协副主席、新区红十字会名誉副会长邵自红和新区红十字会常务副会长丁超英一行对"困难失智老人"等进行慰问，送上慰问品并表示节日的问候。他们首先来到金杨新村街道社区探望两名困难失智老人，随后来到潍坊老年护理院（红十字老年护理院）对住院老人一一进行慰问。他们亲手把慰问品送到老人们的手中，亲切询问老人的身体状况，祝愿大家能过一个健康快乐的重阳佳节。老人们非常激动，连声感谢领导和红十字会的关心。

2010 年重阳节，浦东新区红十字会关爱“困难失智老人”等系列慰问活动共慰问老人 1581 名，发放慰问金及慰问品 19. 18 万元。2011 年重阳节，新区红十字会敬老慰问共计使用经费 12. 8245 万元，其中住院老人慰问品 589 份，共 5. 8245 万元；社区 35 个街镇患病老人每人 2000 元，共 7 万元。这些费用均从浦东新区红十字会人道救助基金博爱阳光项目——特困老人大病费用补缺救助项目经费中支出。

金秋九月，天高气爽，尊老、敬老、爱老、助老的风气如菊花的清香弥漫开来。

三、送锦旗、表谢意

2013 年 5 月 7 日，家住浦兴社区身患膀胱癌年届 80 的陈景明老人辗转几趟公交车，赶到浦东新区红十字会，送上“阳光普照　温暖人心”锦旗一面。16 年前陈老被查出患有癌症，巨额的治疗费用对于这个俭朴的家庭来说是个天文数字，这时是浦东新区红十字会向这个家庭伸出了援助之手，给予了及时的救助，帮助老人渡过了难关。然而不幸的事接踵而来，陈老的老伴也在 2011 年被查出患有白血病，这个噩耗无疑让这个本来就不富裕的家庭雪上加霜。接到陈老的求助后，新区红十字会第一时间给予了帮助和鼓励，同时一年一度的“千万人帮万家”迎春帮困活动也没有忘记帮助这个家庭，让陈老一家感受到了社会给予他们的温暖和爱心。

家住东明路街道的白血病患者陈某，在社会各界的帮助下进行了造血干细胞移植手术，与病魔顽强抗争了 3 年后，终因病情恶化离开了人世。对于治疗所欠下的巨额债务，陈某的妻子根本无力偿还，终日以泪洗面，失去了生活的勇气，连年幼孩子的学校伙食费都难以承担，这个只剩下孤儿寡母的小家庭已经接近绝望边缘。2013 年 1 月 21 日，新区红十字会常务副会长丁超英上门向陈妻送上 6 万元帮困慰问金。陈妻被浦东新区红十字会和社会各界好心人士的慷慨救助深深感动，积极主动地加入了造血干细胞捐献志愿者行列。她表示，是红十字会让她有了活下去的勇气，她要用一颗印证着红十字精神的心回报这个充满爱和奉献的社会。

“尽孝道、献爱心”，真正的爱心是互相感染，也是互相激励的。你以博爱奉献社会，它也必将以真心回馈给世界。浦东新区红十字会积极发扬“人道、博爱、奉献”的精神，以保护人的生命和健康为己任，不断成长为上海红十字系统的一棵“参天大树”！

（浦东新区红十字会）

“孩子们的保护神”

——记浦东新区少儿住院互助基金项目

在上海，有一个互助基金，它帮助了无数的家庭，尤其是使众多困难家庭的孩子获得了及时的医治，点燃了生命的希望，成为上海市辖区内少年儿童维护生命和健康的重要“绿卡”，被广大家长称之为“生命绿卡”和“孩子们的保护神”。

享有如此崇高美誉的这个公益基金，叫作少儿住院互助基金。1996年，上海市红十字会、上海市教育委员会、上海市卫生局共同创建了少儿住院互助基金，这是一个纯公益性、非营利的医疗保障互助基金。如今已顺利运行了18年，浦东新区的少儿住院基金也逐渐成长为一棵参天的公益大树。

上海，黄浦江和苏州河共同孕育的美丽土地，“生命绿卡”和“孩子们的保护神”也具有了黄浦江的激情、苏州河的精神。无论何时何地，水总是不断地寻找出路，不断地壮大自己的力量，勇往直前，历经千里万里、千难万险，始终不改变自己的本质——去养育绿色，滋养生命。这何尝不是“生命绿卡”的内涵，又何尝不是“孩子们的保护神”的使命。

“生命绿卡”，把生命的阳光普照给所有的花朵；“孩子们的保护神”，把博大的呵护献给所有的孩子。如今，少儿住院互助基金覆盖了全市210余万18岁及以下少年儿童，成为上海市政府居民医疗保险（少年儿童人群）制度不可或缺的重要组成部分。

1996年以来，在新区教育局、新区卫生局的大力协助下，新区少儿住院互助基金工作取得了较为突出的成效，赢得了良好的社会赞誉。十几年来，累计参加基金人数有6735801人次，为本区235336人次生病住院的孩子支付医药费262328181.76元。“生命绿卡”为这么多的孩子刷出了健康，“孩子们的保护神”让这么多的孩子走上了健康之路。

每年新学年开学前，少儿住院基金管委会便召开会议，为基金的运行做好了保驾护航的准备，以保障基金健康、正常、有序发展，并积极宣传、引导、扩大基金覆盖面，确保各单位协助配合，确保基金健康有序运行，让少儿住院互助基金如水银泻地般覆盖浦东的每一寸土地。

基金办公室工作人员忙碌在公益第一线。他们严格执行互助基金的监督、审核、初复审制度，每月的初复审这一规定动作完美实行，复杂病史提请市基金办专家组审核，及时提供完整资料，并负责将专家组的意见及时送达医院；同时做好相关资料的保管、交接工作，确保了互助基金的阳光透明。

基金办公室工作人员，是少儿基金、少儿学保相关政策及各类操作的“达人”，他们必须在 4 小时内审核医院上传的单子，逐项核对医院上传信息，发现错误信息必须及时退回，严格审核特别参保对象的享受类别，对于上传费用异常病例及时与医院沟通，督促改正，使互助基金网上结算审核制度得到严格执行。

他们经常深入定点医院，及时掌握医院少儿基金运作情况，召开各种座谈会，通过交流，让大家充分意识到基金监督审核工作的重要性，使定点医院随机抽查制度得到严格执行。

汗水与心血的付出，少儿基金办公室成为浦东新区百个文明优质服务窗口创建单位之一。在经办人员和众多家长面前，窗口人员做到了绽放一张笑脸、倒上一杯热茶、说一句“您好”，用热情、耐心、周到的服务，使少儿基金真正为家庭留一份安心，为孩子送一份保障。

日复一日，他们的努力把少儿基金对外服务窗口，办成了依法办理的窗口、办事高效的窗口、服务优质的窗口、清正廉洁的窗口、群众满意的窗口。

“生命绿卡”在闪耀，“孩子们的保护神”在行动，它既为那些因伤、病住院和在门诊治疗大病的患儿家庭缓解了就医时的经济压力，送上了生命的关爱；又通过充满爱心的互助行动，为孩子们树立了良好的道德榜样，更是为进入上海这个国际大都市的孩子们，提供了维护生命和健康的保障，使每一个生活在上海的少年儿童更幸福、更安全、更健康地快乐成长！

滴水之所以能够穿石，在于目标专一，在于持之以恒，在漫长的岁月中，每一滴水都朝着同一方向，从未间断。“孩子们的保护神”持久的呵护，创造了一个个令人感动的日子，也必将创造出一个个令人感动的未来。

（浦东新区红十字会）

为失智老人“温暖余生”

——记浦东新区红十字会“社区困难失智老人关怀”项目

每月总有一天，在浦东新区的社区和乡村，总会有一个个红十字志愿者，穿梭在小区楼道、田间村陌，定期挨家挨户将护理用品送到失智老人的家中。

这些失智老人记忆消退，甚至连至亲都不认识，生活不能自理，大小便失禁……浦东新区红十字会从未忘记他们，开展了“社区困难失智老人关怀”项目，为家庭困难的失智老人配送一次性护理用品、开展老年介护培训、居家照护指导、心理安抚等帮困慰问和服务，为失智老人送去了人道的尊严。

“失智老人关怀”项目2010年启动试点，2011年成为上海市政府实事项目，2012年纳入浦东新区政府实事项目，2013年新区红十字会将其列为常态化重点工作项目。截至2013年11月，浦东新区各街道、镇红十字会已上门配送一次性护理用品50295人次。在浦东新区社会统计调查中心开展的“2013年度浦东新区实事项目市民意见调查”中，“失智老人关怀”项目获高满意度评价，在“居民满意度分析”“农村居民满意度分析”和“非本市户籍常住居民满意度分析”中分别位列第一。

2010年，“社区困难失智老人关怀”项目最早在金杨新村街道和老港镇红十字会试点，服务170名社区重度困难失智老人。之后，关爱如大海的浪潮，推广到整个浦东新区，为失智老人“温暖余生”的项目人员、经费和机制趋于常态化。

也是在2010年，新区红十字会开设了“博爱阳光”志愿者服务，为各个街道、镇培训了98名社区志愿辅导员，使他们学会了老年居家日常护理知识和技能，掌握了一次性护理用品使用方法，并深入失智老人家庭，开展面对面的服务。2011年，这个项目的红十字志愿者达到650名。

东明路街道一位失智老人家属说：“我妈已经90多岁了，志愿者来了后就教我怎么正确地推轮椅，怎么帮我妈妈翻身、清洁口腔、防治褥疮。每次看到他们骑着自行车到家里来探望我妈，我的心里真是温暖……”

新区红十字会始终把老人们放在心上，不但按时做好护理用品配送工作，及时上门开展护理辅导，同时把社区重度困难失智老人纳入了帮困救助的范围。每年重阳敬老节，浦东新区择取特困家庭重度失智老人开展慰问；2012 年、2013 年“千万人帮万家——浦东博爱行”活动把失智老人列入了帮困对象，春节期间对他们进行走访和慰问。2013 年夏天，申城遭遇史无前例的高温，新区红十字会适时为失智老人和志愿者送去了高温防护用品，新区 1445 户失智老人家庭、632 名志愿者感受到了新区红十字会送来的丝丝清凉。

新区红十字会常务副会长丁超英来到失智老人张阿婆家，关切地询问家属护理用品是否合用，老人的健康状况有否改善，叮嘱他们多为老人纳凉通风，及时更换护理用品。“红十字会的关爱就像‘酥心糖’，我们心里甜滋滋的”，老人家属说。

“失智老人关怀”项目的开展，极大地激发了人们的创意。2012 年 7 月，在老龄化程度较高的潍坊新村街道，成立了沪上首家社区失智失能老人康复基地——“老伙伴健康生活馆”，针对失能失智老人护理风险大、养护方式难的特点，开展一系列专业化、人性化的服务，以提高老人的智力与体能、减少和预防并发症，提高日常生活能力和生活质量。社区的老人们来到“老伙伴健康生活馆”，迎接着夕阳的那一份美丽。

浦东新区红十字会也及时创建了“助老”服务项目，优先考虑失智老人的特点，推出助能、助医、助乐等项目，为老人在行动能力、保健医疗、精神生活等方面给予帮助，为项目增添了新的生机和活力。

“人道、博爱、奉献”的红十字精神，如同血液，在“社区重度困难失智老人关怀”项目的肌体里，健康地流动着……

（浦东新区红十字会）

“紫竹献关爱、和谐乐晚年”

——记浦东新区红十字会“爱晚工程”救助项目

“夕阳无限好，只是近黄昏”，唐朝的李商隐在《乐原游》中发出无限的伤感情绪；“夕阳秋更好，敛敛蕙兰中”，唐朝的另外一位诗人郑谷却又赞叹黄昏光波流动的美妙。而对于浦东新区特困糖尿病老人来说，“紫竹献关爱、和谐乐晚年”，由上海紫竹置业（集团）有限公司资助的“爱晚工程”，则是一种福祉和甘霖。这个改善特困糖尿病老人生活质量的救助项目由浦东新区红十字会负责开展，紫竹集团的爱心已惠及全区，在全区范围内产生了广泛的影响。

糖尿病是老年人的常见病之一，“爱晚工程”资助的是65岁以上的特困糖尿病老人。具体实施办法是由浦东新区红十字会为每位特困糖尿病老人制作帮困医疗卡（内含人民币732元），老人凭医院开具的治疗糖尿病药物的发票及帮困医疗卡到镇初级卫生保健办公室和街道社区事务受理中心报销。“爱晚工程”自2009年11月1日在原浦东23个街道、镇实施以来，受到了特困糖尿病老人的欢迎和广大居民的好评。2011年4月，浦东新区红十字会通过深入调查研究，仔细分析了区内特困糖尿病老人的实际状况和资金情况，在征得紫竹集团的同意后，将原南汇地区14个镇（申港街道没有符合条件的救助对象）纳入“爱晚工程”救助范围。

为了深入细致地做好“爱晚工程”相关工作，把紫竹集团的捐助真正用到最困难的糖尿病老人身上，浦东新区红十字会领导非常重视这项工作，成立了工作小组，制定了实施方案；各街镇红十字会秘书长担任本辖区“爱晚工程”负责人，使这项工作能够有条不紊地开展。2010年，又将“爱晚工程”列入浦东新区红十字会“博爱阳光”项目向全社会推介，受到了来自全国的红十字同行和社会各界的赞扬。

“爱晚工程”自2009年11月1日在原浦东23个街道、镇实施后，部分特困糖尿病老人反映定点医院没有需要的药物等问题，针对这些情况，浦东新区红十字会于2010年1月21日上午，在浦东新区潍坊社区卫生服务中心召开了“爱晚工程”项目小组成员工作会议，并达成以下几条解决意见：(1) 扩大选择治疗糖尿病药物的范围。经调查，报销限定在医保范围内（打“星”号的除外）24种治疗糖尿病的常见药物，特殊情况报浦东新区红十字会审批。(2) 扩大患者选择医院范围。浦东新区范围内二级医院、一级医院和村卫生室均可。(3) 对于人户分离的特困糖尿病老人，只需到报销点说明备案，同意后可到就近的医院开药。

如何让紫竹爱心惠及整个大浦东是浦东新区红十字人的心愿，为此，浦东新区红十字会在各街镇开展了特困糖尿病老人调查摸底工作，并设计了“爱晚工程”项目问卷调查，还在部分街镇召开“爱晚工程”受助人座谈会，具体从以下几个方面着手：(1) 开展“爱晚工程”调研，共下发“爱晚工程”项目调查问卷500份，收到合格调查问卷427份，其中对“爱晚工程”是上海紫竹置业（集团）有限公司资助治疗糖尿病一项知晓率达100%；对在“爱晚工程”项目报销过程中，工作人员的服务态度满意率在较好以上；对今后“爱晚工程”项目的资助方式58.5%受助人希望凭发票报销，39.5%希望现金补贴，2%为上健康课等。(2) 分别在金桥、三林、东明路、周家渡和潍坊新村街道召开“爱晚工程”受助人座谈会，与会者都非常感谢上海紫竹置业（集团）有限公司，一些老人表示，由于紫竹集团的资助，经过系统治疗，他们的血糖得到了有效的控制，提高了他们晚年生活质量。家住周家渡街道的一位支边退休教师激动万分，他告诉我们：正是紫竹爱心卡，帮他解决了大问题。(3) 各街镇红十字会积极宣传“爱晚工程”，按照新区红十字会规定的相关条件，认真调查排摸，共上报3844名特困糖尿病老人，其中原浦东23个街镇上报1691人，原南汇14个街镇（申港0上报）上报2153人。考虑到实际资金状况，提出了按照户籍人口比例确定分配名额：第一，原浦东维持原基数不变，分配名额1500名（原浦东地区人口193.2万，资助特困糖尿病老人1500名，分配比例7.76/万）。第二，原南汇地区分配名额800名（原南汇地区人口73.7万，分配比例10.85/万），实际是805名。第三，规定了救助特困糖尿病老人基本条件：65周岁以上；低保、低收入家庭：街道特困糖尿病老人月收入低于1120元；镇特困糖尿病老人月收入低于700元；患糖尿病两年以上的。在新区红十字会和街镇红十字会的共同努力下，“爱晚工程”实现了浦东新区全覆盖，紫竹爱心惠及整个大浦东。

“爱晚工程”的资金走向也非常明晰。2009 年 8 月，上海紫竹置业（集团）有限公司分期捐赠 300 万元，即 2009、2010、2011 三年，每年 100 万元，资助原浦东新区 1500 名特困糖尿病老人，用于改善他们的生活质量。其中 2009 年“爱晚工程”捐赠仪式当晚，现场来宾捐赠 120 万元，2009 年度实际到位爱晚工程救助款 220 万元。2009—2010 年度共资助原浦东新区 1500 名特困糖尿病老人每人 732 元，当年使用 109.80 万元。2010 年 10 月，紫竹集团履约捐款 100 万元，当年“爱晚工程”实际余款 210.20 万元。2010 年年底，浦东新区红十字会通过调查了解到，原浦东地区各街镇“爱晚工程”尚有结余款 46.86 万元，加上 210.20 万元，“爱晚工程”实际金额为 257.06 万元。由于实行名额分配，全区 2305 名特困糖尿病老人每年需救助款为 168.73 万元，从而保证了三年“爱晚工程”能够顺利实施。

“爱晚工程”自 2009 年 11 月实施以来，上海市红十字会领导和浦东新区人民政府有关领导给予了充分肯定，受到了真正困难糖尿病老人的欢迎，得到了全国红十字同行和浦东新区社会各界的赞扬和好评。

“紫竹献关爱、和谐乐晚年”。夕照黄昏，因为有紫竹，孤单的晚年将不会再孤单；因为有紫竹，生病的晚年将不再痛苦。爱意漫天地，春色满乾坤！“爱晚工程”让年老的生活重新焕发了能量和光彩，为暮年的人生重新编织出了一幅活力的画卷！

（浦东新区红十字会）

让孤燕重振双翼

——浦东新区红十字会、川沙新镇红十字会救助白血病女孩沈燕灵侧记

2012 年 3 月 14 日下午，上海市浦东新区川沙新镇界龙村文化体育中心“爱满人间——救助白血病女孩”捐赠仪式上，一位戴着厚厚眼镜片的瘦弱女士和丈夫不时起身鞠躬，向无私帮助女儿沈燕灵的好心人表示感谢。

此时，刚刚做完造血干细胞移植手术的沈燕灵正躺在上海市瑞金医院病床上，已平稳地度过排异期。

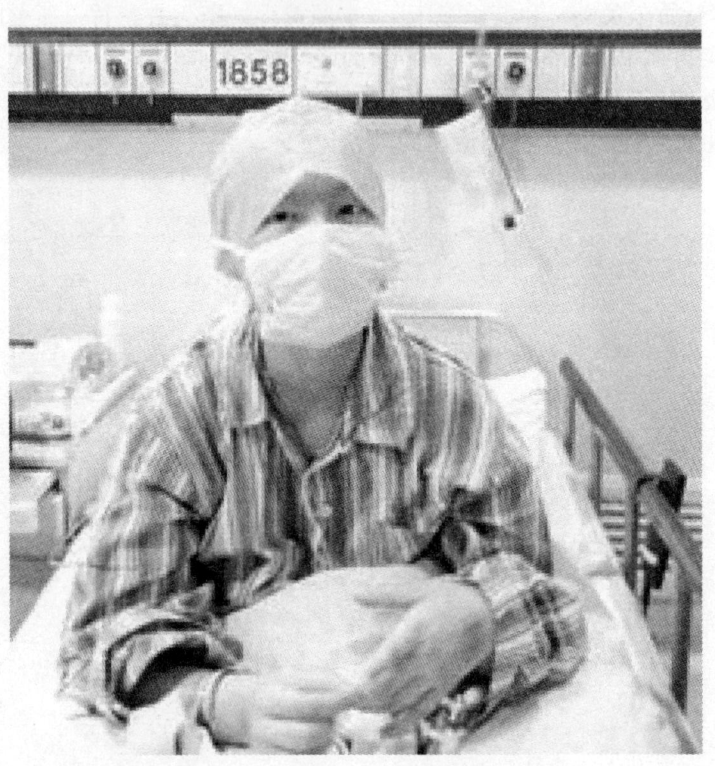

病床上的沈燕灵不再感觉孤独与无助

折翼的天使

沈燕灵家住上海市浦东新区川沙新村界龙村。2011 年，刚从上海师范大学毕业的她，考上了上海出入境检验检疫局。

2011 年 6 月，到单位报到前夕，沈燕灵被查出患有急性白血病（俗称“血癌”）。消息犹如晴空霹雳，让这个本不富裕的家庭又添了一层阴霾。沈燕灵的父亲沈国权和母亲乔金芳都是残疾人。父亲是界龙集团的一名普通职工，患有听力障碍；母亲视力残疾，6 年前因患乳腺癌提前退休。家中还有聋哑的爷爷需要照顾，姐姐刚参加工作不久。此前，为了供姐妹俩念书和给母亲治病，家中已经没有多少积蓄。

为了挽救小女儿的生命，乔金芳夫妇四处奔走、东拼西凑，5 次化疗共花去医药费 50 多万元，其中 40 多万元是借来的。医生告诉沈燕灵父母，化疗虽然能够稳定病情，但若想彻底治愈，只有实施造血干细胞移植。2011 年 12 月，经过中华骨髓库检索，沈燕灵幸运地与一名捐献者配对成功。治愈的希望就在眼前，但 70 多万元的手术费及后续治疗费却像一座大山一样压在全家人的胸口上。

扬起希望的风帆

正当沈燕灵一家绝望无助时，浦东新区红十字会、川沙新镇红十字会伸出了援助之手。镇红十字会、界龙村党委联合吹响了救助沈燕灵的集结号。

“一方有难，八方援助。”界龙村党委书记费钧德发起募捐号召，并率先捐款 3 万元。

为了组织好此次募捐，川沙新镇、界龙村党委共印制和发放倡议书数千份。每一个村民小组、界龙集团所属每一个企业都自发组成了一个个募捐小组。红十字志愿者走家串户、进车间、进班组，发倡议书、收捐款、登记名册，定期张榜公布捐款情况。

界龙村民小组长、村民代表、企业厂长经理、党支部书记、党员干部带头捐款，广大村民和企业职工纷纷慷慨解囊，3202 名职工和村民共捐款 25 万多元。界龙实业集团股份有限公司董事长费屹立和总经理沈伟荣在集团公司捐款后，又在各自兼管的食品公司和永发公司中捐款。

党员干部带头捐款，群众职工紧跟其后。界龙 1 队在校大学生宋冰冰将平时积攒的500元零花钱捐了出来；沈燕灵的小学同学、界龙3队的费超军和11队的周杰，不仅结伴去医院探望她，还分别捐款1000元和2000元。界龙1队、2队因动迁，村民居住分散，但得知沈燕灵的情况后纷纷将钱送到队长手中。2队的徐玉兰在家人已捐的情况下，又捐了100元，80多岁的老人说："界龙村帮助过我，我要回报界龙村。"界龙4队85岁的孙文虎、5队的戴惠芳因患病而住院治疗，出院后的第一件事就是捐款。

"爱满人间——救助白血病女孩"捐赠仪式

在大家的共同努力下，共为沈燕灵筹集善款54万余元，红十字会及时将这笔善款用于沈燕灵的救治中。

春回大地燕归来

2012年2月23日，沈燕灵在上海市瑞金医院顺利实施了造血干细胞移植手术，目前已平稳度过排异期。

川沙新镇红十字会、镇残联还为她送上了帮困慰问金。界龙村党委、村委会多次到医院探望并送上慰问金。

移植手术前，沈燕灵说："组织的关心帮助，大家的无私奉献，让我感到了温暖。请大家放心，我一定会坚强地战胜病魔。"

沈燕灵的主治医生表示，她是幸运的，不仅很快找到了合适的骨髓配型，而且移植手术做得很成功，治愈的希望非常大。

（川沙新镇红十字会）

红十字关爱暖人心　博爱处处见真情

——记浦东新区红十字会救助祝桥镇尿毒症患者杨立华

28 岁，人生的黄金时段，是多么的珍贵！这个年纪应该是春风得意马蹄疾的青春岁月，应该是慷慨激昂意气风发的自信年华。然而祝桥镇金星村的杨立华，只能在病痛中度过，尿毒症——这个可怕的字眼，很多人都不愿听到的无情的病魔，却折磨着这位年轻人和整个家庭。

杨立华，金星村 11 组居民，1983 年 7 月出生，父母在家务农，弟弟杨立晨在卢湾高级中学读书，还有年逾古稀的祖母。一家 5 口，原本是一个幸福美满、和和乐乐的家庭，但是突如其来的一场大病彻底打破了这个家庭的和睦与安宁。

2006 年 10 月，杨立华因病住院，检查诊断为尿毒症，当时病情就非常严重，医生要求必须进行血液透析，否则有生命危险。这突如其来的消息，使一家人几乎陷入绝境。接下来 4 年的化疗，一家的积蓄早已花完，只得借外债，能借钱的亲戚朋友都借了个遍，负债累累。可是，听医生介绍，血透只是治疗的过渡阶段，如要继续治疗，最好的办法还是要换肾，手术费需要 35 万元左右。可怜天下父母心，爱子心切，面对巨额的医疗费和债款，父母决定把动迁的一套房子卖掉，来挽救大儿子的生命。

祝桥镇红十字会得知消息后，经走访调查、收集相关材料、确定事实后向新区红十字会领导反映，力争通过红十字会的人道救助，减轻杨立华一家的经济负担，把红十字的博爱关怀送到困难家庭中。

2010 年 4 月 13 日下午，新区红十字会林瑾葆副会长和赈济救护部工作人员，会同祝桥镇社发办主任、镇红十字会副会长朱彩娟及千汇一村的居委会主任、居委红十字会干部一行 7 人，看望在家休养的杨立华一家。杨家在千汇一村的这套房子，是浦东机场建设而动迁过来的，房内没有一点装修，房间和卫生间的门只是用布隔着，厨房内用水泥板搭起液化气灶台，油烟机已经非常陈旧……

在与杨立华父母的交谈中，得知杨立华从小懂事老实，在读书时成绩优秀，中专毕业马上就要工作了，这场突如其来的大病彻底打破了全家的幸福生活。为了给孩子治病，夫妻俩商量着准备卖掉房子，毕竟，儿子的生命才是最宝贵的。

这天，新区红十字会领导一行，为杨家送上了新区红十字会帮困慰问金6000元，并鼓励杨立华树立战胜病魔的信心，争取早日康复。春节前夕，浦东新区陆鸣副区长看望慰问了他们。新区领导的看望和关心，让杨立华一家心中无比的激动，对美好的未来生活又再次充满了希望。

杨立华一家心存感激，表示将来有机会一定要参加红十字组织的活动，为社区百姓做点力所能及的事。患者杨立华也说："红十字会雪中送炭，我一辈子都不会忘，是红十字会、党和政府给了我生的希望。在身体条件允许的情况下，将参加居委会的红十字志愿者队伍，为社区百姓服务，弘扬红十字的'人道、博爱、奉献'精神。"

天还是那么蓝，云还是那么白，只要生命还在，那就还能笑，还有希望在这美好的人世上！

新区红十字会林瑾葆副会长上门慰问祝桥镇尿毒症患者杨立华

（祝桥镇红十字会）

点亮希望，传递爱的正能量

这天晚上6点，当上海电视台“新闻坊”栏目熟悉的旋律响起，节目里播出了浦东祝桥镇一个家庭的故事，牵动着无数人的心。

唐芝兰是湖南省株洲市人，36岁，家住祝桥镇义泓村3组，丈夫林惠明是残疾人，年幼的女儿林子湘在东海小学上学。唐芝兰的父母亲都在老家务农，无经济来源，而丈夫的父母亲在多年前已因病逝世，全家三口人仅靠林惠明每月残疾补助的500元收入为生。

2013年11月，唐芝兰发觉自己头疼得厉害，去医院就诊，结果竟被确诊为尿毒症。好端端的一个人突然身患重病，对于这个家而言，犹如晴天霹雳。自发现患病以来，一家人几乎陷入绝境，仅仅是3个月的治疗费，就使得全家负债累累。更加雪上加霜的是，唐芝兰没有本市的医疗保障，只能全额支付高昂的医药费。

面对病魔困境，唐芝兰一家一筹莫展，但因为社会源源不断的关爱，他们又重新点燃了生命的希望。

为帮助唐芝兰家庭脱离困境，义泓村村委会积极联系、协调，争取各方面对其进行救助。祝桥镇红十字会得知消息后，马上收集相关材料，走访调查，确定事实后，第一时间将2000元救助款送到唐芝兰家中，并积极向新区红十字会领导反映，力争通过红十字会的人道救助，减轻唐芝兰一家的经济负担，把红十字的博爱关怀送到困难家庭中。

病魔无情，人间有爱。在真心真爱面前，一切的语言早已失去神韵，一切的困境皆会化为虚有，一切的眼泪总是源于感动。

触角灵敏的“新闻坊”以讲述老百姓身边故事为宗旨，被很多人认为是老百姓自己的节目。唐芝兰一家的故事，被“新闻坊”的记者捕捉，通过电视荧幕走向千家万户。

那时唐芝兰已因尿毒症丧失了排尿能力，终日与透析液为伴。家里大半地方都堆满了整箱整箱的透析液和其他的药物。每天，唐芝兰坐在椅子上，丈夫林惠明拖着残疾的身子，悉心地照顾妻子，帮助她更换透析液，每四小时一次，一天至少要换五六次，不分早晚，甚至连半夜也如此……他们的家虽然贫困，不能拥有最好的东西，可是他们懂得珍惜，珍惜家人，珍惜人生中每一个相互陪伴的瞬间。

然而，每个月 7000 多元的医疗费，使得原本不富裕的家庭，更加接近崩溃的边缘。面对原本就已拮据的家庭，因病失业的唐芝兰只能抱着试试看的心态，向社会各界和广大爱心人士求救。

唐芝兰的故事一经“新闻坊”报道，立即在社会上引起反响。杨浦区的一位汤阿姨更是通过镇红十字会，自行来到唐芝兰家中进行慰问，汤阿姨握着唐芝兰的手安慰她说：“生活要继续，要点燃希望，好好地治疗，让自己走出病痛的阴影，一切都会好起来的。”

唐芝兰眼眶里布满了泪水，激动的心情让她早已不知所措，除了说“谢谢”，已无法用其他的语言来表达自己的感激之情。

临走前，汤阿姨从包里拿出 5000 元交到唐芝兰的手中，说了这样一席话：“钱不多，我的一点心意，你要好好地治疗，有党和政府、红十字会在，困难是暂时的，希望你早日恢复健康。”

唐芝兰哭着点头说：“嗯，谢谢！”

在之后的时间里，在爱心人士和红十字会的共同帮助下，共筹得爱心善款 2 万余元。社会的爱心人点亮了唐芝兰全家生活的希望，相信在社会各界和广大爱心人士源源不断的帮助下，唐芝兰一家一定能渡过目前的困境。相信爱的正能量，会让爱心一直传递下去。

（祝桥镇红十字会）

走访慰问困难户　嘘寒问暖送真情

——王家宅居委红十字服务站救助工作纪实

俗话说，一人向隅，举座不欢；一人有难，八方支援。今天，当我们享受着改革发展所带来现代生活的时候，不难发现，在我们周围，还有那些因病致困的家庭正在为自己的健康和生存担忧，作为社区红十字服务站，就应该充分发扬“人道、博爱、奉献”的红十字精神，及时给社区里那些最易受损害群体一些力所能及的帮助和抚慰，给他们一些战胜病魔的勇气和信心。潍坊新村街道王家宅社区就发生了一幕感人的救助故事。

新年伊始　冒雨探望

春节后上班的第一天，当大家还沉浸在喜气洋洋的节日气氛中时，王家宅居委红十字服务站内却透着一股沉重的氛围，原来服务站站长陪同居委书记上班巡逻小区时，从居民口中了解到家住北张家浜路188弄小区的余阿姨因心脏病突发，于年初五进入了重症监护室。其爱人的病情又不断恶化，如今余阿姨也因病入院，更让这个家庭雪上加霜。于是，新年上班第一天，红十字服务站的志愿者冒雨前往东方医院看望余阿姨，询问了她的病情。经医生检查，余阿姨需要立即动手术安装心脏起搏器，自费将要16万元。余阿姨的爱人从患病至今，已自费花掉15万余元，对工薪阶层来说，31万元简直是个天文数字。然而，余阿姨的病又必须马上手术，否则随时都有生命危险。于是，志愿者耐心劝导她一定要积极治疗，千万不能再拖延病情，只有配合治疗，才能早日康复，才能尽快回家照顾重病的爱人，红十字服务站一定会竭尽全力帮助他们的。红十字志愿者的到访给余阿姨增添了战胜病魔的信心。

雪中送炭　人道救助

从医院重症监护室出来，志愿者们一起回到社区红十字服务站，着手研究如何为余阿姨向上级组织申请补助事宜。经居委红十字服务站申请，潍坊新村街道红十字会等部门的反馈马上就下来了，根据有关政策规定，一共申请到了补助款 4 万余元，立马解决了余阿姨的燃眉之急。

但是，4 万元补助与 30 多万的手术费相比还是差距甚远，对这个家庭来说还是承担着相当大的压力。自手术以来，余阿姨因病复发又两次入院，住进重症监护室。为此，王家宅服务站一直不间断地给予救助和关心，节假日多次送去慰问品、慰问金，居委干部、市民学校学员自发组织上门看望。值得一提的是，服务站还挖掘社区资源，联系社区其他单位，伸出援助之手。

挖掘资源　汇聚爱心

6 月 13 日上午，在王家宅居委红十字服务站的努力下，杭州银行浦东支行、红塔大酒店、新百商业企业有限公司、万好经贸有限公司等多家单位领导走进了余阿姨家中，给她带去了慰问金 5000 元，并与他们进行了真诚的交流，鼓励他们面对现实，增强信心，勇敢地生活下去。8 月 6 日—8 日，虽然天气十分炎热，但王家宅居委红十字服务站的工作人员克服高温，放弃中午休息时间，走进位于北张家浜路 88 弄左岸 88 商务楼宇，为该家庭开展了定向慈善募捐，募得现金 1160 元。除此之外，服务站还协调爱心小屋的资源，在充分听取了爱心善款管理小组、居委监督委员会的意见后，决定从爱心善款中拿出 1000 元对其进行慰问。8 月 22 日，服务站站长、爱心善款小组组长、监督委员会主任和居委社工们一起再次走访慰问了余阿姨家。

一句句的问候，一次次的走访，是无法用金钱来衡量的，其中蕴含的是点点的爱心，给予的是满满的爱意。王家宅红十字服务站充分发挥了最基层红十字平台的人道救助作用，生动诠释着红十字的精髓，为构建和谐社会奠定了坚实的基础。

（潍坊新村街道红十字会）

情系夕阳　爱暖人间

——洋泾街道巨东红十字服务站助老篇

“夕阳无限好，红会共关怀。”

尊老敬老是中华民族的传统美德，洋泾街道巨东红十字服务站建站以来，按照新区红十字会“三救”工作精神，努力营造和谐社区，将尊老敬老的传统美德贯穿于工作当中。几年来，开展了一系列的尊老助老活动，人人的关怀，让巨东的夕阳红变得无限绚烂。

巨东是老小区，60 岁以上的老人有 579 人，其中独居老人 42 人，空巢老人 140 户。为了让这些老人幸福快乐地度过晚年，服务站采用志愿结对、亲情温暖、平安问候、个性服务等方法，为这些老人提供了很多服务。居委老龄干部李玉琴是红十字会志愿者，总是把居委的老人当成自己的亲人，她说：“老人的事没有小事，再细微的事情也要帮他们做好。”十几年来，她是这样说的，也是这样做的，没有炫耀，不要宣扬，只管安安静静地去做。

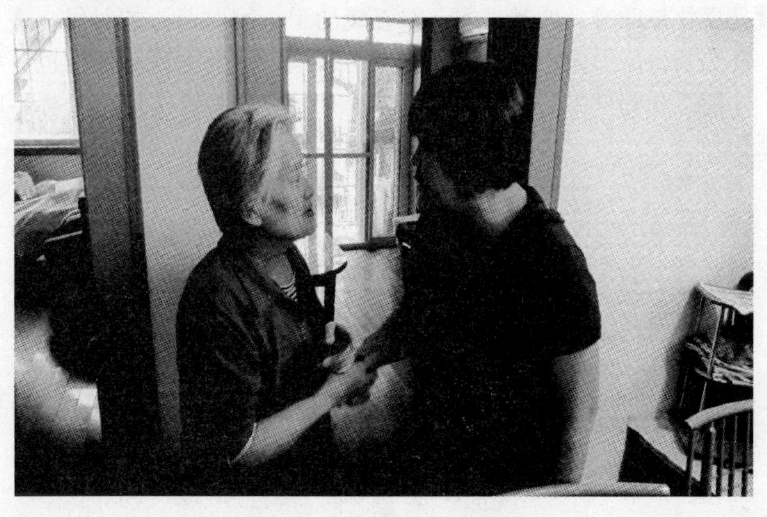

红十字志愿者李玉琴慰问独居老人

家住巨东小区的一位独居老人，性格孤僻，体弱多病，且与子女、亲戚来往很少，在百般无助之下，向服务站打来求助电话。接到电话的第一时间，李玉琴立刻上门了解情况，发现这位独居老人严重脱肛，导致无法外出，影响正常生活。从此，李玉琴把她列为重点照顾对象，并与其结对，几年如一日，坚持为其购买指定的食物。平时隔几天就上门询问她的近况，与其谈心，及时帮助解决老人的一些实际困难，让老人安享晚年。老人非常感动，逢人便说：小区就像自己的家，李玉琴就像自己的女儿，把自己照顾得像家人一样周到细致……

家住羽山路801弄9号的秦阿姨，也是一位独居老人，平时在生活上遇到难事、烦心事，第一时间就会来到居委找李玉琴。李玉琴每次都耐心听完她的事情，并提出合理的建议或意见。秦阿姨很感动，说："红十字会就像是我的家，每次遇到烦心事情，我总愿意和你们说说，这样心里会舒服很多。李玉琴就像我的女儿一样关心我。"

每当听到老人们的感激话，李玉琴总是握着老人们的手说："是红十字精神鼓舞我们为需要帮助的老人服务的，我是红十字会志愿者，这是应该做的事情……"

风景因为美好，所以留恋；生活因为祝福和关爱，所以温暖！服务中，李玉琴不仅帮老人做事情，也经常和老人进行精神沟通和交流，让他们度过一个幸福的晚年。巨东服务站在志愿者李玉琴的带领下，小区里感人的事情每天都在发生。

敬老助老的美德是黑夜里的一盏灯，是冬天里的一把火。美德，其实就是需要帮助时，伸过来的一双温暖的手；需要谈心的时候，递上来的一杯热茶；需要关心时，送上的一句问候。只有生活在这种世界的老人，才能感受到世界的温馨与美好。让我们志愿者为了这个目标不断努力吧！

（洋泾街道红十字会）

发挥人道优势，用爱灌溉生命

6月20日，对于家住枣庄路的28岁女孩蓉蓉来说，如噩梦一般，62岁母亲在家中突发疾病，晕倒在地，不省人事。120急救车迅速将其送往医院，随后几经周转，瑞金医院诊断其为急性再生障碍性贫血，自身的造血功能几乎为零。

这突发而来的灾难，给原本快乐的三口之家带来了沉重的打击，接下来的日子该怎么过啊？

事情发生在别人身上是故事，发生在自己身上就是事故。再生障碍性贫血，大家可能对这个病并不陌生，和白血病一样都是死亡率很高的一种血液病。一部电视连续剧《血疑》，幸子的病情曾牵动了无数观众的心，可现在电视剧中的故事正发生在蓉蓉的亲人身上，接下来的日子，他们一家都在医院的病房里度过。蓉蓉一步不离，守着妈妈，希望妈妈好转，可现实情况是妈妈仅靠输血和血小板来维持生命。

每两天就需要输血小板，每天需要打丙球蛋白，每天8000多元难以想象的医药费用，对于退休人员来说是根本无法承受的。而且，由于再生障碍性贫血未被列入重大疾病特别资助，只能享受一般性的医疗报销政策。发病至今，药费自费部分已经达到5万元。

别无选择，望着虚弱得如同"豆腐人"一样的母亲，蓉蓉无法说出"放弃治疗"。此时，有什么比献出爱心更能令这个家庭感到温暖？

枣庄一居委红十字服务站发起了为蓉蓉母亲募捐活动，50元、100元、200元，大家纷纷伸出援助之手，爱心不断汇聚，募集到善款2800元。此时，有什么比拯救一条生命更有意义？

这个家庭的不幸和无助也牵动着金杨新村街道红十字会的心，7月16日，3000元的人道救助款送到蓉蓉手中。人道救助，爱心募捐，互助友爱，透过这一切，我们看到了蓉蓉无助眼神中的一丝希望……

蓉蓉的母亲还在医院接受治疗，由于抵抗力低下，加之天气炎热，血小板紧缺，蓉蓉妈妈病情恶化，瑞金医院发出了第二张病危通知书。

8月1日，妈妈转入仁济医院治疗，看到同病房一位白血病患者和病魔抗争9年，给蓉蓉带来了一丝信心。

蓉蓉妈妈住院期间，金杨新村街道红十字会不间断的慰藉和帮助也给这个风雨飘摇中的家庭渡过难关增加了勇气，并积极帮助患者申请浦东新区红十字博爱救助，希望爱能灌溉生命，创造生命的奇迹。金杨新村街道红十字会将继续发挥人道组织优势，践行红十字宗旨，用爱心为最需要帮助人群送去温暖！

（金杨新村街道红十字会）

两天，完成爱的传递

——浦东新区金杨新村街道红十字会救助弱势家庭侧记

36 岁的女人本应是走在生命的顶峰，拥有家庭、事业、孩子，是人生最完美的一个阶段。但是这一切对于家住浦东新区灵山路的李燕（化名）来说，却是那么遥不可及。2007 年，李燕突然开始觉得行走困难，后多处求医诊断为肌肉萎缩症，8 年过去了，现在的李燕瘦骨嶙峋，全身骨架像要从皮肤里透出，双手严重扭曲变形，被病魔折磨得痛苦不堪。

提起女儿的病，李燕的爸爸默默流泪。这些年，为了给她看病，家中微薄的积蓄已经全部花光。女儿每个月 700 余元的低保，老伴属征地养老，自己在一个单位做保安收入也不多，女儿的生活起居完全由老伴来照料，而 14 岁的外孙则跟着女婿生活。

6 月 19 日，李燕病情突然恶化，呼吸困难，此后完全瘫痪在床，大小便严重失禁。医院高额的药费让他们望而却步，这个不幸的家庭只剩下了阴霾与昏暗。

7 月 1 日，李燕的父亲看到街道红十字会在发放护理用品。抱着试试看的心情，老人来到金杨新村街道红十字会申请救助。遗憾的是，李燕并不符合失智老人关怀项目的条件。

街道红十字会工作人员一边对老人进行安抚，一边向老人介绍了更为契合李燕实际情况的救助政策。根据新区红十字会关于弱势群体救助的相关规定，街道红十字会通过完备的程序，仔细核实、严格审核后，给予李燕 3000 元的人道救助，希望他们不要放弃，赶快住院治疗。

从前一天提出申请，到第二天下午工作人员把装有慰问金的信封送到李燕父亲手中，仅仅不到 2 天的时间。红十字会急人所急、雪中送炭让老人潸然落泪，也让这个困顿的家庭感受到了红十字的温暖。

如今，好心的邻居也在帮忙联系医院。街道红十字会工作人员表示了慰问，相信李燕坚强的生命在爱的簇拥下能顽强与病魔抗争，也希望更多的人能了解红十字会开展的人道救助活动，并能在社会各界的关心和支持下，不断提升街道红十字会的救助实力，建立更广泛的人道救助平台和更完善的救助机制。

（金杨新村街道红十字会）

慈善捐助献大爱　感恩社会人间情

每月15日，一位82岁高龄的老人，总会来到周家渡街道昌里七居居委会，仿佛来赴一个不变的“约会”，这“约会”惊艳了时光，也温柔了岁月。

老人名叫陆宝华，是周家渡街道成山路963弄的一名退休工人。自2008年以来，每个月他都通过居委会向街道红十字人道救助基金捐助100元，到今天已经整整有6个年头了。

每次见到陆老“大驾光临”，居委的红十字会干部立即迎上去，已经记不清楚，这是他第几次来居委给浦东新区红十字会捐助人道救助基金了。

陆伯伯出生于一个工人家庭，14岁小学毕业后，便进入私营书店工作，1954年书店停业，转入上海新华书店。刚刚工作三个月，突然出现大咯血，新华书店党支部书记派人把他送到浦东仁济医院，医生发出了病危通知，后经全力抢救，挽回了生命。经过一年多的治疗，他恢复了健康，重新回到工作岗位。1958年，陆宝华调到上海浦东新华书店，后来又调到川沙文化馆、洋泾文化馆、洋泾电影院等单位工作，到1992年退休，他已经在浦东工作生活了50余年，见证了浦东的崛起和沧桑巨变。

2004年11月3日，陆宝华突然发生心肌梗死，在居委干部的帮助下再次来到上海浦东仁济医院，经过医生四个多小时的抢救，再一次把他从死亡的边缘拉了回来。

回想起这相隔50年的两次病危，都是在党的关怀和仁济医院广大医务工作者的全力抢救下，方才脱离危险。陆伯伯感慨万千：“没有共产党，就没有今天的陆宝华！”陆伯伯不断地跟人提起这句话，经历了两次死里逃生的陆伯伯，非常珍惜人生，感恩社会，只要听到哪里有灾情，哪里需要救助，都会尽自己的一份微薄之力去帮助别人。是啊，这就是生活，那些参透生死的经历，会让人领悟生命的真谛——只有学会体会，才会有感动；只有学会感恩，才会有幸福；只有学会给予，才会有余香；只有学会去爱，才会让人间充满爱……

2008 年，得知汶川地震的消息后，他心里非常难受，为了让更多的人在灾后重建家园，陆伯伯一次性向红十字会捐款 1000 元，也正是这次地震后，陆伯伯萌发了定期向红十字会捐款的想法。

2009 年 1 月，陆伯伯向街道红十字会递交了自己的志愿书，为了深切感谢伟大的共产党对自己的关怀和培养，将每月向浦东新区红十字会捐助 100 元作为人道救助慈善基金。同时为了答谢抢救他生命的医师们，陆伯伯办理了捐献遗体登记，把自己的身体捐献给医学院作研究之用，这将是老人人生最后的意愿与奉献。

高龄老人陆宝华通过街道向浦东新区红十字人道救助基金捐款

老人的爱心义举感动了很多人，他的行善美名在社区里传播开来。街道红十字会会长、街道红十字工作人员、社区工作人员都感动于老人的善举，感谢他对社会的无私捐赠，在赞叹他无量功德的同时，也号召全体居民向陆伯伯学习，凝聚一切人道的力量，为建设幸福和谐的社会，贡献自己的微薄之力。

行善没有年龄的区别，行善就意味着成就，因为它是我们内心对生命的一种感悟、一种调剂和一种平衡。每一次的行善，都是人生的一次成功，在得到与给予之间，平淡无法再淹没行善者的身影，因为他已站在了成功的高处！

（周家渡街道红十字会）

大爱无边　至善无痕

——浦东新区红十字会支出型贫困家庭器官移植补助记

马汝玉今年16岁，正值花样年华，承受的却是病痛的风雨。

9岁时，小汝玉因身材矮小，被爸爸妈妈带到上海儿科医院就医，被诊断为肾功能不全。2008年，在专家的建议下，小汝玉开始进行自动化腹膜透析（APD）治疗，并休学两年。暂别心爱的学校，暂别一起上学的小伙伴，本该享受着花季岁月的小汝玉因患尿毒症，不得不与医院和药物为伴，上学的道路似乎变得遥远，窗外美丽的风景似乎也显得奢侈。

治疗期间，小汝玉每年需要自付的医疗费达到5万元左右，除了日常开支，家中积蓄和父母收入都投入了她的治疗中。

2013年12月，小汝玉非常幸运地得到匹配的肾源，成功做了肾脏移植手术，虽有少儿住院基金为其一家分忧解难，但肾移植手术所需的20万元自付费用以及随之而来的医疗费，着实压垮了这个贫困的家庭。

2014年六一儿童节前夕，浦东新区副区长谢毓敏、新区红十字会常务副会长丁超英一行，来到周家渡街道昌七小区南码头路1675弄，上门看望马汝玉，深入了解情况，帮助小汝玉解决生活中的困难。马汝玉身患重病却始终坚强而乐观，让一行人深感安慰。周家渡街道红十字会根据新区红十字会支出型贫困家庭器官移植救助项目，帮马汝玉向新区红十字会提出补助申请，使这个因病致贫的家庭得到红十字人道救助的关爱。

大爱没有边界，至善不着痕迹。2013年，浦东新区红十字会对2009年发布的《浦东新区红十字会关于进一步完善弱势群体救助办法》进行了补充规定，增加了对“支出性贫困家庭器官移植患者”的救助。对于政府目前还难以顾及、医保等难以覆盖的弱势群体，新区红十字会“支出性贫困家庭器官移植救助”的博爱阳光救助项目，挽救的不仅是患儿的生命，更关系一个个家庭的幸福，影响着整个社会文明，它将博爱通过红十字精神撒向人间，让世界因为红十字精神充满阳光。这项救助措施正好适用小汝玉，无疑对马汝玉这样的家庭而言，送去的不仅仅是救助款，更是温暖。

7月18日下午，浦东新区红十字会赈济救护部、周家渡街道红十字会工作人员、社区干部一行，上门看望马汝玉，代表新区红十字会为马汝玉送来了支出型贫困家庭器官移植补助款项5万元，以及公益热心人陈国民爱心救助的3000元。

尽管身体患疾，小汝玉却始终坚强而乐观，他的父亲马毅行对新区红十字会的同志表示："没想到自己家庭的不幸遭遇，得到这么多人的关心和帮助，还得到了新区红十字会领导的关怀，等孩子病好后，一定要让她好好学习，多参加公益活动，回报社会。"

目前，马汝玉已经度过了危险期，进入平稳期，可以正常地玩耍和学习，后续排异治疗期需要2年，祝福她早日恢复健康！

（周家渡街道红十字会）

为生命祝福

2010 年的一个阴雨天，由于地湿路滑，崔某在送报途中不慎跌倒在楼梯上，腰部受伤。屋漏偏遭连夜雨，在崔某看病期间，顺便带儿子到医院做了一个体检，意想不到的是竟然检查出 13 岁的儿子患上了再生障碍性贫血！这个噩耗对于崔某一家来说仿佛一声晴天霹雳，一家人顿时觉得天似乎都塌了。他们想不到，厄运为什么连连降临到他们一家，一家人终日以泪洗面。

或许，这就是生活吧，痛到极点，还必须强装笑容去面对。为挽救孩子的生命，4 年来，崔某不但花光了家里的所有积蓄，而且负债累累。但是对于他们来说，哪怕只有一丝一毫的希望，也不愿意放弃，毕竟孩子是他们身上的骨肉，一条活生生的生命，也不敢想象失去了听话懂事的儿子，对他们整个家庭意味着什么。

2014 年 2 月 16 日，崔某儿子用从女儿身上采集的干细胞做了第一次移植手术，可是 3 个月后，孩子体内的血小板和血红蛋白还是不能生长。医生告诉崔某一家，移植失败了，需要第二次移植。一家人一时又抱在一起痛哭流涕。

但是，不管现实有多么残酷，还是要固执地相信，这只是黎明前暂时的黑暗而已。好消息传来了，有好心人愿意捐献干细胞，只是需要家里准备 50 万左右的治疗费用。对崔某一家来说，这几乎是个天文数字。几年来，为了给儿子治病，他们几乎借遍了所有亲戚朋友，再加上儿子学校、爱人单位的一些爱心捐款，甚至还从别人那里拿了些高利贷，这才艰难地维持到现在。现在儿子每周的治疗费用都要四五千元，对他们来说都是无力承担的，可以说是到了山穷水尽的地步。

难道，人生真的不能尽情享受欢乐，而要长久承受沉重吗？崔某一家只能祈求社会伸出援助之手，医生说过二次手术至少还有 50% 的成功希望，他们在苦苦地等待着……

这天，三林镇红十字会了解到情况后，及时对崔某一家进行了帮助，并将情况向上级部门进行了汇报，希望能通过不同的地方和不同的渠道对他家进行最大限度的帮助。人间有爱处处真情，相信在不久的将来，小崔的病情就能好转，为他祝福吧，为生命祝福！

（三林镇红十字会）

民族同胞患重病　社区倾力来相助

王小树来自贵州，是从偏僻山村走出来的少数民族，从小没上过学。她的丈夫沈永良因患有精神病且长期服药，还要养活一个3岁的女儿，全家人靠沈永良一人的重残无业救助金艰难度日。在都市的繁华与生活的艰辛中，人生地不熟，举目无亲，她就如同一棵小树一样在风雨中挣扎。

2008年，王小树一家搬入凌桥二村一个多月后，丈夫沈永良精神病复发入院治疗，高昂的医药费使他们不堪重负，居委立刻伸出了援助之手，居委书记向镇领导反映，为王小树家争取到了1000元的补助。沈永良出院后，社区把他们家列为重点帮扶家庭，经常上门走访并帮助他们补办了结婚证书、户口及王小树的居住证等一系列证件。在居委的协助下，王小树也找到了一份工作，沈永良的病情也日渐稳定，一家人的生活有了好转。

但是好景不长，两年后，在一次妇科体检中，王小树不幸被诊断出宫颈癌，对于这个困难家庭而言，无疑是雪上加霜。王小树住院治疗期间，居委书记几次向镇领导汇报，在相关领导的重视下，高桥镇政府不仅为王小树报销了手术费，还予以1万多元的医药补助。

秉承"人道、博爱、奉献"的红十字精神，凌桥居委红十字小组组长带着红十字组员，又一次前往凌桥二村看望王小树，鼓励她树立生存下去的勇气和信心。王小树和家人对社区长久给予的关怀感动不已，她拉着工作人员的手，热泪盈眶，抽泣着说："感谢党！感谢政府！感谢居委！要是没有你们的帮助，我早就死了，这么多年来多亏了你们的照顾，你们比我的兄弟姐妹都要亲。"亲人，这两个字眼，胜过了人间的一切困境。亲人，是信心的基石，是力量的源泉。

原以为一切都会过去时，噩梦又一次降临到这个小家庭，在2013年的夏天，王小树的癌症复发了，这一次检查表明癌细胞已经扩散，医生也束手无策。在万般无奈之下，王小树再次来到居委求助，居委会一边为她联系医生进行咨询，一边向上级领导反映，恳请镇领导予以特殊帮助。同时派工作人员轮流上门看望，安抚沈永良的情绪以免他再受刺激。

人道真情博爱梦，无私奉献博爱行。几个月来，看着王小树的病情日益严重，居委也考虑到他们家以后的生活，沈永良和10岁的女儿都需要有人监护，对于后续的问题，红十字会志愿者们也在时刻关注着。

作为社区的红十字志愿者，把爱洒向人间，把温暖带给身边的人，才能营造出一个平凡而又无悔的人生。选择阳光，高山会拥有绿色；选择奉献，人人都会拥有辉煌灿烂的明天。因为拥有爱的人是快乐的，给予爱的人是幸福的，充满爱的世界是温馨的。

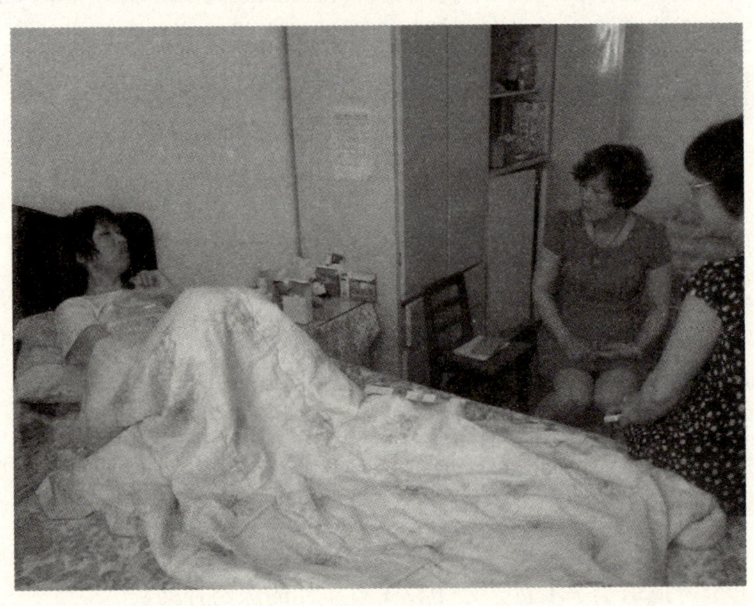

社区红十字志愿者探望王小树

（高桥镇红十字会）

融融的暖意，和生命同在

钱垚来自单亲家庭，母子俩相依为命，一路相互扶持着坚强地走过了无数的风风雨雨。钱垚心中一直有个声音，要好好地孝敬母亲……

2008 年，钱垚大学毕业后进入了一家知名的跨国企业，前途一片光明，令人羡慕，他心中的梦想近在咫尺。然而，天妒英才，不久他被查出患上了鼻癌。从此，他没了前途，没了梦想，没了孝敬母亲的最基本能力。唯一的前途，就是在他母亲的陪伴下，走上了一条治病求医的不归路。

2011 年 5 月，随着病情的恶化，癌细胞不断扩散并转移至全身骨头及淋巴；2012 年 8 月，癌细胞进一步扩散，开始向肝脏、肺部转移，胸部伴有积水，腹部以下严重水肿，失去了生活最基本的自理能力。

病痛让钱垚失去了原有的阳光和活力，但他依然坚强、充满着对生的渴望。在母亲面前，他依然保持着一份淡定，他对母亲承诺："妈妈，你放心，我不会抛下你一个人孤独地在这个世上，我会坚强地为你活下去的！"

钱垚的这一份心静如水，不仅是自己平心静气的显现，是自己直面病痛的信心，也是忘却自我的超然；这一份心静如水，并非像巨舰劈波斩浪似的勇往直前，而是犹如纹丝不动的潭水一样静谧安详地迎接人生的风雨，因为他心中最重要的是母亲。

"妈妈，你放心，我会坚强地为你活下去！"他的话刚一出口，母子俩抱头痛哭……

让钱垚活下去，活下去，健康地活下去，开心地活下去！为了这个唯一的希望，这些年钱垚的母亲——一个瘦弱的老人，艰难地担负起儿子的所有希望。她倾其所有，花光了积蓄，到处举债，生活相当之艰难，然而她从未放弃，她懂得生命的意义，就在于不抛弃、不放弃之间！当然，她在暗暗地祈求，祈求着上苍给钱垚一个奇迹！

康桥镇红十字会了解到钱垚和母亲的故事，在为母子俩的坚强感动之时，主动与钱垚母亲联系，上门慰问，实现帮困救助对接，积极上报爱心行动。同时，镇红十字会与镇计生办、救助所形成帮扶对接机制，启动专项帮困济困预案，竭尽全力想拉一把这个处于困境的家庭，用尽所有可能的帮困手段，希望点燃这个处在失望边缘的家庭一点希望，为他们带去这个社会融融的暖意。

2013 年 5 月 11 日，钱垚终告医治无效去世，康桥镇红十字会代表参加了钱垚的追思会。钱垚，一心想要孝顺母亲、不忍心母亲孤独生活的年轻人，带着他对母亲的承诺，带着对这个世界无限的依恋，带着来自社会满满的爱和关心，永远地离开了这个他曾热爱的世界，离开了他最爱的母亲。

虽然，来自红十字会的这份帮困扶助，对于钱垚家庭而言只是杯水车薪，最终也未能挽回钱垚的生命。但这一切，是红十字会保护人的生命和健康所付出的努力，是对一个家庭、对一条生命最起码的尊重和守望。而人世间融融的暖意，将永远和每一个生命同在！

（康桥镇红十字会）

为了让樱花更美丽

——记救助惠南镇陆楼村困难家庭实例

陶樱，一个女孩的名字，一个多么美丽的名字啊，让人联想到一片片樱花浪漫飞舞的画面……

陶樱一家住在惠南镇陆楼村 19 组，父亲陶卫明和母亲郁才妹都是农户，除种庄稼外无任何经济来源，家庭生活困难。

人生，宛若一望无际的荒漠，而人就如同荒漠之中的骆驼。荒漠不可能风和日丽，人也总会遇见忧愁，通往远方的路虽然充满希望，又总是崎岖不平。在走向绿洲的崎岖之路上，还总会有沙子灌进鞋子里，磨破你的脚，让你疲惫不堪……

1997 年 8 月，陶樱在中山医院检查时，发现患有肝豆状核变性疾病。也许他们能够平静地对待贫困，享有古人所说的那种“斜阳照墟落，穷巷牛羊归”的悠闲，可是他们怎么能够平心静气地承受女儿的病痛，而去享受大自然赐予的阳光和雨露呢？就算他们哀号老天爷的不公平，也算是情有可原啊！就算他们怒斥人世的艰辛，也算是黯然神伤的宣泄吧，毕竟女儿的病打破了一家人对生活的所有美好想象，顿时全家更是一片风雨之声。

经过几年的治疗，陶樱的病未见好转。无奈之下，医院于 2010 年 9 月 8 日对陶樱进行了活体辅助性肝移植手术，那是父亲陶卫明把自己的肝脏移植给了陶樱。这让人想到樱草花，据说樱草花的花语是“除你之外，别无他爱”，父母对子女的爱，既是捧在手心里怕化了，又何尝不是独一无二、举世无双的那种呢？除你之外，别无他爱，即使是献出自己的生命，也未尝不可……这是多么伟大的父亲，多么纯净的父爱！

手术共花去医药费 40 多万元，术后还需要支付每月 1.5 万元左右的治疗费。巨额的医疗费用，使这个原本一贫如洗的家庭雪上加霜，陷入了困境。

惠南镇红十字会得知情况后，及时给他们送去了温暖，送去了慰问金，并为他们上报了市红十字会的爱心行动项目，让全社会都来关心、关注陶樱一家。通过爱心行动网络平台传递的消息，共募集到了好心人的捐款15000多元，市红会及时将善款送到了陶樱手里，就像在风雨中送上一道阳光。

人说，真心使人快乐，善心使人美丽，爱心使人健康。目前，陶樱病情正在逐步恢复。为了感谢红十字会及社会爱心人士对他们的关心和帮助，2012年，陶樱的母亲郁才妹申请办理了遗体捐献登记，她要将自己的遗体捐献给祖国的医疗事业，以回报社会对他们的关心和帮助，这就是爱的传递！

人生如酒，饱含着酸甜苦辣；人生如歌，吟唱着悲喜交加；人生如藤，总结着几个苦涩的瓜；人生如路，怎能没有一段坑坑洼洼；人生如茶，会苦一阵子，但不会苦一辈子。阳光总在风雨后，风雨过后便是彩虹！愿爱的传递越来越绵延、无限，愿这朵可爱的樱花越来越健康、越来越美丽！

（惠南镇红十字会）

龙龙，抓住生的希望

——浦东新区红十字会救助白血病患儿裴文龙侧记

“小龙龙，叔叔阿姨来看你啦！”上海浦东新区，在裴洪磊一家暂时租住的居民房里，新区红十字会常务副会长丁超英笑盈盈地拉起2岁男孩裴文龙的手。

眼前这个剃光了头发、戴着口罩的孩子，曾经是爸爸妈妈眼里活泼可爱的“小龙龙”。如今，他却身患白血病，小小的身躯接受着一次又一次痛苦的化疗。

丁超英代表浦东新区红十字会向裴洪磊夫妇送上了社会爱心人士捐赠的30110元现金，用于孩子的医疗救治。

“谢谢！谢谢好心人，谢谢红十字会对我们孩子的救助！”夫妻俩哽咽着，接过钱的双手在微微颤抖。

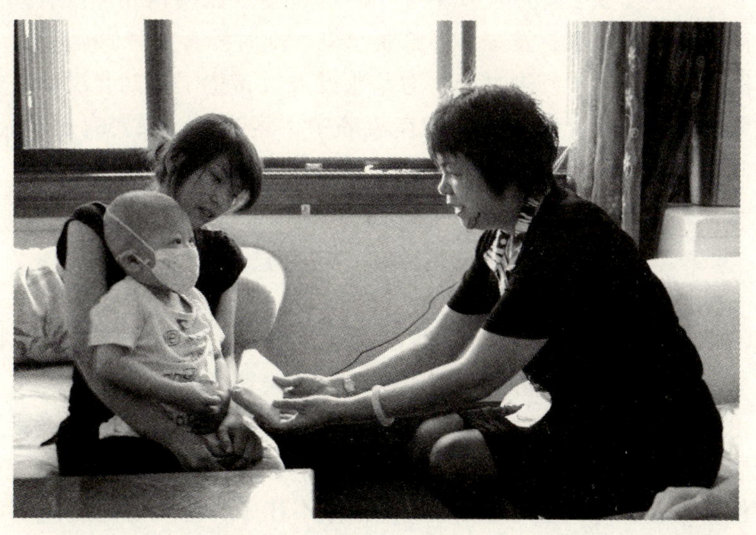

浦东新区红十字会常务副会长丁超英（右）为龙龙一家送上善款

幸福家庭遭遇晴天霹雳

2004年，裴洪磊从山东老家来到上海打拼，成为“新上海人”的一分子。结婚后，裴洪磊和妻子共同努力，在浦东新区航头镇开了一家小店，每个月除了给父母寄钱补贴家用之外，还攒下些积蓄。2008年，龙龙的诞生让这个小家庭的日子更似喝了蜜，欢声笑语萦绕着一家三口。

然而，上天却和这善良朴实的一家开了个天大的玩笑。2010年11月，龙龙开始反复高烧，身体的不适让他哭闹不止。随之，他的身上开始出现了出血点，身体也开始浮肿，夫妻俩急忙把他送到上海儿童医学中心。经诊断，龙龙竟然患上了急性淋巴细胞L1型白血病！

犹如晴天霹雳，夫妻俩怎么也不能相信这个事实。他们带着龙龙又跑了几家医院，却得到了同样的答复。

巨大的悲伤和无奈后，他们取出了所有的积蓄，又卖掉刚刚有些起色的小店，开始了漫长而又艰辛的求医之路。

2010年12月3日，龙龙正式住进儿童医学中心血液科。那时，他的白细胞已经上升到了197（正常人参考数值为4.0到10.0），血小板只有9（正常人参考数值为120到500）。全身肿胀的他完全没有办法动弹，同时还不断咳嗽、发烧，伴脑膜感染，随时都有生命危险。

医生几乎下达了判决书，认为龙龙没太大希望了，劝裴洪磊夫妇考虑放弃治疗。但是，裴洪磊夫妇在哀痛中下定决心：只要有一丝希望，即使倾家荡产，也要救儿子！

为了治愈的希望

治疗开始了。龙龙每天忍受着无尽的痛苦，骨穿、打针，几次下来，小手小脚上扎得连静脉都找不到，孩子哭到几乎哭不出声。

由于化疗的副作用，龙龙吃不下东西，还经常呕吐，浑身难受得根本无法躺在床上，始终死死地抱着爸爸。“第一个星期，我几乎一直在抱着他，站着也好，坐着也好。”实在撑不住了，他就趁龙龙睡着的时候在板凳上眯会儿。

不知是夫妻俩的诚意感动了上苍，还是医生创造了奇迹，龙龙最危险的第一个星期竟然安全渡过。医生笑了，说这孩子真坚强，根据小龙龙现在的情况，只要经过系统治疗，完全有希望治愈！夫妻俩犹如打了一针强心剂，欢喜得不知如何是好。

可是，这喜悦没延续多久，裴洪磊夫妻俩又遭到了当头一棒。

医生介绍，龙龙需要接受13次化疗，每次化疗费用在3万元至5万元左右，持续1年多，医药费大约需40万元至60万元。除了合作医疗可以报销的部分，裴家需要支付30万到50万元。

夫妻俩自己的钱仅仅坚持2个疗程就不够用了。为了给龙龙看病，外地打工的姑姑拿出了全部积蓄，原准备结婚的叔叔一再推迟婚期，本该安享天伦之乐的姥爷也去了工地上做工。可这些都还远远不够。

“龙龙的治疗效果很好，只要坚持下去，治愈的可能有80%至90%”，耳边始终回想着医生的话，心力交瘁的裴洪磊一时失足，竟从楼梯上摔了下去。

病魔无情人有情

走投无路的一家人只能向社会求助。在好心人的指点下，裴洪磊来到了航头镇红十字会。了解小龙龙的相关信息后，镇红十字会迅速向浦东新区红十字会汇报了情况，同时在镇上开展爱心募捐。

很快，由航头镇爱心企业捐赠的2000余元善款送到了裴洪磊夫妇手中。

但是小龙龙由于在山东老家出生，无法参加上海市少儿住院互助基金的救助。经浦东新区红十字会联系，市红十字会和市电视台联合举办的“爱心行动百姓救助项目”将小龙龙的不幸遭遇向广大市民进行了传播。

8月初的一天，一位爱心市民走进了浦东新区红十字会赈济救护部办公室，郑重掏出1000元钱。他说，他在电视上看到了小龙龙的遭遇，孩子还小，应该给他更多活下去的希望！

更多的爱心汇聚起来。很快，为小龙龙治病的专项捐款超过了3万元。为了不耽误孩子的治疗，浦东新区红十字会决定先将这部分“救命钱”转交到孩子父母手中。

“病魔无情人有情。红十字会将继续关注龙龙的病情，继续为他筹集善款。”丁超英鼓励着裴洪磊夫妻俩，“你们一定要照顾好孩子，坚持下去！”

（航头镇红十字会）

命运无情人有情　爱心捐助渡难关

一声惨叫从工地上传来，厄运就这样降临到新场镇果园村14组的杜黄凯小朋友身上。

那天是5月23日，杜黄凯在姨妈家建造房子的工地上玩耍，不慎被卷入卷扬机，腹股沟处撕裂，其中一条腿两处骨折，当场昏迷不醒。家人紧急把小黄凯送往南汇中心医院，医生说小黄凯的病情相当危急，建议将孩子转入上海儿童医学中心抢救。

来到上海儿童医学中心，经过医生5天的极力抢救，杜黄凯终于苏醒过来了，但是还要在重症监护病房内监护，就这么短短的几天时间，仅医疗费这个家庭就已花去了10多万元。

对于一个农村普通家庭来说，这笔费用无疑是一个重负，更何况治疗还在继续中，杜黄凯小朋友每天在医院的住院费、药费、治疗费等费用，成了家人心中最担心的事情。因为家中辛苦多年积攒下来的积蓄，已在这一场突如其来的意外中瞬间清零，他们对接下来的治疗完全陷入了迷茫之中，如何去承受这后期的大笔开销，让这个家庭一度陷入困境。

太阳的高尚，是把光明与月亮分享；月亮的睿智，是把余晖与星星共享。新场镇红十字会在得知这一消息后，立即向全镇广大居民发出倡议，号召大家献出自己的一份爱心，来拯救这个年幼的生命，拯救杜黄凯和他的家庭。一时间，人们纷纷踊跃捐款，6月9日下午，镇红十字会一行数人，带着广大居民的爱心捐款，赶赴上海儿童医学中心，看望杜黄凯及其家人。

杜黄凯的妈妈在接过送去的慰问金时，眼泪夺眶而出，一个劲儿地说："谢谢党和政府！谢谢红十字会！如果没有你们的及时帮助，我们真不知道该如何是好。"

红十字精神就是要发扬"人道、博爱、奉献"，来保护人的生命和健康。镇红十字会对杜黄凯小朋友的及时救助，是红十字会义不容辞的工作，相信红十字会将帮助更多需要帮助的人，让有需要的得到照顾，让哭泣的笑面人生，让寒冷的得到温暖……

人道的快乐，不在宣扬与热闹中，而在内心的宁静里；博爱的大道，不在花团锦簇中，而在平凡的追求里；奉献的境界，不在诗情画意中，而在宽广的胸襟里。有了这无数的奉献和大爱，生命才能继续迎向阳光，红十字的旗帜才能在阳光下飘扬得更为美丽、更为舒展。

（新场镇红十字会）

给我世界美好的样子

我叫赵君吉，今年 11 岁了，爸爸妈妈离婚后，我就跟着妈妈回到了外公外婆家居住。2013 年 7 月 4 日，外公外婆家中发生火灾，造成他们严重烧伤。有很多次，想着他们的痛，我都会偷偷掉眼泪。

外公龚龙兴，今年 56 岁，在村里担任河道保洁员，在这次无情的火灾中，医生说他的烧伤程度为48%，深 2 度烧伤。外婆朱惠芹，今年 54 岁，没有工作，在这次火灾中，烧伤程度为 7%，深 2 度烧伤。本来两人都住在瑞金医院治疗，由于家里实在无力承担医药费，伤势较轻的外婆被迫提前出院。外公伤势过重，现在还在住院治疗。外公外婆都很爱护我，总把好吃的留给我，看到他们如今被烧成这样，我很伤心很难过，原本硬朗的外公烧伤那么严重，我相信他一定很痛、很难受，而我却帮不了什么忙，更可悲的是，连他的医药费我们都付不起。

我们家原本就是困难家庭，平时只靠外公的 1000 块钱过日子，虽然他们省吃俭用，也仅有 1 万元的存款，这次的医疗费用大都是向亲戚朋友借来的。可是外公外婆后期的医疗费还是一笔巨款，长贫难顾，妈妈也不知道该怎么办了，总是抱着我默默流泪，我有时恨自己不能帮上什么忙，只能多做点家务，减轻妈妈的负担。

妈妈跟爸爸离婚后，再婚了，继父是湖北人，也没有正当职业，靠打零工度日。他们结婚后，又给我生了个小妹妹，妹妹现在还没满 1 岁，妈妈为了照顾妹妹，把原来的工作也辞了。外公外婆烧伤后，妈妈既要照顾年幼的妹妹，又要照顾外公外婆，身心疲惫。更可怕的是家里毫无经济来源，仅仅靠继父打临工养活我们一家，原本就生活困难的我们如今雪上加霜，外公外婆的医疗费用对我们来说根本就是一个天文数字，我们根本无力支付。

火灾发生后，新场镇红十字会的叔叔阿姨，及时赶到我们家，对火灾的具体情况进行了解，并送上了 2000 元的慰问金。谢谢红十字会第一时间对我们进行了帮助，他们送上的慰问金真是雪中送炭，使我们感受到了他们的关怀与温暖。

2013 年 9 月 26 日，浦东新区赈济救护部的焉永刚叔叔和蔡晓瑜阿姨又来看望我们，并送上了 10000 元的慰问金，同时鼓励我们一家人要增强战胜困难的信心，要有积极乐观的心态。感谢政府的关怀和帮助，感谢红十字会的人道关怀，我们一定能走出困难，开始新生活。

我在书上看到有人说，人的一生，不管你愿意不愿意，总有这样那样的事情发生，但是不管发生怎样的事，都要坚强面对，当这些事情发生时，你痛苦、悲伤，然而却会发现人世间还有很多的爱和善。家里发生火灾后，我突然开始懂得这句话了。红十字会的关爱，也让我看到了世界美好的样子。长大后，我也要做一个善良的人，做人不一定要轰轰烈烈，但一定要善良真诚，让世界更美好！

浦东新区红十字会工作人员向赵君吉家庭送上救助慰问金

（新场镇红十字会）

为了生命的深呼吸

卫俊文是唐镇虹四村二队的一名农民，今年只有 30 岁，可是无情的病魔已纠缠他 8 年了。

2005 年，年轻的卫俊文被医院宣布得了尿毒症，这个噩耗对他和他的家人犹如晴天霹雳。尿毒症的根治只能换肾，而在肾源找到之前，只有通过药物控制和血液透析进行治疗。

时间一年一年地过去了，肾源还没有找到。卫俊文的病却越来越严重，药物已不能维持，他只能开始血透治疗，最后发展到每星期都要进行血透。每周的血透治疗给卫俊文身体和精神带来巨大的折磨，且每年的医药费要花去 17 万左右，这对一个贫困家庭来说是一个天文数字。在他生病期间，他的母亲一直陪在他的身边照顾他，只靠父亲每月 2000 元左右的工资来维持生计，实在难以负担庞大的医疗费用。

人生最大的成就，就是从灾难中站起来，卫俊文一直顽强地坚持着、希望着、憧憬着。可是当看到父母为了他的医药费发愁、憔悴、苦涩时，卫俊文一度自暴自弃，想要放弃治疗，一了百了，不愿再拖累父母。

有时候，人总是想要放弃，并且说那是出自于爱的初衷。但其实，咬着牙坚持，才无愧于爱的关注和呵护。因为生命并非你一个人的，它牵系着无数人的幸福，所以说活着是一种责任，乐于尽活着的责任，是功德，也是一种修行。在父母苦口婆心地鼓励和安慰下，卫俊文得到了信心，愿意继续治疗下去，即使是疼痛，也愿意坚持着，和父母一起走下去。亲戚好友听到卫俊文病情，都纷纷伸出援助之手，拿出钱来给他治病，希望他早日康复。

2013 年 8 月 21 日，熬过一天又一天无望的日子，卫俊文一家接到了长征医院打来的电话，电话中通知他们已找到匹配的肾源，准备为他换肾，这对 8 年来备受尿毒症病痛折磨的卫俊文来说简直是喜从天降，全家人都喜极而泣。

卫俊文这几年生病中，村委给予了他们家庭多方面补助，年终还为他报销了医药费用的统筹金 20% 补助。得知他能换肾的消息后，村红十字会开展了为卫俊文献爱心募捐活动，在村领导的带领下，村行政人员也都积极伸出援助之手，共募得助困款 33100 元。拿到村里送来的这笔募捐钱，卫俊文的父亲声音颤抖："共产党好！村领导好！感谢村里多年来对我们全家的照顾与帮助。"还送上了一面写有"病魔无情人有情，危难之际见真情"的锦旗。

唐镇红十字会也为卫俊文向新区红十字会申请大病帮困补助，新区红十字会给予了卫俊文家庭 5 万元的医疗补助，大大减轻了医疗负担，也让他们充分感受到了红十字会的博爱情怀。

品德之于心地，其重要犹如食物之于身体；博爱之于生命，其重要犹如空气之于呼吸！有红十字会这样暖心的爱，才有那么多生命的深呼吸。

（唐镇红十字会）

红十字是一种阳光的“气候”

滚滚的浓烟，从牛肚村8组一户人家三楼的一间窗户里冒出来，如一条黑色的巨龙腾空而起，瞬间与夜色融为一体。

这是2012年6月8日晚上，牛肚村居民王琴芳的家发生了火灾。

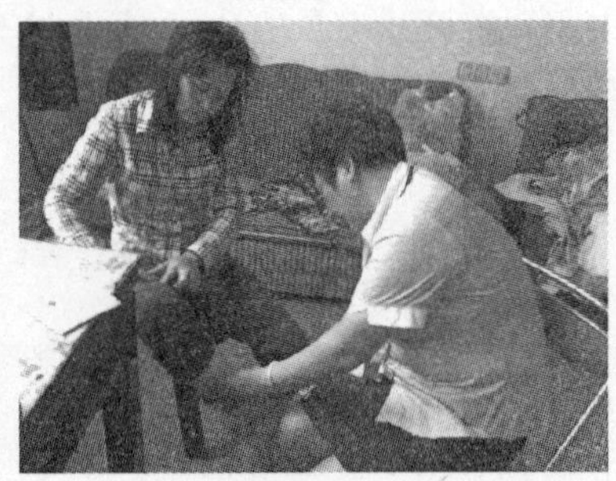

老港镇红十字会人员上门慰问受灾家庭

三年前，王琴芳患上了红斑狼疮，面部、颈部局部红斑，白天不能见日光，一到半夜膝盖以下犹如蚂蚁啃咬一般，万分难受，病痛的折磨让她生不如死。

病重的妻子，上大学的儿子，生活的重担全部压在了开出租车的丈夫身上，以他的收入维持着家庭日常生活。可是天有不测风云，一年前丈夫被查出患有甲状腺癌，虽经手术，但夫妻俩的医药费、儿子的学费压得他喘不过气。丈夫因劳累过度，出车经常擦擦碰碰，赚的钱大多赔在处理交通事故上。

现如今家里又遭火灾，虽经3辆救火消防车的全力扑救，但是漫天的火光还是将放于三楼的财产毁之一炬，损失巨大。望着烧得焦黑的房屋，王琴芳不禁泪如雨下。命运的不公、生活的磨难、病痛的折磨，使王琴芳对生活感到了无比的绝望。

只要有灾情的地方，就能看见红十字工作者活跃的身影。火灾发生后，牛肚村第一时间向镇红十字会汇报，镇红十字会秘书长立即带人赶到现场查看受灾情况，并送上 2000 元慰问金。

镇红十字会一行详细询问了王琴芳家的损失和她目前的病情，鼓励她振作精神，困难只是暂时的，要对生活充满希望，有什么困难党和政府、亲朋好友会尽力想办法帮助解决。连声的安慰，真情的鼓励，温暖了王琴芳的心，使她重新燃起了对生活的希望。

为了回报党和政府的关心，王琴芳当场提出捐献遗体，以帮助医学上对红斑狼疮发病原因的研究和科学治疗的探索，希望为医学事业做出一点贡献。

红十字精神的呵护，让爱的泉流生生不息……

2006 年，小东进被上海市儿童医学中心诊断为“白血病”。6 年来，老港镇红十字会一直牵挂着小东进的病情，多次在危急关头伸出援助之手，把生的希望和爱的接力不断延续下去。施美红会长平时工作十分繁忙，但对东进小朋友的情况十分关注，还主动与他帮扶结对，并多次到他家中送温暖，为他送上慰问金和慰问品。

哪里有灾情，红十字就出现在哪里；哪里有需要，红十字就走向哪里；哪里有困难，红十字就把爱的种子撒向哪里……红十字会工作者的身影从未停顿，因为他们知道身上的责任。

杨某是欣河村村民，身有残疾，妻子是一个老实的农村妇女，一家三口人靠着家里几亩田的微薄收入维持生计，生活比较拮据。杨某的女儿在读初中，在学校成绩优秀，但是由于家里经济困难，小杨每年的学费都会成为他家十分头疼的问题。正当他们一筹莫展之时，镇红十字会在第一时间上门及时为他们送去关爱慰问金，还叮嘱小杨无论如何都要把书念下去，并表示将帮助她申请助学金，以缓解他们家经济压力。

因为红十字，博爱和奉献的气息紧紧地环绕在周围，构成了一种阳光灿烂的“新气候”。

（老港镇红十字会）

拯救乙脑女孩　点亮博爱心灯

临时棚内，一辆三轮摩托车的木板上，正有一位奄奄一息处于昏迷状态的小女孩，可怜兮兮地躺在上面。

2007 年 7 月 26 日，周浦镇姚桥村 8 组发生一例乙型脑炎病例。接到区疾病控制中心防疫、消毒科的通知，周浦镇红十字会秘书长冯梅春同区疾控中心、医院防保科医务人员、除害站消杀人员，立即赶往现场，协调消杀蚊虫和接种疫苗工作。当走进来自河南信阳的种田户贾伟夫妇搭建的临时棚内，冯梅春等人发现了这位小女孩。

经询问，小女孩的母亲告知：小孩一岁半，两天前和姐姐同时发烧，到儿童医药中心治疗后，姐姐病情有所好转，小女孩疑似感染乙脑，被转送到市儿童医院确诊，需送往金山公共卫生中心治疗。家长询问医生，得知治疗需要 4 万元医药费，治愈后可能还留有后遗症。贾伟夫妇考虑到经济困难无力支付医疗费，小女孩又是家中第四个女儿，就将小女孩抱回临时棚内，放在木板上，准备放弃治疗。

冯梅春看到这情景，第一反应是先救人要紧，小女孩虽然已昏迷，但终究是一条生命。

经请示镇有关领导同意，冯梅春立即与区传染病医院联系，医药费由镇红十字会担保支付，先救人再结算。传染病医院院长得知有关情况后也非常重视，委派住院部杜主任组织医务人员成立抢救小组，开展抢救工作。联系好医院后，冯梅春又与区救护大队联系，呼叫 120 救护车，迅速将小女孩和家长送到传染病医院进行抢救，救护车费用也由冯梅春支付。

小孩住院期间，冯梅春牵挂的心一直悬着，每天都同传染病医院杜主任联系，询问病情。经医务人员精心治疗，小女孩的病情有所好转，第二天就已苏醒。杜主任坦言，如果再迟 2 小时送来，这小女孩就没救了。经过两个星期的治疗，小女孩乙脑治愈，身体也恢复健康。

出院这天，周浦镇红十字会联系车辆到医院接小女孩回家，镇红十字会还给家长送去了慰问金，家长感动得跪下来说：“你们是我孩子的救命恩人，感谢周浦镇红十字会工作人员。”

小女孩回家后，家长制作了“救命之恩，永生不忘”的锦旗，送到周浦镇红十字会表示感谢。南汇电视台对这次抢救乙脑小女孩的事迹进行了跟踪采访，在南汇新闻和新闻坊中播放，还被南汇区红十字会评为十佳感动事例。

人生的一切，并非命中注定，即使有磨难、病痛，但是总有人道之心，呵护着生命的成长。点亮心中那盏博爱的灯，就是凝聚智慧的火焰，就是燃烧无愧的生命；点亮心中那盏奉献的灯，春风与春光就将如影随形，在繁华的人世之中，永远保有那一份馨香，永远保有那一抹光明！

（周浦镇红十字会）

救 护

释放上海的温暖

在上海，来自五湖四海的人们，每天擦身而过的可能是成千上万的陌生人，每天发生的故事千奇百怪，每天讲的可能是几百种语言……然而，每个人内心都存在一种语言——渴望在生活的转角遇见爱。

2014 年 3 月，洋泾街道辖区某村的清洁工小禹的爱人小陈，因家中热水瓶突然爆裂，结果导致两腿大面积烫伤。一时，家庭成员着急慌张，不知所措，邻居们闻讯赶过来，大家一边安慰，一边帮忙打 120 急救车，乱作一团。

此时，人群中冒出一个镇定的声音，“大家不要慌不要乱，我在红十字会服务站学过现场急救知识，我马上叫服务站的救护队员一起来现场急救!”

没几分钟，服务站专职红十字会干部带着救护队领导来到禹家，见到小陈烫伤程度严重，就近的公利医院无法治疗，要他们去瑞金医院烫伤科就诊。由于路程较远，在 120 到来前，现场 3 名救护员机灵地用学到的救护烫伤应急处理方式，迅速将小陈紧贴皮肤的裤管剪开，并用冷水不断冰浸……

终于，120 救护车呼啸而来，医生一看，高度表扬救护队员的烫伤后处理非常正确、非常及时，否则，烫伤损害相对还要严重。现在，小陈的烫伤没有大碍，只需要在无菌室留院观察即可。

小禹一家每月收入不足 2000 元，小陈是外来务工人员，平时靠打散工贴补家用，家中又有一个 6 岁的小孩，加上小孩在学校的开支，生活十分拮据。小陈 800 多元的住院和治疗费，每次换药还需 300 多元，这对生活并不富裕的小禹一家无疑是一笔不小的开支，小禹感到心有余而力不足。

民生四村4号楼组长严阿姨平日热心公益，是小区红十字志愿者，得知小禹一家处在困难之中，自发地在小区内召集一些热心的居民举行募捐活动。在严阿姨带头下，大家纷纷捐款，两天时间就为小禹一家募得近4000元的捐款。“远亲不如近邻”，这时的邻居们成了小禹一家最亲的人，最值得信任的人。截至7月16日，各方募捐金额累计达5000多元，还有很多人正在加入募捐队伍。巨西红十字会的会员和社工们也都纷纷解囊相助，还派了社工代表买了慰问品上门探望小陈，并送上大家的捐助款。

在生活的转角处，他们遇见了关怀，遇见了无私的爱。

接过捐助款，小陈激动地说：“谢谢红十字会志愿者的帮助，谢谢大家对我关心，让我们感受到上海的温暖！”

这就是民生四村居民的爱心和凝聚力，这就是红十字会以及志愿者们身上体现的正能量，这就是上海这个国际大都市的真善美，这就是上海这个城市给予每一个人的温暖。这种爱和温暖的语言，如同东方大海那一朵朵浪花，将释放到更多的地方。

（洋泾街道红十字会）

救护技能　助人助己

——金桥镇救护实例

“爸爸，爸爸，你快来看看我厉害吗?”

7 月 24 日一大早，家住金浦居委的朱焱像往常一样准备吃好早餐去上班，听见女儿从卧房传来的声音，内心变得无比的甜蜜而又柔软——每天早晨，能听着女儿的声音去上班，晚上回家时，又能有女儿的迎接。朱焱觉得，人生的幸福不过如此，他的脸上顿时露出了一丝笑容。

小家伙正是上幼儿园的年纪，平时没有闲住的时候，此刻正在房里炫耀，让爸爸去看她的“特技”表演。

朱焱走到房门，往里瞄了一眼，看见小家伙正在大床、小床之间来回不断跳跃，一会儿双脚跳，一会儿跨栏式，不断地变化着姿势，就像一个身手矫健的体操运动员，正在蹦床上展示着她优美的姿势，轻盈的身姿。朱焱只觉得女儿的每一个动作都充满了艺术的美感!

由于小家伙经常做这种举动，几乎已经成了女儿每天必做的一个表演项目，朱焱也就没太在意，并没有到房间去看护着女儿，而是回到餐桌前，埋头于早餐。

朱焱一边吃着早餐，一边嘴里嘟哝着叮嘱：“小心点，别摔着啊!”

“哦，知道了，我不会摔跤的。”小家伙自信满满地回答道。

可是没过几分钟，房间里就传来孩子的一声大叫，哭声也紧接着伴随而来，朱焱第一反应是糟了，出事了，马上冲进房间查看。原来女儿不小心跳到了床的缝隙间，手臂砸在床沿，小家伙扶着左手直喊疼，眼里泪水满满，正哭得伤心。

朱焱感觉到心里一紧，仿佛是疼在自己的身上，一时有点乱了阵脚。必须平静下来，他告诫自己。朱焱是金浦居委红十字条线的干部，也是镇红十字救护队队员，经常进行现场急救技能训练，看到女儿的左前臂慢慢肿了起来，并有局部压痛，初步判定可能是骨折了。于是他连忙找出家中的红十字小急救包，取出三角巾，小心翼翼地帮女儿进行简单的骨折固定，处理好之后，马上打车前往医院就医。

医生看到小家伙左手的包扎，好奇地问："谁做的固定？还挺专业的嘛!"

朱焱不好意思地接口道："我包的，因为学过这方面的知识，所以在家中先处理了一下。"

医生连连点头称赞："做得很好，很到位。"本来学急救技能是为了能够帮人，没想到也帮到了自己的女儿，朱焱对红十字工作的意义又有了更深切的感受。最后经过拍片，确诊是左前臂骨折，医生帮女儿打上了石膏。

看着女儿的左手，朱焱若有所思，"幼吾幼以及人之幼"，他想现在正值暑期，孩子们都在家，暑期安全教育也是一项重要的工作，应该针对这个群体组织一次红十字救护培训，让孩子们学会如何应对突发事件。7月底，朱焱组织小区里的孩子们开展救护培训，并通过讲述亲身经历，让孩子们牢固树立"珍爱生命，安全第一"的意识，使孩子们度过一个快乐、安全的假期，也让红十字精神的种子扎根在年轻的心灵之中。

（金桥镇红十字会）

用我们的双手筑牢生命的长城

气道异物梗塞可以说是日常生活中最为常见的病症，尤其是老年人，体弱多病，神经系统功能减退，吞咽功能减退，吃东西时稍有不慎，就会造成气道异物梗塞。一旦有这种情况发生，如果不马上采取急救措施，后果不堪设想。

2013 年 4 月 2 日上午，浦东新区金口二居红十字服务站接到了金口路 471 弄 22 号 403 室的红十字志愿者的求救电话，说是该楼道 302 室 80 岁的居老伯在家中吃了一个青团后突然呼吸困难，情况危急。红十字救护员江轶听闻，连忙放下电话，赶快奔赴事发现场。只见老人表情十分痛苦，不停地咳嗽、喘息，呼吸困难，口唇、面色青紫，老人显得极度不适，虚弱。说来也巧，江轶刚刚参加了街道红十字会在 3 月份组织的救护员培训班，针对上述情况，对照学到的知识，确定老人是气道异物不完全梗塞。情况很紧急，不马上抢救会危及生命的。江轶立即对家属表明了自己红十字救护员身份，学过应急救护培训，可以在 120 急救人员到来之前，使用简单易行的清除气道异物梗塞的救命技术为老人解除病痛。在征得家属同意后，她马上将急救培训学到的清除气道异物梗塞技能——海姆立克手法用在老人身上，采取了上腹部冲击法进行急救。此时老人的意识还未完全丧失，但不能自己站立，江轶让其老伴和同去的同事帮忙扶住老人，让其弯腰，头部前倾，她则站在老人背后以双臂环绕其腰部，在老人脐上二横指处，一手握拳，另一手紧握此拳快速向内向上冲击，连续 6 次。由于老人体型稍偏胖，作用不明显，江轶又采用压胸法，连续做了好几次，前后用了 5 分钟的时间，老人终于渐渐把堵在气道中的青团一点一点吐了出来，并吐出了大量的胃液，面色也渐渐红润。最终老人成功获救，老人的家属万分感谢，待救护车赶到，大家把老人移交给了医护人员。老人的儿子激动地对江轶说："多亏有了你，有了红十字会的救命技术，才挽救了我父亲的生命。"

这例气道异物梗塞抢救成功的实例，告诉我们发生意外事件时必须在第一时间、第一地点、作为第一反应人在现场进行及时、先进、有效的救护是多么的重要，而及时有效的救护，必须要求现场救护员掌握相关急救技能，运用学到的现场急救知识，在最危急时刻做出迅速有效的急救措施，挽救他人生命。

多一份知识，多一份技能，也就多一份生存的能力，学习急救技能是一项重要而又有意义的事情。掌握正确心肺复苏、常见急症和意外伤害处置以及止血、包扎、固定和搬运等技能，对于社区工作、生活安全、志愿服务而言意义非凡。

（金杨新村街道红十字会）

撑起生命的保护伞

在生活中，虽然生死攸关的意外伤害很少发生，但是难免遇到碰擦摔跤引起的出血、骨折等突发状况。红十字会全面开展的现场应急救护技能培训，在关键时候就能学以致用，为自己和他人的生命健康撑起一把保护伞。

2013 年 9 月 22 日，社区居民闵妹群在家不慎滑倒，手腕撑在地上，疼痛难忍，慌乱中她想到求助自己的侄女闵燕华。闵燕华是南码头路街道卫生计生办的工作人员，2009 年参加红十字会应急初级救护初训，2010 年加入街道红十字救护队，先后多次参加新区组织的急救竞赛，是名不折不扣的优秀救护员。闵燕华问明情况后便拿起家中的救护包，赶到姑妈家中。经过初步判断，闵燕华发现姑妈手腕处疑似骨骼错位，并有肿胀现象，有强烈的触痛感，患处没有出血现象。根据以前学到的急救知识，初步判断为疑似闭合性骨折。姑妈问她可否将错位的手腕复位，闵燕华说自己在救护培训课上学过，这种情况不能贸然进行复位，容易引起进一步的伤害，应该先进行简单的固定后马上送医院检查治疗。于是她打电话叫来了家人，让他们联系救护车。同时为了缓解姑妈的疼痛，她用毛巾先将伤处包起来，然后就地取材，按照伤员前臂关节长度，用报纸折成简易夹板，用两条三角巾进行固定，再用一块三角巾做大悬吊，将伤肢固定在胸口处。待救护车到达后，她将伤员护送至浦东仁济医院检查，经过医院拍片，医生诊断为手腕骨折，需要手术，后经治疗，伤者康复出院。

这个案例中，救护员闵燕华充分运用了平时在红十字会组织的各类培训活动中所学的急救技能，关键时刻帮助了身边的人，及时院前急救、及时制止错误处理措施，为进一步诊治创造了良好条件。案例也反映了每一个学过救护的人员都应该不断地巩固自己所学的救护知识，不断地训练自我的救护操作技能，才能在突发现场对各类伤害做正确处理。案例也展现了浦东新区红十字会应急救护培训的成果，展现了南码头路街道红十字会日常应急救护培训工作的严谨。我们将在街道辖区的每一个角落不断普及应急救护技能，不断完善社区救护体系，为更多的居民撑起一把生命的保护伞！

（南码头路街道红十字会）

把握急救的黄金时间

——浦兴路街道初级急救救护案例侧记

2013 年 7 月 18 日下午 4 时，浦东新区浦兴路街道巨峰家苑 24 号楼道里突然传出一阵哭喊声。住户龚芳兰抱着小外甥，急匆匆地奔出楼道门，一路求救："快救救我家宝宝!"

邻居们迅速围了上来，只见小孩已经昏迷，并伴有抽搐。大家急中生智，立即想到街道红十字会曾经开展过的急救培训，其中就有对心跳呼吸骤停的急救方法！大家立即分工，有的拨打 120 电话，有的做好安置工作，有的立即对孩子进行心肺复苏，轮流为小孩做胸外心脏按压，并教孩子的外公用手指伸进其嘴里取出唾液等异物，捏住孩子的鼻子开始口对口人工呼吸。

终于，孩子在救护车到来之前苏醒了。黄金时间的竭力救护挽救了他幼小的生命。

现场急救源于战地救护，是红十字事业起步的根源，现场急救的意义在于第一时间能够维持病患的生命，减轻和稳定伤情，为尽快送医赢得宝贵的时间。而把更多的应急救护知识传授给他人，把学到的救护技能用于帮助他人，这是红十字救护技能"授人以渔"的最佳体现，也是"人道、博爱、奉献"红十字精神的传播。让现场救护走出医院，让院前急救更有实效，让更多的社区居民懂得急救、参与急救，才能更好地守护我们和谐、平安的家园。

（浦兴路街道红十字会）

人人动手学包扎　邻里互助见真情

为让更多的群众了解和掌握基本的自救、互救知识和技能，传播尊重生命、关爱健康的红十字人道理念，提高社区群众在突发灾害、意外事件和危重病发生时的应急能力，潍坊新村街道红十字会始终注重加强红十字救护培训工作，对各项救护培训工作做到精心筹划、积极协调、认真组织、顺利举办。

潍坊新村街道泉东一小区的居民们刚接受了红十字急救培训，就派上了大用场。

2013 年夏天的一个傍晚，小区 10 号楼传来了呼救声。一位居民不慎从楼梯口摔下，头部大量出血！面对不断冒出的鲜血，家里人慌了神。邻居们听到呼救声后，也纷纷跑来帮忙。幸运的是，其中恰好有几位居民参加过红十字急救培训。经过迅速而简要的商议，他们各自分工，立即为伤者实施应急救护。有人用毛巾按住他头部压迫止血，并进行包扎，有人拨打 120 急救电话，还有人去小区门口等待救护车引路。

救护车呼啸而来，邻居们又协助将受伤的居民送往医院进行专业的急救治疗。

经过医生的治疗后，伤者的伤情得到了控制。医生问陪护的家属："现在情况基本稳定。头部伤口较大，但得到了很及时的止血措施，是不是现场有医生帮助急救了呀?"在了解到邻居们的急救措施后，医生不禁感慨："要好好感谢你们的好邻居，要不是他们把握了急救的黄金时间，后果将不堪设想。"

就这样，红十字救护技能救人一命的感人故事传开了，社区的居民都说红十字应急救护培训办得好，能学到真本领，关键时刻能救人性命，希望以后能多多举办这样的培训。大家都踊跃参加，多学习知识、多掌握技能。

从这个事例体现了做好群众性应急救护技能普及的必要性和重要性，必须积极提倡"一人参与全家会；十人参与全楼学；百人参与全小区知”，逐步形成“学一传百”，人人参与、知晓的良好局面。红十字救护培训是一项系统性工程，所教的知识和技能不可能一下子全学会，要经过操练、体会、运用才能熟练掌握。因此，在社区家庭内以一人培训、全家操练、共同提高来扩大参与面。通过一系列的宣传措施使救护培训宣传入户，营造良好的社会氛围，不仅提高了救护培训在广大群众中的知晓率，也激发了群众对救护培训的参与度，同时也保障了救护培训工作的深入开展。

不断熟知和掌握是保证基础，循序渐进才是赢得时间，细水长流方能直达永恒。救护培训工作是个绵长而艰巨的工程，每一个红会人必将用谦卑和严谨的态度，以创新和进步的力量来扎实推进我们的救护培训工作。相信通过我们的不断努力，群众性应急救护技能的整体水平一定会踏上一个新的台阶。

（潍坊新村街道红十字会）

“我学过急救知识，我要救人”

生命系于千钧一发，赢得时间就意味着留住生命。近年来，随着红十字现场应急救护培训的深入普及，社区居民的应急救护知识得到了进一步强化，自救互救的能力显著提升。面对意外突发事件，在120专业医务人员未到达之前，受过红十字现场急救培训的人员利用自己掌握的应急救护技能，立足现场，争分夺秒，为抢救危重伤员赢得了救命的黄金时间，受到了社区居民的好评。

2009年7月3日晚上11点，卜蜂莲花超市浦东汶水店的人事部经理朱乐旻在家中准备就寝，突然听到小花园内传来“嘭”的一声巨响，继而听到“有人掉下楼了”的呼喊声，住在一楼的她第一时间拿起急救包冲出了门。

只见住在他们四楼患有老年痴呆的一位七旬老伯直挺挺地躺在一楼的花坛中，朱乐旻一面呼叫自己的母亲帮忙拨打“120”，一面朝老伯奔去。到了老伯身边，她一边高喊“老伯、老伯”，一边触摸其颈动脉。所幸，当时就感觉到老伯有脉搏跳动并有反应，但是老伯头部却流血不止。原来，老伯头部裂开了一个2寸左右的口子！

朱乐旻立刻使用直接压迫和指压止血对老伯进行了对症处理，并用新区红十字会下发的急救包中的敷料、三角巾对老伯进行了头部包扎。当救护车赶到现场时，车上的救援人员对她竖起了大拇指：“你一定是经过专门培训的。”“是的，我接受过红十字救护的专门培训。”朱乐旻也十分自豪。原来，卜蜂莲花超市的领导对红十字救护培训十分重视，要求员工们都要参加培训，提高应对突发事件的自救、互救能力。作为门店人事部经理的朱乐旻，带头参加了浦东新区塘桥街道组织的红十字救护培训。

“如果在以前发生类似的情况，我可能只会当一个旁观者。”回想起这次救人事件，朱乐旻感慨颇深，“可这次听到外面的呼叫，我第一反应就是我学过急救知识，我要救人。”

（塘桥街道红十字会）

“女儿，妈妈来救你”

家住浦东新区周家渡街道齐河五居的红十字志愿者丁雪珍，曾多次参加街道举办的红十字应急救护培训，没想到这一技能在关键时刻救了女儿一命。

事情发生在 2014 年 4 月 9 日，丁雪珍的女儿在家里突发心脏病。“之前毫无症状，发作起来甚是吓人。她脸色煞白，说心慌，心悸。”应急救护，时间就是生命。丁雪珍说，一看女儿这样的情景，她马上联想到了在红十字救护培训课上，老师讲授的心肺复苏课程，她让女儿深深地吸一口气，再用力地、长长地咳嗽，每间隔大约两秒钟，做一次吸、一次咳。

她一边叫老公打 120 急救电话，告知女儿危重情况，并去小区门口迎接救护车；一边安抚女儿，给女儿解开束紧的衣领，解开裤腰带，并立即测量血压。“当时，我女儿血压升高 170/100，心跳加速，有 100 多下。”

20 分钟后，救护车到达，急救医生说：“你们懂得应急救护的常识，处理及时，否则会影响到生命安危。”经医院临床诊断，丁雪珍女儿是先天性心脏 II 孔型缺失，需要做心脏修补手术。术后，女儿身体恢复良好。

“这是红十字会初级现场急救技能培训带给我们全家福音的回报。”丁雪珍说，“真心感谢街道红十字会的应急救护培训，使我遇到突发事件时候能把学到的应急知识和技能用于自救中！”

丁雪珍也由衷地表达了对红十字救护培训工作的赞赏，希望红十字应急救护培训能够在社区里、邻里间更广泛地宣传和普及，让更多的人掌握救人自救的生命技能！

（周家渡街道红十字会）

一名居委干部的“现场急救之旅”

王福全是陆家嘴街道荣成居委的一名干部，9 月 5 日，他和家人一起随同上海春秋旅行社旅游团去四川九寨沟度假。黄龙是九寨沟的著名景点，海拔 4200 米，登高眺望，远处风景尽收眼底。凡到了黄龙景点的游客，都想登上黄龙观赏四处的风景。

可是，对于患有高血压、心脏不好的游客，就不适宜爬山登高。旅行途中，当地的导游也特意提醒游客，黄龙地处海拔较高地区，是缺氧的地方，一定要量力而行，以防意外事件的发生。

游完黄龙上车准备回旅馆，王福全正闭目养神，稍加休息。发车时分，导游突然发现团队中少了一位游客。焦急等待过程中，一名五十多岁的中年男子正急匆匆地往这个方向跑来，快上车了，突然一下砰然倒地，昏了过去。

“有人摔倒了，好像不行了，快来救人哪！”车上游客大声叫唤了起来。王福全张开双眼一看，只见那位中年男子鼻子流血，脸皮摔破，躺在地上不省人事。他立马起身跟随导游和几名游客一起下了车，来到他身边。多次唤他不醒，推推他身子也没有反应。在大家束手无策时，王福全用手指放在他鼻子前探了探，没有呼吸；同时号了下他的手脉，真糟糕，脉搏也没有。他赶紧说，大家帮忙抬到路边，需要急救！

王福全立即用在街道红十字会所学的急救技能，对那中年男子进行胸外心脏按压和人工呼吸。经过五六分钟的心肺复苏急救后，这位昏过去的游客慢慢地睁开了眼睛，说了句“我在啥地方呀?”这时，大家才松了口气。后来，这名游客对王福全千恩万谢，感谢他的救命之恩。

王福全作为居委干部，是陆家嘴街道红十字会培训的第一批初级救护员。当时参加培训，他只当是完成任务而已。万万没有想到，在这关键时刻、紧要关头，还真派上了大用场，使他的这次“九寨沟黄龙之旅”变成了一次成功的“现场急救之旅”。

（陆家嘴街道红十字会）

救护技能救老人一命

事情发生在2012年5月26日早上7点03分，正值浦东新区祝桥镇光明敬老院内四号楼交接班。

护理员张林妹、叶国英、顾桂珍三人在楼道内工作。其中，叶国英正在喂长期卧床老人周美娟吃饭，食物是食堂发放的粥和蛋白以及腐乳。喂完后，叶国英正要走出门口，只听到屋内周美娟的老伴陆海荣大声疾呼“美娟！美娟!”

叶国英回头一看，只见周美娟老人面色苍白，已不省人事。糟了，老人气管梗塞了！

叶国英马上跑到床边，同时高声呼喊同事张林妹过来帮忙。叶国英回想起不久前院内培训刚学到的气管梗塞急救法，立即采用腹部冲击法对老人展开急救。张林妹到现场后，采用头低足高位，使用背部叩击法帮助急救。

此时，顾桂珍叫来了医护室的张玉兰医生。大家一齐动手，把老人抬到地上。叶国英立即把老人的头部偏向一侧，用勺子把遗留在口腔内的食物挖了出来。接着张玉兰双膝跪在地上，骑跨在老人大腿两侧，采用腹部冲击法五六次，只听到老人咽喉部有一冲击声，随即发出了声音，皮肤也逐渐转红润。老人呼吸建立了，心跳恢复正常，终于安全得救。

这一事件也给了祝桥镇光明敬老院领导以启发。该院院长和镇红十字会达成意向，由镇红十字会的救护师资每年为护理人员进行上、下半年各一次讲课，护理员的急救技能成绩直接和工资与奖金挂钩，形成机制，确保院内的老人在第一时间得到救护。“以前遇到这种突发事件，护理人员往往不知该如何是好。有了救护培训的长效机制，护理人员一改培训前的手足无措，也为入院老人们的生命健康多了一份保障。”

（祝桥镇红十字会）

关键时刻显身手　急救知识挽救落水青年

近年来，浦东新区红十字会始终致力于推广普及群众性初级急救知识，把开展群众急救知识培训作为每年的工作重点，力求提升社区居民在生命遭遇伤害的紧急情况下的自救互救能力。养兵千日，用兵一时。近日，唐镇居民在遇到突发情况时，充分发挥了所学急救知识，挽回了一条生命。

2013 年 4 月 10 日下午，唐镇暮二工作站 4 名队员潘国安、梅国祥、卫兰洲、何海权巡逻至浦东运河时，听到有人急促大喊："救命，快来人啊，有人落水啦……" 4 人循声而去，在事发地点看到河道中央漂浮着一个人，已无明显挣扎迹象，生命垂危！潘国安、梅国祥两人连衣服都来不及脱就毫不犹豫地跳入河中，合力托着男子往岸边游去。岸上的卫兰洲、何海权两名队员号召围观群众手挽手组成"人链绳索"，将 3 人一起拖到岸上。面对呼吸、心跳停止的落水青年，队员们利用红十字会救护培训课程上学到的溺水救护知识，及时给予控水，清除口鼻腔淤泥，现场一名学习过急救知识的群众也挺身而出，立即进行心肺复苏急救处理。几分钟的抢救后，青年终于有了呼吸。随后到达的 120、110 及派出所民警将这名男子送往浦东新区人民医院救治。

救人后，4 名队员及急救志愿者默默地离开了现场。他们以自己的实际行动弘扬了见义勇为的精神，也让应急救护知识的重要性更深入人心。周围的群众为 4 人的英勇行为纷纷叫好，也对急救技术产生了浓厚兴趣，"这是救人的本事啊，太实用了，有机会我们也去学。"

（唐镇红十字会）

路遇事故　援手相助

——记浦东新区新场镇救护实例

2013 年 8 月 12 日上午 9 时许，新场镇康新公路坦仁路路口发生交通事故，一辆电瓶车在正常绿灯通行的过程中被抢灯的面包车撞到，骑车的老人应声倒地，叫苦不迭。

新场镇救护培训资深师资、救护员顾安安因工作正巧路经此地，目睹事件发生，马上实施基础救护。她凭借救护员培训时掌握的知识，第一时间上前检查老人伤口，在目睹老人头部右侧有明显出血伤后，马上采用指压止血法按住老人的颞动脉，并寻求路人帮助拨打 120 救护电话。街角的如海超市也热心地提供了 2 条干净的毛巾，1 块小方巾。只见顾安安把小方巾折叠好后轻轻地放在老人伤口处，又把 2 条毛巾打结连接在一起，在确保小方巾不移位的前提下，用毛巾环绕老人头部进行包扎固定。一系列动作完成后，她询问了老人的体感状态，希望以此了解这次摔伤是否还有未可见的患处，在与老人的交流中，她感到老人精神状态良好，意识清楚，身体暂无其他不适症状。

120 急救车赶到后，检视了老人头部的包扎情况，对顾安安如此热心且无误的救助表示感谢。老人的家人得知村里有这么一个好姑娘在第一时间伸出援手，也多次向村里反映，希望这样的好人好事能多多宣传。

将初级急救救护培训作为一项长期工作来抓，抓细抓严抓实，将红十字理念融入生命健康教育，这是红十字人共同的奋斗目标。随着知识的积累，能够在需要的时候伸出援助之手，保护他人和自己，将是救护培训工作的最大成效。

（新场镇红十字会）

科学施救　安保生命

2014 年 5 月 30 日晚 8：30 左右，村民谢菊芳忽听得一声巨响，原来是村民黄彬彬驾驶一辆轿车连人带车一同冲进了河里。谢菊芳见状，立即大声呼喊附近村民参与施救。闻讯而来的村民纷纷赶到现场，两个退伍军人立马跳入河中，敲碎车窗将落水者拉出来，村民们帮忙将她扶上岸，平放在干燥的毛毯上。新场镇资深救护师资顾安安及时赶到现场，随即召唤周围群众拨打 120，自己则轻拍黄彬彬的双肩，并在耳朵两侧高声呼喊，经判断黄彬彬仍存有意识及心跳呼吸，但极度微弱。顾安安又迅速检查伤者身上是否有致命伤口，火速清除伤者口腔、鼻腔、耳部的淤泥杂草。经过细致检查，发现伤者十分虚弱的原因就是出现了明显的气道不完全阻塞现象，必须立即进行控水和气道异物梗塞处理。

顾安安立即在现场找来学过救护的村民帮忙。自己则一腿跪地一腿屈膝，村民们将溺水者腹部置于屈膝的大腿上，使其头部下垂，然后利用救护培训课程上所学到的不完全异物梗阻的处理方法对其进行施救，将气道内的水和淤泥排出。

伤者黄彬彬在大家的合力救援下，及时排尽了气道内的异物，渐渐睁开眼睛，稍加休息后能开口说话了。虽然情况稳定下来，但顾安安并没有离开，而是继续观察伤者的生命体征状况，观察胸廓的起伏，防止心搏骤停发生。待 120 急救车赶到时，把自己先前的施救措施和现场情况对医生进行了详细说明和交接，使其充分准确地掌握情况。

发生在眼前的真实事例，让群众了解了红十字会开展救护培训活动的目的和意义，也明白了掌握每一项救护技能在关键时刻是能救命的，大家纷纷表示要主动报名参加培训，做到科学救护，保障生命安全。

（新场镇红十字会）

开学典礼上的一场“虚惊”

2007 年暑假期间，浦东新区红十字会组织了 146 名中学、职技校的卫生保健老师和部分学校的德育分管领导，进行现场初级急救知识和技能的强化培训。上海市三林中学红十字会的詹玖玲老师是此次培训强化班的一员。

2007 年 9 月 3 号上午 7 点 30 分，三林中学在操场上正举行开学典礼。10 分钟后，高三（4）班的吴培勇同学在自己班级的队列中突然晕倒，直挺挺地往前倒下，周围的同学呼之不应，乱了手脚。詹玖玲老师当时正站在教师队列里，她马上意识到，这种突然昏厥可能有生命危险，一边跑过去，一边大声叫喊：“不能背起来，立即平放在地上。”

孩子面色苍白，意识丧失。詹玖玲老师蹲下检查，呼吸没有了，脉搏摸不到，情况非常危急。她一边叫人快打 120 电话，一边立即做心肺复苏急救。

抓住这分秒必争的时间，给孩子做胸外按压和口对口人工呼吸，旁边还有一位体育老师协助她把病孩仰头举颏位，开通气道，捏紧鼻子口对口地吹气，吹一口气放松鼻子、吹第二口气又捏紧鼻子，人工胸外按压心脏，依次轮换。

3 分钟后，这名男孩开始有了自主呼吸和呻吟声，颈动脉搏动恢复，但是仍神志不清、烦躁不安、四肢痉挛。

30 分钟后，120 急救车才赶到，原来那天上南路堵车。三林中学的校长张伟回想起当时的情景，非常感慨。如果那天，没有会现场初级急救技术的老师在场，后果将不堪设想，同时他也深刻体会到，红十字会现场急救培训应纳入学生的生命教育之中，真正实现人人学急救，急救为人人。

（三林中学红十字会）

志愿服务

“化作春泥更护花”

——记浦东新区周家渡社区遗体捐献志愿者戎宏之

家住浦东周家渡社区的市民戎宏之有一个普通却不平凡的家庭。1997 年至今，戎宏之一家从父母到兄弟姐妹，乃至配偶、配偶的父母，共计有 13 人相继办理了遗体捐献手续。其中戎宏之的父母、叔叔，以及姐姐的公婆，5 位长辈已经驾鹤西去，实现了心愿。

戎宏之与家人在青浦福寿园红十字遗体捐献纪念碑前合影

有人夸他们是“奉献之星”，有人称他们是“博爱家庭”，戎宏之却说，他们只是想把从父辈那里继承的“接力棒”生生不息地传递下去，为人类的医学事业尽一丝绵薄之力。遗体捐献者没有墓地、墓碑，他们的生命本身却成了人类医学的基石。因为奉献，生命以另一种方式永久延续。

医学世家耳濡目染

戎宏之的爷爷戎肇敏生于 1887 年，年轻时看到当时百姓生计困难，多灾多病，本着治病救人之心，自费前往国外留学，获得医学博士学位。学成归国后，戎肇敏在北京开办私人诊所，随后又到上海跑马厅任外科医生，是民国时期有名的医师。戎宏之的父母年轻时便跟着爷爷学医，来到上海后，父亲戎镇远在一家大型国企当医生，母亲靳安庸则进入上海医科大学从事组织胚胎学的研究，人体解剖、大脑切片、标本制作都是母亲的日常工作。

戎宏之至今还记得儿时暑假到母亲单位时的场景。走廊里弥漫的消毒水味，架子上整齐的人体标本，大大小小，瓶瓶罐罐，都是母亲辛苦工作的结晶。得闲时，母亲会带着戎宏之在学校里四处转转，如数家珍般教她认识每一个标本。

那时遗体捐献少之又少，医学院科研素材数量有限，几家医科大学只能轮流分配。戎宏之说："那时候虽然年幼无知，但我知道妈妈在做一件了不起的事。"

父亲母亲的最后心愿

或许是医学世家的耳濡目染，对于生老病死，戎宏之和哥哥姐姐们似乎从小就比同龄人更豁达。然而 1997 年，当年过七旬的父母突然提出想办理遗体捐献时，六个兄弟姐妹的心头依然被悲伤所笼罩。

"说不难过是不可能的。"遗体捐献需要家属签字同意，戎宏之至今还记得，哥哥在为父母签署遗体捐献文件时泣不成声，双手不住地颤抖，几乎无法下笔。

起初，戎宏之和哥哥姐姐担心父母是怕麻烦他们才做这样的决定，"我们六个从小在父母身边长大，和他们的感情不是语言能够形容的。想到父母身后什么都留不下，心里总不是滋味。"最终是母亲靳安庸的一番话让他们战胜了悲伤："我和你们爸爸这一生既平凡又渺小，如果在生命的最后还能为人类的未来做出一点贡献，那就是我们的心愿。"

了解了两位老人的真实意愿，戎家兄弟姐妹决定，父母在世时要加倍孝顺，珍惜和他们在一起的时光，死后则尊重两位老人的心愿，将心中浓浓的不舍化作深深的敬佩。

“你们走了，我们来了”

2000 年 12 月，戎宏之的父亲戎镇远过世。五年后，母亲靳安庸也与世长辞。“落红不是无情物，化作春泥更护花”，两位老人的遗体被双双捐献给复旦大学上海医学院，用于医疗科研。没有盛大的送别，告别式在医学院里一间朴素，甚至略显简陋的小房间内举行；没有单独的墓穴，他们的名字和数以千计的遗体捐献者一起，铭刻在青浦福寿园的集体纪念碑上。

母亲去世那年，长期在美国生活的二哥赶回上海奔丧。告别式上，二哥的一句话让戎宏之至今记忆犹新，“爸妈，你们走了，我们来了。”

兄弟姐妹六人久别重逢，时隔多年终于聚在了一起。料理完母亲的丧事，他们围在饭桌边吃饭，这时三哥提议：“爸爸妈妈已经完成了他们的遗愿，我们是否也像他们一样，将这份大爱接力下去。”这一次，没有丝毫犹豫，六人齐齐同意。2006 年 3 月，戎宏之和哥哥姐姐们拿到了写有自己名字的捐献证书。

欣慰的是，对于他们的决定，整个家族，包括他们的子女、配偶和配偶的父母都支持并理解。不仅如此，大嫂、大姐夫得知此事后也主动提出加入。

另一种方式寄托哀思

每逢清明，万千家庭出城踏青扫墓，而戎宏之一家则有特别的祭奠方式，登录上海市红十字遗体（角膜）捐献者网上纪念园，进行网上祭扫。

“您和爹爹都好吗，您们相依相伴搀扶着走过了一年又一年，又一同迎来了 2013 年的中秋节，送上您们喜欢吃的月饼，中秋节快乐!”“今天是大年初一，我给您们包了点饺子，祝爹爹妈妈新年快乐。”“最近天冷了，你们一定要多穿点衣服，小心着凉。”……每当逢年过节时，每当思念父母时，戎宏之和哥哥姐姐们便会登录网站，为父母网上献花、祭扫，寄托哀思。“生活的趣事、城市的变化我也会留言和父母说，就像依偎在他们身边说悄悄话一样。”戎宏之说，“爸爸妈妈一直都活在我心里，不管用什么方式缅怀他们，亲情的感觉都不会变。”戎宏之的二哥常年不在国内，几个哥哥姐姐年纪渐长腿脚不灵便，网上祭扫不仅不受时间、地域的限制，家人的心灵也有了寄托。

更让戎宏之一家感到欣慰的是，社会上还有许多人没有忘记像父母这样无私奉献的志愿者。每年3月1日是上海市遗体捐献纪念日。那一天，全市各大医学院校的大学生从四面八方赶来，聚集到青浦福寿园，为遗体捐献者们献花祈福，向他们表达敬意。学生们列队站在纪念碑前，举起右手，庄严宣誓，大声说出奉献医学事业的决心。

“看到这些学医的后辈，我感到很欣慰，父母的心愿一定能实现。”戎宏之说，即便没有私家墓地，但每年有这么多人来看望父母，他们一点都不孤单。“就算有一天我们都不在了，还会有人去看望他们。”

生命因奉献而永恒

在周家渡街道社区，戎宏之一家的故事不胫而走。与戎宏之相熟的邻居老太太听说她办理了遗体捐献，很感动，也萌生这样的想法。起初老人的家人们并不同意，戎宏之鼓励她与家人坦诚沟通，打消他们的疑虑。最终老人获得了家人的谅解和支持，在戎宏之的帮助下，老人在街道成功办理了捐献手续。

戎宏之说，周围的朋友虽然都很敬佩她，但能付诸行动的仍旧是少数，绝大部分阻力还是源于家人的反对。“全体埋葬，入土为安”，是中国人一贯的传统观念，遗体捐献让很多人在感情上、道义上都难以接受。然而戎宏之却觉得，遗体捐献一方面可以减轻子女的负担，帮助节约土地资源，更重要的是能够促进全人类医疗事业的发展，等于把更多生的机会留给了后人。

2013年，上海市共办理遗体捐献登记1666人，角膜捐献登记725人；遗体捐献实现617人，角膜捐献实现27人。虽然数量已较以往有所上升，但仍不能完全满足医学教学、科研及角膜移植的需求。戎宏之说，她和家人希望以自己的行动，号召更多的人加入遗体捐献队伍中来，“生死轮回，赤条条来去本身就该无牵无挂。人死了之后，身体对本人来说已没有意义，若身后还能为社会为人类做贡献，那等于是把自己的生命延续了下去。”

（周家渡街道红十字会）

相信爱的力量

——记祝桥镇社区重度失智困难老人护理用品配送志愿者吴志芳

2011年的一个双休日，吴志芳去祝桥镇高永村办点事，正巧遇上村里正在举办老年介护知识培训班，并招募专门为重度失智困难老人护理用品配送的志愿者。眼看时间还早，她就静下心来听讲座。居家养老为社会减轻了不少负担，同样社会也应该有所回报，这个项目就是一个利民惠民的好政策，于是吴志芳当即提笔就填写了申请表，从而成为一名光荣的红十字志愿者。每月，吴志芳都会按时上门探望卧床不起的失智老人杨引南，“奶奶，你身体好些了吗？我又来看你了”，并为她送上护理用品。在高永村这样的家庭现在有3户，这个关怀项目让她与这些老人结下了不解之缘。

一位卧床不起的失智老人，每月数百元的护理用品，对于经济困难的家庭而言是一个沉重的负担。失智老人项目开展以来，吴志芳已经先后经手了30余名重度失智困难老人，为他们上门配送过护理用品，这对于困难家庭而言无疑是雪中送炭，为这些家庭减轻了经济上的压力，同时也将政府的温暖送到了关怀对象的家中。

有人说，当一棵树不再炫耀自己叶繁枝茂，而是深深扎根泥土时，它才真正地拥有深度。两年来，吴志芳积极投身志愿者服务工作，深深地扎根于最基层的每一片土壤，深感内心的每一个细胞都在“人道、博爱、奉献”的红十字光芒照耀之中，而人生的价值也在付出之中得到了成就。

还有人说，赠人玫瑰，手有余香。想要拥有更多可予赠人的玫瑰花，就必须种下更多的玫瑰树！要把政府的人道关怀送到有需要的人手中，首先要求志愿者把这项实事工程宣传到千家万户，让更多的村民了解护理用品的申请条件和程序；其次要做好人道服务工作，上门发放护理用品、组织家属介护培训，认真当好“服务员”的角色，为失智老人家庭提供力所能及的关怀和帮助。

如今的吴志芳对该项目志愿服务工作已经熟门熟路，但刚接手的时候还真没少出状况。一次，村里郁伯龙的哥哥来为他的智障弟弟申请护理用品，吴志芳来到郁伯龙的家中了解情况。这是一间简易的彩钢棚搭建的房子，一进屋满目狼藉，臭味弥漫整个房间，只看见一个人残缺的身体面墙跪坐着。也许是她的到来惊扰了他，那人突然“啊”的一声尖叫，当即把她吓坏了，也跟着“啊”的一声，跑出了屋子……

吴志芳给困难老人配送护理用品

吴志芳收拾好心情，再次走进郁伯龙的家里，看着他那残缺的身体，心里十分难过，虽然他还未到60岁的申请要求，吴志芳依然竭力争取，把他们家的情况向村里干部做了详细汇报。终于，老人的境遇得到了上级的同情和理解，破例通过了郁伯龙的申请。

每个申请护理用品的家庭背后都有一个不幸的故事，吴志芳总想着用自己的力量，为他们减轻一点点的负担。杨引南今年71岁，老两口一直过着清贫的生活。2013年10月，杨引南突发脑梗，神志不清，从此卧床不起。老人虽然有3个子女，但一个儿子是低保户、一个儿子身有残疾、女儿在家务农，生活都十分拮据。两个老人拿着低微的农保退休金，每月生活开支之余，实在没有多余的钱购买护理用品，家门口经常晒满了湿臭的被褥。她的老伴骑着一辆自行车过来找吴志芳提出申请，得知需要提交申请材料的时候，又乱了阵脚，没了方向。吴志芳放下手边的工作，一路开车陪同他辗转到银行、医院，办妥了所有申请手续，杨引南的申请批复很快下来了，这如同一场及时雨，解决了这家人的燃眉之急。

世界上最无价的东西是人心，要赢得别人的心，只有拿自己的心去交换。在高永村，吴志芳深刻感受到村民的要求其实很简单，他们心地非常善良，感情更是特别朴实。帮他们做点事，哪怕只是一件小事，他们都会时常挂在嘴上，放在心里，对政府也有很多感激，红十字工作也在村里形成了良好的口碑。

作为一名红十字志愿者，吴志芳一直觉得，必须拥有“博爱”的正能量。这个世界上，哪个人不渴望爱，哪颗心不需要爱，哪个生命可以没有爱？虽然吴志芳服务的爷爷奶奶无法和她正常地交流，但她相信他们的心里能感受到温暖；虽然自己的努力也许无法挽救他们的生命，但是能让他们的晚年活得更有尊严。今后，吴志芳将继续坚守在农村基层，坚守在红十字志愿者的岗位上，与千千万万的志愿者一起，用爱温暖失智困难老人家庭！

她始终相信爱的力量，因为拥有爱的人是快乐的，给予爱的人是幸福的，充满爱的世界是温馨的。

（祝桥镇红十字会）

“凡是人，皆须爱”

——记金杨新村街道红十字募捐箱管理志愿者徐颖慧

你留心过公共场所设置的红十字募捐箱吗？它们是人们付出爱心的一个角落，它们是城市里一道明亮的公益风景线……

2007 年 11 月 14 日，一篇《1.6 万元“压箱底”捐款出自谁手》的报道在《新民晚报》头版头条刊出。这笔捐款就来自金杨社区云山路农工商超市的红十字募捐箱，5 只鼓鼓的信封里分别装着一叠人民币，加起来共有 1.6 万元！不知名的好心人把每笔捐款的用途一一写在便笺上，落款都是“上海一居民”。一只粉红色信封和一只蓝色信封上指定“转赠给中华上海骨髓库”，另两只蓝色信封的便笺上指定“转赠给报纸上刊登的许君辉、许佩琳义父女俩支配使用”。

不久，浦东新区红十字会工作人员和《新民晚报》记者驱车数百公里，把 8000 元指定捐款送到了义务开办“希望学校”的许家父女手上，浦东新区红十字会也为学校捐出 2000 元和 30 只新书包。这个“上海一居民”虽然一直未曾露面，但他默默奉献的爱心感动了整个上海，也带动了更多群众自愿加入红十字募捐的行列中。

2012 年，徐颖慧从沈阳来上海生活刚满 4 年，听到这个故事，这位上海居民的爱心深深地感染了她，于是，她毅然地向街道红十字会提出申请，光荣地当上了一名社区红十字募捐箱管理志愿者。回顾这些年来的志愿服务历程，她常说：“我从内心深处感谢有这样的一个机会，让我得以步入红十字这个神圣的阵地，把爱心和耐心挥洒在红十字志愿服务的岗位上……”

作为一名志愿者，她踊跃参加了浦东新区红十字会举办的培训班，学习志愿服务的工作要领。社区红十字公共募捐箱由浦东新区红十字会统一设置，新区、街镇、设置方三方共同管理，街道辖区内基层服务站募捐箱有 43 个，公共募捐箱有 6 个，其中 2 个设在超市，3 个设在银行，还有 1 个属于街道流动箱，这些都是徐颖慧的服务对象。红十字募捐箱体积虽小，却承载着无数爱心人士沉甸甸的大爱，一角两角、三元五元的零钱看似微不足道，但点点滴滴积累起来，也能汇成巨大公益力量。它默默无语，却昭示了“人道、博爱、奉献”精神的真正内涵。它的每一分善款都凝结着捐款人的爱心、信任和重托，管理志愿者有责任保证捐款人的爱心不被伤害，有义务确保善款的安全妥当，这是使命使然，更是责任所系。

徐颖慧志愿服务掠影

爱心事业是关乎生命、关乎民心、关乎社会和谐与稳定的崇高事业。为了把募捐箱打造成公众信任和放心的“爱心箱”，徐颖慧严格遵守“一箱一卡一登记”制度，坚持透明和公开的原则，认真按照募捐箱管理制度开箱，清点钱款、缴交、入账，保证这些爱心善款的用处和流向清清楚楚，明明白白。作为募捐箱的一名管理志愿者，她悉心呵护好募捐箱，燃起群众的募捐热情。

近年来，有些放在超市里的募捐箱常被垃圾充斥，从而遭遇到尴尬处境。这些丢进募捐箱里的垃圾是对爱的淡漠，更是对他人爱心的不尊重，处理不好就可能影响到红十字会的信誉。譬如，金桥百安居超市，周边外籍人士居多，如果募捐箱有垃圾被拍到，照片放到网上，必定会造成很坏的影响。于是，每个月徐颖慧就多去几次，勤跑，勤查，还利用节假日随机查看，随时掌握情况，和设置单位勤沟通，杜绝管理上的漏洞。在与设置单位的日常沟通中，获悉了他们提出募捐箱的设计要增加安全性等建议。她立即向新区红十字会反映，并得到了快速回应，及时更换了统一定制的募捐箱，既保证了募捐款的安全，又维护了红十字募捐箱的严肃性，将红十字精神真正融入居民群众日常生活之中，让老百姓对红十字会的口碑不断提升。

“凡是人，皆须爱。”徐颖慧说自己会一直坚持下去，踏踏实实做好一名红十字志愿者，认认真真守好每一只红十字募捐箱。这是徐颖慧的信仰，是支撑她精神世界的力量之源。她把这种坚定的信念，全心全意投入到红十字“人道，博爱，奉献”的阳光大道上。

（金杨新村街道红十字会）

为心灵构筑一片阳光港湾

——记浦东新区“心灵港湾”志愿者孙喜蓉

俗话常说：管事容易，管人难；管人容易，管心难！因为心是万物之本，如果没有把心灵这个根本管理好，人生当然也就难以圆满了。在这快节奏的现代社会，心理问题越来越成为困扰现代人的一个顽疾。一些社会弱势群体中，更是常见偏执、自卑、多疑、消沉、孤僻、攻击性等心理问题。这些心理问题如果得不到及时疏导，可能会引发一系列的家庭悲剧或社会不和谐事件。

例如2013年6月7日的厦门公交车纵火案，犯罪嫌疑人陈水总因生活不如意，悲观厌世，泄愤纵火，事故造成数十人伤亡。2014年以来，杭州、广州等地的公交车相继遭遇人为纵火。这些纵火案嫌疑人或者因遭遇不公对待，或者遇到一时挫折，于是迁怒社会，殃及无辜，这是一个何其令人痛心的现象。这说明，个案的心理阴霾有可能转化为整个社会的悲痛。因此，对弱势群体提供及时、有效的危机干预和心理援助，使其走出心理泥沼，成为精神卫生工作者义不容辞的责任。

2011年7月28日，浦东新区红十字会引领风气之先，联合新区精神卫生中心，成立了“心灵港湾”志愿服务工作室和心理热线，孙喜蓉作为精神卫生中心的副院长，担任了“心灵港湾”志愿者服务队队长，服务队还包括6名具有高级职称的心理咨询专家，10余位具有专业资格的心理咨询工作者。志愿者每周一次到工作室参加现场心理咨询，每周一、三晚5：30—7：30通过呼叫转移的方式开通心理热线，将人道关爱向人们的心灵进一步延伸，视人如己，将心比心。

“心灵港湾”工作室并非医院，援助对象也不是病人，心理咨询师更重要的身份是志愿者，工作室和心灵热线主要体现的是红十字特色，围绕着“心灵港湾、为您解忧”这一工作目标，努力为需要帮助的人群解心事、解难事，提高心理辅导工作的便捷性、针对性、实效性及感染力，保护人的生命和健康。开通热线以来，孙喜蓉已接听热线近千人次，工作室接待咨询近百人次，为职业妇女、学生家长、职业青年等群体提供了各类心理咨询服务。当年轻白领面对工作压力难以适应而引起焦虑、失眠，当年轻父母面对孩子的网络成瘾现象或学习成绩下降而焦急万分，当婚恋、家庭、婆媳关系出现问题时，她总是张开双耳倾听，为人们指点迷津。

孙喜蓉与浦东新区红十字会“心灵港湾”志愿服务工作室工作人员合影

一个人的成就，不是以金钱衡量，而是一生中善待过多少人，有多少人想着你。生意人的账簿记录收入与支出，两数相减，就是盈利。人生的账簿记录爱与被爱，两数相加，就是成就。

三年来，孙喜蓉策划并开展了多项主题实践活动，对每个人都怀着一颗好心、一个好愿，在志愿服务的点点滴滴当中，秉承“人道、博爱、奉献”的红十字精神，按本色做人，按角色办事。

以浦东新区志愿者家园网站为阵地，她开设了“职业女性的修养”“职业女性如何面对社会竞争”等心理保健论坛，为职业妇女提供心理卫生服务；

以浦东新区少年宫为阵地，她又开设了“战胜考试焦虑”的心理保健讲坛，为中小学学生们减轻学习心理压力，帮助学生及时进入最佳的备考状态；

以“世界卫生日”“世界精神卫生宣传日”为阵地，她组织开展“身心健康、幸福一生”的大型义务咨询和精神卫生知识宣传活动。

作为志愿服务队的队长，孙喜蓉走进上南中学、三林中学，为新区青少年的心理健康挥洒阳光；走进三林警署、消防部队，开设绿色谈心屋，为部队官兵的心理调节打开舒压阀门；走进三林镇敬老院，为孤老们送上温暖……

拥有一颗美丽心灵的她，把爱的浪花抛洒在浦东新区的每一片土地上。

在一个人面对挫折和困境，被寒言冷语包围的时候，一句关怀、呵护或鼓励的话，就像一团燃烧的火，给人以温暖，能点燃人内心深处的自信和自尊；一句点拨、抚慰和欣赏的话，就像一盏指路的灯，让人在黑暗中看到前路的光明，从而冲破阴霾和迷雾，走出困境。孙喜蓉充分发挥心理卫生服务的专业能力，在未来的日子里，将进一步设计和策划心理健康教育类的主题实践活动，运用各种咨询、教育措施，不断提高职业人群尤其是职业女性的心理素质，为更多有需求的人群搭建一个“避风港”，为那些焦虑的心，构筑一片阳光的港湾，让更多人的人生天地变得明亮而开阔。

（浦东新区精神卫生中心）

奉献·生命之歌

——记浦东新区上钢新村街道遗体捐献志愿者尹伊

“落红不是无情物，化作春泥更护花”。遗体捐献被誉为人生最后的奉献，在尹伊眼里，它就像花朵的事业一样美丽。

1998 年，尹伊正值 45 岁，在经济改革大浪潮中退休，提前离开了工作岗位，成为一名普通的退休工人。提前退休下岗的她，精神极度失落。这时，上钢新村街道红十字会正在招募红十字志愿者，并在街道社区里张贴了招募公告。当听到这则消息，尹伊主动走进红十字会的大门，申请加入了志愿者的行列。

2003 年的一天，尹伊以红十字志愿者的身份，陪同小区遗体捐献志愿者侯妈妈，参加上海广播电台在上钢新村街道召开的遗体捐献志愿者座谈会，聆听一个个志愿者的发言，他们情真意切的表达、自愿把遗体交给医学事业的心声，深深地打动了她。当场，尹伊就表示愿意参加他们的队伍，之后很快就填写了表格。

回到家中，需要家属签字时，遇到了麻烦，尹伊的爱人不做解释、也不签字。原来，他不愿违背自己爱人的初衷，但又不舍得、不愿意为她签字。最后，还是女儿的全力支持，让尹伊如愿以偿，参加了角膜、遗体双捐献的登记。

但是，旧文化、旧事物、旧传统不可能轻易退出历史舞台。中国人“入土为安”的观念至今还是根深蒂固的，对于遗体捐献大多数人还难以接受。尹伊登记角膜、遗体捐赠的消息传到北京，她的老母亲很不理解，说：“我们回族可以土葬，你做这个决定，身后怎么安置?”幸亏姐姐理解尹伊，经常在母亲面前讲移风易俗的道理，讲遗体捐献为医学事业服务的好处。功夫不负有心人，母亲终于被说服了。

当时身边还有许多不理解的话语，有的说，好好的一个人，身后连全尸都不保，还要让医生摆弄，太吓人了；有的说，你们回族允许土葬多好，还搞什么遗体捐献……这让尹伊感到移风易俗谈何容易啊。尹伊以前知青下乡到黑龙江时曾经做过医生，一次，有个医生给病人做手术时突然大叫一声跑出来，她感到很奇怪，原来医生做手术时有些地方不明白，只好找来一本解剖医学书，一边看书，一边做手术，那件事让尹伊深感人体解剖对医学的重要性，大约当时心中隐隐约约已埋下了一颗种子。报名捐献角膜和遗体登记后，她心中就更坚定了念想——变无用为有用，成全后人！只要自己坚定了，风言风语就无立足之地了。

后来，尹伊回北京探亲，同母亲提起此事，母亲感叹道："想想人这一辈子，眼睛一闭，就过去了，遗体捐献等于让自己的一部分又复活了，也没什么不好……"母亲的理解，让她觉得甚是欣慰。

就这样，尹伊终于达成了自己的心愿，成为一名遗体捐献志愿者。但是，作为一名红十字志愿者的她，并没有就此停歇。她认为，自己的力量是渺小的，能够汇集大家的力量，才是更加重要的。

尹伊在世博园国际红十字与红新月世博馆前留影

2004 年时，浦南文化馆的一位诗人，到上钢群文科搜集遗体捐献的素材，写了一首朗诵诗《生命的延续》。作为素材原型之一，尹伊成为这首诗的朗诵者，在浦东新区做精神文明巡演十余场。每次朗诵时，当写有遗体捐献志愿者签名的展板推到舞台中央，台下都报以热烈掌声，站在台上的她，内心的激动久久难以平复。也就在这一年，尹伊正式被批准加入中国共产党，她觉得自己浑身充满了力量。

法国有一位作家说过："要撒播阳光到别人心中，总得自己心中有阳光。”遗体捐献登记的不仅仅是一份声明，它也承载着生者对身后事的承诺，为生命的延续献出了一份特殊的礼物。今天她站在这里，不仅仅代表着尹伊一个人，更代表着上钢新村街道遗体捐献联谊会的各位志愿者。作为联谊会委员之一，尹伊义不容辞地向身边人宣传遗体捐献的知识，在她的带动、宣传下，一位又一位上钢的居民加入了遗体捐献者的行列，联谊会的成员也从最初的几十人，发展到现在约 300 人。如今，联谊会的很多志愿者常常挂在嘴边的一句话是：“如果能用遗体换得另一个人的生命健康，这多有价值!”

这是上钢新村街道、浦东新区乃至上海市遗体捐献正能量的一个美好象征，红十字“人道、博爱、奉献”的精神也已经深深地浸进上钢新村街道的每一寸土地。

每年 3 月，在红十字会的统一组织下，尹伊会带着街道里的遗体捐献志愿者去上海福寿园。园内，青松翠柏，氛围庄严，站在那座写满遗体捐献人的纪念碑前，神圣感充溢在四周。在那里，她感觉自己看到了一个方向，坚定了一种信仰，肩负起了一个神圣的使命。回来后尹伊跟女儿说：“以后妈妈走了，你要纪念妈妈，就到纪念碑前献一束鲜花就可以了……”

尹伊的心态一直很开朗，也很阳光。她认为，不光要在身后做有意义的事，今生也要活得洒脱轻松，真正做到我志愿、我快乐。活着发挥余热，身后做出奉献，那么一定能活出一个精彩人生，活出一曲壮美的生命之歌!

（上钢新村街道红十字会）

先拿自己“练手” 再为老人服务

——记浦东新区老港镇红十字志愿者朱美英

在浦东新区老港镇红十字服务总站，一本公开放置的工作日志上密密麻麻写满了感谢的话语。“为了掌握站里大大小小康复器械的使用，朱大姐在自己身上做实验。”一位村民留言。

村民屡屡提及的“朱大姐”，就是老港镇红十字志愿者朱美英。

80 多位老人的“女儿”

朱美英今年 54 岁，自 2012 年老港镇红十字服务总站启用至今，一直在站里做志愿服务工作。

朱美英为老人服务

老港镇地处东海之滨，经济基础较薄弱，村民的生活水平相对较低，特困户、低保户等弱势群体也比较多。老港镇红十字会服务总站建立后，每天都有很多老人汇集在这里。有的坐轮椅，有的拄拐杖，有的由家人护送，老人们上午来，下午回，在站里开展各种健康康复训练，颐养天年。

老人们习惯早起，朱美英就提前来开门，打开各种康复设备，做好准备工作。

老人们喜欢干净，一进活动室，看到地面整洁、窗明几亮，大小物件摆放整齐，心里既高兴，又心疼朱美英。

“地面已经很干净了，不要扫了。”老人说。朱美英一笑：“家里怎么打扫的，这里就要怎么打扫。”

活动室进出人员多，有些人脚上带着泥土就踩进来，朱美英一句埋怨都没有，总是脏了就扫，有时一天要扫好几次。会议室、洗手间等边角旮旯，朱美英也要打扫得干干净净。

每周 7 天，朱美英有 6 天是在老港镇红十字服务总站做志愿服务，两年多来，风雨无阻，从未间断。

今年 2 月，朱美英的父亲患脑溢血，瘫痪在床。作为女儿，朱美英有许多事情要做，但服务站里的事，她也从未落下。

为了不辜负 80 多位老人的期许，她毅然挑起两副担子，白天为服务站的老人服务，中午和晚上为父亲服务。

“父亲已经走了。”说起老父亲，朱美英眼圈泛红。“没能多陪陪老人家，心里总是觉得有些愧疚。”

老人的救命恩人

2014 年 7 月 12 日上午，空巢老人罗应龙在家里不慎撞得头破血流，可是自己却不以为然，大概是基于一种习惯，糊里糊涂来到老港镇红十字服务总站接受护理。

正巧，朱美英的女儿也在总站当小志愿者，她发现了老爷爷头上的血迹，并告诉自己的妈妈：“妈妈、妈妈，快来看啊，老爷爷头上流血了。”

朱美英当即拿出血压仪进行检测，不测不知道，一测吓一跳，眼前这位老人的下压只有 40，心跳也只有 40，顿时觉得事态严重。随即，朱美英迅速飞奔出门，快跑到离总站不远的老人家中，叫上老人的家人，驱车将老人送到浦东医院实施重症监护。经过几个小时的抢救，总算把老人从死亡线上抢救回来，并安装了心搏器。

后来，医生告诉老人的儿子：“要不是朱美英动作快，哪怕我有天大的本事，也束手无策。”

因此，朱美英成为了这位老人的救命恩人。

在自己身上“练手”

活动室有7种康复治疗器械，各有用途，比如微电脑治疗仪，可以通过对人体各个穴位的按摩起到保健作用，但操作方法很难掌握，朱美英和经常来这里的老人都不会使用。

为了用好这些康复医疗器械，朱美英自学常见疾病治疗指南，对人体47个部位的各个穴位进行研究，并在自己身上实验，拿不准的就记下来，再询问专业医务人员。

如今，一些简单病情，朱美英已经能够快速找准穴位，娴熟地为患者做电疗。

为了掌握血糖仪的操作，朱美英拿自己做实验，在手指上扎针、取血，掌握了操作方法后，再为居民测量。有人问她疼不疼，她笑道：“就像被蚊子叮了一下，不用大惊小怪。”

站里有位老人，既不是志愿者，也不做理疗，而是有空就找朱美英聊天。

老人名叫方金根，是当地一位孤寡老人。一直以来，朱美英都把他当作亲人般照顾，家里烧了什么小菜，总要带点给老人尝尝；看老人衣服破旧了，就从家里带些衣服给他穿。

“朱老师是我遇到的最好的人。”方金根老人说。

（老港镇红十字会）

让爱为生命守望

我叫郁春雷，是来自浦东新区书院社区卫生服务中心的一名药剂师，也是一位3岁孩子的母亲。2006年大学毕业以来，我在西药房工作已有8年，被医院评为“窗口服务明星”，还被记大功一次，我常常跟人开玩笑说打了8年抗战，点点滴滴，感触很深。在这8年里，我在药房窗口的这边，一个个病人或者病人家属，在药房窗口的那一边，脸上或是焦虑，或是痛苦，或是刚刚擦过的泪痕……他们常常让我感受到，如果说生命是脆弱的，那么世界上最遥远的距离或许并不是生与死，而可能是病痛与健康。我妈妈生我的时候，家里希望是个男孩，所以早早给我起了个名字叫春雷，我沐浴在春天一样温暖的爱里成长，因为母亲身体一直不太好，我立志考入上海医药职工大学，2008年又考入华东理工大学继续教育学院药学专业。工作后，我常常希望自己除了服务病人安全有效用药之余，还能递上自信的微笑，递上迎接挑战的希望或信念。

2009年7月，浦东新区红十字会在书院镇举办造血干细胞血样采集活动，我和十几位同事一起报名参加，成为一名造血干细胞捐献志愿者。其实大学的时候，就一直想参与红十字工作，有时看到电视里面小孩子得白血病，看到那些孩子受到病魔的折磨，就会很心疼，很揪心。

2013年的一天，红十字会找到了我，告诉我与一名9岁的白血病患者配型成功，问我是否愿意捐献造血干细胞。尽管也有点担心自己，但自从报名那天起，我已做好了随时捐献的准备，能够在十万分之一的极小概率中去拯救一个生命，这不仅仅是一个承诺，更是一份坚定的责任。我想在我平凡的人生中，这应该算得上是一件最有意义的事情了。

当然一开始，我也与许多人一样对捐献有无负面影响存在过顾虑，便和爱人在网上查找了大量关于造血干细胞移植手术的资料，来增加自己的自信心。在那段时间里，爱人的鼓励和支持给了我莫大的精神动力，健康快乐的宝贝也成为我关爱另一个孩子的精神支柱，我怕耽误造血细胞移植的最佳时机，一边工作，一边锻炼身体，积极做好捐献的准备。当家人和朋友担心我身体的时候，我总对他们说：“作为一名孩子的母亲，深深感受和体会到一位母亲的心情，孩子就是父母的希望和一切，我愿意为这位年仅 9 岁的白血病孩子和他的父母点燃重新生存的希望。”

2013 年 4 月 16 日，我进行了造血干细胞临床移植手术，这是一个春天的日子，窗外百花怒放，我似乎能感觉到自己内心里也有一个春天在热烈地做出呼应。在交通大学附属第一人民医院，捐献之前的准备阶段打了一针以增加白细胞，让它一直增长，当时觉得有点腰酸，但我知道我不能放弃，否则就等于放弃了一条生命。当天，爱人因为工作繁忙，无法陪伴在我身边，但我感觉“这只是一件小事，我自己能应对”。移植手术进行了 3 个小时，期间我感觉舌头有些麻木，嘴唇也有些麻木，立即把感觉告诉医生，你们听起来似乎挺吓人的吧，其实没什么，补一针葡萄糖酸钙就行了。那次移植手术前，我看见过两位造血干细胞捐献的实现者，他们一个是警察，另外一个是位 50 多岁的公务员，头发稀疏，可是他们做完移植手术之后，精神状态都很好，这也给了我极大的精神支持。那 3 个小时里，时间似乎有一些漫长，我心里一直在想象着人世中最美好的事物，眼前似乎就是春天。

就这样我很荣幸地成为上海市第 269 例、浦东新区第 41 例造血干细胞捐献者。这个小小的善举，得到了市、区和镇给的荣誉，上海市红十字会为我颁发《捐献造血干细胞荣誉证书》，浦东新区给我颁发“博爱之星”荣誉称号。感谢组织给我的支持帮助，感谢书院社区卫生服务中心的领导和同事们的支持，感谢我的爱人和家庭，还有许许多多的人给予的鼓励和帮助，我将以此激励自己，积极生活，努力工作，让这份爱继续传递下去。

我从未见过那位 9 岁的小男孩，但听说他品学兼优，不仅是三好学生，还是市级优秀少先队员，他的父母下岗谋生，家境贫寒。手术之前，他妈妈托医生给我转交过一封信，信里有这样一段话：“孩子的奶奶哭瞎了双眼，卧病在床，孩子父亲在外地打工，得知病情，彻底崩溃，终日以泪洗面，辞职回家，带着儿子踏上了含血带泪的求医路……我女儿今年刚满 18 岁，读大二，得知弟弟配型成功，喜极而泣，并义无反顾地成为中华骨髓库的志愿者，女儿的同学得知此事，成立了志愿者服务队，集体加入中华骨髓库的志愿者行列……”这封信让我感动，觉得自己不仅能救活一个小孩，挽救一个家庭，还能影响更多人成为造血干细胞捐献志愿者，私底下我也悄悄地为自己骄傲、高兴。

现在想起来，移植手术过程中，耳边机器发出的响声，似乎是眼泪砸在地上的声音，似乎是心灵在呼唤的声音，显得特别美好，我想那是爱发出的声音。人世间，总有这样一种无私的爱，给予我们每一个人生命，给予我们每一个人美丽，给予我们每一个人微笑，也给予我们每一个人以希望。人世间的这份爱是生命的保护神，是我们每一个人终生依赖和朝拜的殿堂。让我们祝愿每一个生命都永远平安而健康，祝愿每一个家庭都永远幸福而温暖，祝愿每一个孩子永远都有爱守望。

（书院镇红十字会）

“我是慈善海洋中的一滴水”

——记浦东新区红十字会社会资金使用监督志愿者、长期捐赠人陈国民

2014 年 6 月 27 日下午，开完帮困救助案例讨论审核会后，陈国民匆匆赶往银行，取出现金 2.4 万元，送到浦东新区红十字会。

陈国民是浦东新区金杨新村社区居民，2014 年 1 月被聘为浦东新区红十字会社会资金使用监督志愿者。从 2012 年 9 月开始，他每月向新区红十字会人道救助基金捐款 1000 元。“我会一直坚持下去，直到生命的终点。”陈国民这样说道。

把善念变行动，定期向红十字会捐款

“帮助他人是件让人心情愉悦的事。”除了每月固定向新区红十字会捐款外，陈国民还积极参加各类慈善公益活动。

“与红十字会结缘，是因为‘人道、博爱、奉献’的红十字精神与我信仰的‘慈悲、济世、仁爱’的佛教教义在本质上类同。”陈国民说。他是一名佛教徒，初中毕业之后在佛学院学习了 3 年。

“《弟子规》中有一句话，‘凡是人，皆须爱’。”陈国民说，每个人心中都有善念，把这种善念转化为行动，就是要多做好事，帮助别人，尽力解决他们遭遇的困难。

2012 年，著名爱心人士丛飞、邢丹相继离世后，陈国民曾冒出一个念头——帮助丛飞和邢丹的女儿。他拜托朋友表达意愿，但最终未能联系上这名女孩。“不能帮助她，就多帮助周围的人吧。”陈国民决定把关注点放在红十字会开展的人道救助行动上。长期关注浦东新区红十字会官方网站后，他最终决定，每月固定向区红十字会人道救助基金捐款 1000 元。

作为一名自由职业者，陈国民并非有钱人。他靠什么支撑每个月的捐款，会不会影响自己的生活质量？陈国民表示，自己家底还不错，现

在有一套房子出租，月租能拿到3400元，再加上做点小生意，每个月收入能有七八千元。

至于日常生活，他表示自己没什么特别爱好，烟、酒、赌都不沾，平时有空就研究研究佛学、参加唱诗班。

“在我看来，不管是佛教还是基督教，基本的教义都是教人向善。”陈国民说。这么多年到底捐出多少钱，他从来没有、也不打算去算。

“款物如何使用？我毫不担心”

尽管做了很多好事，陈国民却始终保持低调作风。新区红十字会为他送去证书，向他表示感谢，他再三推辞：“乐施好善是人的本分，无须感谢，无须门槛，更不需要有特殊缘由。”

“一个人的能力是渺小的，但也能从一点一滴做起，关键在于生命当中一定要有正能量。”陈国民把自己视为“慈善海洋中的一滴水”。

2014年1月6日，陈国民被聘为浦东新区红十字会社会资金使用监督志愿者，成为47名监督志愿者的一员。

和同伴一起，陈国民需要代表社会公众对新区红十字会的捐赠款物接受、赈灾、帮困、项目救助等进行监督，了解重大募捐帮困活动的动态并根据群众反映提出意见和建议，参加红十字会相关会议及救助活动。

“红十字会如何使用我捐赠的款物？这点我毫不担心。”陈国民表示，受聘成为监督志愿者，是希望把红十字会所做的工作告诉给更多人。

“长时间的接触，让我对他们都非常熟悉和信任。”陈国民说。至于社会上关于红十字会的各种谣言，他表示从不相信，也会告诉别人“不要去信”。

2014年年初，陈国民又从新区红十字会网站上看到一名孩子需要救助的信息。他辗转通过街道红十字组织、新区红十字会与这名孩子取得联系，和他签订了定向捐助协议。

陈国民还计划进一步扩大自己的活动范围。多多参加义工活动，是他下一步的公益计划。

（金杨新村街道红十字会）

人生因奉献而精彩

——记新场镇遗体捐献志愿者钱路德

有这样一些人，他们会毫不犹豫地向有困难的人伸出援手；他们付出劳动，但却不收取一分一毫；他们用有限的时间和力量，撑起一个民族最重要的奉献精神……而他们，或许就在我们的身边。

走进弄堂小巷，一阵悠扬的江南曲调伴着初夏的微风徐徐传来。丝竹乐队里，有一个一丝不苟地对着乐谱打板的师傅，鼻梁上架着一副老花眼镜，神情里透着一股子认真劲，手中的打板铿锵有力，伴着整首乐曲，“踢踏”“踢踏”，错落有致。

他是钱路德，一名江南丝竹协会会员，当过兵，下过乡，如今已退休多年。

然而，这位看似普通的古稀老人，却有一个不平常的身份——遗体捐献志愿者。

钱路德同志

自愿在逝世后把遗体捐献给医学科学事业。这种高尚的精神，将永远受到人民的赞扬。特发证留念，谨表尊敬和感谢之意。

上海市红十字会

2001年8月27日

钱路德遗体捐献证书

已经记不清是在哪一年，报纸上刊登了一则原上海市市长黄菊同志捐赠遗体的新闻，一下子吸引了钱路德的目光。读完那则新闻以后，钱路德倍受感染，于是就有了做遗体捐献先行者的想法。但遗体捐赠一般要由亲属执行，所以首先必须得征得家人的同意。当他把这个想法告诉家人的时候，不出意料地得到了一致反对的声音。

入土为安，这是中国人传统的人生观念。一些老朋友、亲戚都劝钱路德不要一时冲动。“死无全尸”，这是一件多么可怕的事情啊？子女们唯恐背负不孝的“罪名”，更是强烈反对。

可是，钱路德却决心已定。他说：“人死了，一把火烧了挺可惜的，捐献遗体，不仅有利于医学、科学事业，还让身体延续了生命的价值。”日复一日，钱路德晓之以理，动之以情，终于说服了家人和朋友，得到了他们的认可和支持。

进行遗体捐献登记的志愿者都是平凡的人，但他们却有着不平凡的思想境界和作为，奉献自己、帮助他人，促进医学科学事业的进步与发展。

当问及是什么力量促使他敢于剔除传统偏见的时候，钱路德没有豪言壮语，他只说了一句：“我希望每个困难的人都可以获得帮助。”

“遗体捐献有利于医学事业，有利于殡葬改革、移风易俗，还可以节约土地资源，推动绿化和环保事业。”钱路德老人一边爽朗地笑着，一边列举出遗体捐献工作的意义。他看了很多这方面的资料，既用来了解遗体捐献的过程，也用来给家人朋友们做思想工作。

认识钱路德的人都明白，这样无私的胸怀并非一时的冲动，而是他多年来乐善好施精神的沉淀和升华。

作为一名艺术工作者，钱路德从十几岁开始就接触了戏曲，青年时的他曾在部队文工队里负责编排节目。于是，退休以后，他便“顺理成章”地成为了南大居委为民乐队的志愿者乐师。从此，无论是酷暑还是严冬，只要有公益演出，他都义无反顾，踊跃参与志愿者的行列中，只为尽一份微薄的力量，给大家带去快乐。

钱路德热爱生活，也热爱旅游，经常组织老战友、老邻居们出行旅行。从订票、订车，到全程协调、善后整理，全由他一手负责，尽心竭力。考虑到出行的老年团友年纪大，容易迷路，每一次旅程钱路德都是瞻前顾后，小心照料，受到了邻里、战友们的一致好评。

直到有一次，在前去订票的路上，钱路德不慎摔下车造成腰间盘损伤，在床上躺了三个月，他逐渐意识到自己老了，无法再肩负照顾大家的责任，才渐渐退居二线。

尽管如此，多年来，钱路德依然坚持做交通志愿者。无论风吹日晒，他都会按时在岗位执勤。

拥有一颗助人为乐的心并不难，难的是能常怀这颗无私付出的爱心；践行甘于奉献的精神并不难，难的是能数年如一日地默默付出，却不求回报。

南大居委里有一个孩子小陈，从小父母离异，由年迈的奶奶照顾。小陈学习成绩优秀，和奶奶相依为命，生活过得十分艰难。钱老得知了这件事以后心里十分难过。没几天，他便揣着数百元来到居委，让工作人员将这点微薄的心意捎给孩子，鼓励他好好学习。同时，又再三嘱咐不要留名，不想孩子有负担，也不想得到什么感谢。

钱路德，一位侠骨热肠的古稀老人，用他的奉献善举传递了一份又一份人间温暖。他是新时期的“雷锋传人”，用自己的行动见证了大爱的无私。在他的身上，传承着中华民族千年凝聚的良心善德，也彰显着老一辈文艺工作者矜贫恤独、施恩不念的崇高情怀。

钱路德常常说：“我只是做了力所能及的事情，并不值得宣扬，只是希望通过我的经历，呼吁更多的人加入捐献遗体的队伍中来。”

人道为本，博爱为怀，奉献为荣。是的，世界因人道而美好，社会因博爱而和谐，人生因奉献而精彩！

（新场镇红十字会）

捐　献

智障妹妹的降生

朱琪原是上钢新村街道社区文化教育中心主任。她的母亲原来是街道工厂的负责人。1958 年“大跃进”的时候，朱琪的母亲汇进了生产的洪流。那个年月，虽然工作条件比现在差得多，但人们工作的热情却无比高涨。朱琪记得有一段时间，母亲晚上回家总是感到恶心，吃不下饭，但年幼的她并不知道这其实是中毒迹象，反而总是缠着母亲。那个时候她因为看到别人家的小孩子很好玩，就一直吵着要妈妈给她生一个妹妹。可是朱琪一家都没想到，母亲生下的竟是一个痴呆儿。孩子生下来后，医院说：这个小孩没用的，长到三四岁就会夭折。从新疆兴冲冲赶回上海的父亲就此长叹一声，不久即返回工作岗位，把重担留给了妻子和女儿朱琪。于是，朱琪就开始和母亲一起护理妹妹朱岑。

冬去春来，她始终细心地照顾着妹妹，奇迹也实然发生了，小朱岑开口说出了她平生第一句话：“姐姐”。朱琪感到那一天的阳光特别温暖。妹妹朱岑在亲人悉心照顾下一年年长大。后来，她成了医学科学研究的对象。朱琪说：“实际上妹妹十岁不到的时候，二医大就有这方面的研究课题。医生就用朱岑给学生上课，介绍说这个孩子怎么样的特征，手是这样绷紧笔直的、脚趾头也是笔直的、她的骨头比较软……”朱琪听了之后心里非常难过。

被街坊们的行为感动

2004 年 10 月，朱琪所在的上钢新村街道出了件新鲜事，几十位普普通通的居民自发成立了一个遗体捐献志愿者联谊会。之后不久，朱琪接受了一个任务，去采访自己的街坊。他是一个残疾人，同时也是位遗体捐献者——陆健。

当时的陆健很憨厚地笑着说：“这件事情就我本人来说，因为我是残疾人，是弱势群体。我享受党的政策比较多，政府对我们很照顾，知恩图报是中国人最朴素的感情。我没有什么能力来回报社会，所以我看见遗体捐献条例以后就想百年之后把自己的遗体捐掉，也是作为对社会的一种回报吧！”听着陆健的述说，朱琪被感动了，从陆健家出来，朱琪去了街道红十字会遗体捐献咨询总站……

先斩后奏的决定

捐献遗体，得有执行人。朱琪的女儿知道后愣了一下，同意了，说：“这件事还是蛮高尚的，就签吧。”可是，朱琪开始犯愁，怎么去向母亲交代呢？最后她还是先斩后奏，遗体捐献的申请弄好之后才和母亲说了，并给母亲看了登记表。母亲心里始终想不通。后来，虽然母亲勉强把登记表还给了朱琪，可是却很不高兴。朱琪笑着说：“妈妈的工作我慢慢做，用实际行动来感化她老人家。”于是，朱琪抽出时间，陪母亲去新疆散心。因为父亲长年在新疆工作，后来因病去世，对这片土地，母女俩有一种特殊的感情。母亲的气慢慢消除了，她理解女儿的一番苦心，尽管心里仍有疙瘩，但至少不再出言反对。

妹妹，姐姐会来陪你的

登记遗体捐献以后，朱琪变得更加豁达大度。这时候，妹妹朱岑也已进了福利院，朱琪得以全身心投入工作。可没多久的一个早晨，她接到福利院打来的电话，说妹妹身体不好被送到医院了。她赶到医院的时候，病危通知出来了。看到姐姐和妈妈赶来，从不说话的妹妹流泪了，还断断续续地叫着：“回去，回去……”第二军医大学派来车子，来接朱岑遗体。从吴淞码头到二医大，她就一直陪伴着妹妹的遗体，送到不能再送的地方……

妹妹去世以后，朱琪生了一场大病，病好后一个秋雨霏霏的早晨，年过半百的朱琪来到上海郊区青浦福寿园。几大块纪念碑上，刻着全上海三千七百多位已实施遗体捐献者的名字。朱琪找到了新刻上去的妹妹朱岑的名字。秋风里，她喃喃而语：“妹妹，姐姐来看你了，你一生虽然活得平平凡凡，可在人生的终点姐姐为你做主，也算让你有一个精彩的结局。你耐心地等待啊，总有一天姐姐会来陪你的。”

（上钢新村街道红十字会）

博爱精神实践行　热心服务助他人

——记老港镇大河村红十字志愿者张月仙

传递人间友爱，需要你我他。来自老港镇大河村的张月仙，是一位普普通通的村民，也是一名红十字志愿者。2011 年，在老港镇创建博爱家园的感召下，她自愿加入，成为红十字志愿服务团队的“坚定分子”。

三年前，老港镇正在创建中国红十字会首家博爱镇，各村争创红十字博爱村。在创建过程中，需要设置一处健身点，方便村里的老百姓锻炼身体。可是，健身点的选址问题让村委会的领导感到头疼，听到消息后，张月仙马上跑到村委会跟主要领导协商，将健身点设置在她的住宅房内，当村领导问她有什么条件时，她说：“作为大河村的一名村民，为大河村提供力所能及的帮助，不谈什么条件，就算为自己健身提供方便吧！”

经过村两委人员的商量讨论，考虑到她家交通也方便，方圆几百米也是住宅密集区，为此，村领导就将健身点安置在了张月仙家中。

做一件好事不难，但把一件好事一直做下去却不易。

张月仙恪守着“以人为本，服务群众”的承诺，一心一意地做着红十字志愿者的工作。健身点建成初期，由于周围村民的不了解，来健身的老百姓寥寥无几，更多的还是对健身器材的功效存有疑问，闲置的健身器材，似乎在对她诉说着它的无奈。为此，张月仙首先发动周围的邻居来参加健身，积极宣传各个健身器材的好处，在将信将疑中周围邻居抱着试试看的心情来健身。通过一段时间的健身，健身者感觉到了身体的明显变化，就这样一传十、十传百，渐渐地来健身的群众多了起来，将这些器材发挥到了最大作用。

在健身点内，安装了颈椎治疗仪、红外线治疗仪等各类健身器材 6 件，面对没有专业知识的张月仙，镇有关部门就安排她进行了各类健身器材的专业培训，使她熟练掌握器材的使用和日常保养。

赠人玫瑰，手有余香，这是志愿者共同的心声。生命不息，奉献不止，这是志愿者精神的真实写照。

随着健身的群众络绎不绝，张月仙长期守候在家中，不论老百姓什么时候到张月仙家中，她都会热心接待每一位“客人”。有些年纪大点的老人，由于对机器的不熟悉，她都会主动上前开好机器，并告知注意事项，使健身达到最佳效果。同时，将每位健身人员的基本情况及身体状况都会记录在册，既让健身人员在健身完毕后有对照，又给上级有关部门的检查提供了资料。每当健身人员的健康状况出现了异常情况，她都会认真地嘱咐他们在日常生活中需要注意的事项。

三年来，张月仙每天守候着这些健身器材，对它们产生了感情，每天傍晚，健身人员都回家后，她都把场地清扫一遍，并拿起抹布将每件健身器擦一遍，为第二天来健身的人提供干净的健身环境。

服务的人群多了，部分健身器材相继出现了小毛病，作为志愿者的张月仙认真请教懂行的师傅，自己动手进行维修、保养，碰到自己实在难以排除的故障，她自掏腰包把健身器材修理好，从来也不向村里要求报销，别人劝她能报销为什么不报时，她都会一笑而过，把话题转开。

作为一名志愿者，她志愿服务群众的举动给自己带来了快乐和收获，也得到了大河村老百姓对她的认可。她三年如一日无偿自愿地宣传红十字“人道、博爱、奉献”精神，用实际行动践行善举，堪称红十字“人道、博爱、奉献”精神的播种者。

（老港镇红十字会）

人生的价值，以奉献作衡量

经历过人生的冷暖交替，退休后的生活往往就会变得简单。在这简单中执着于奉献自己，生命又会变得绚烂多彩。

2011 年，赵一鸣从浦东南华医院退休，一辈子的救死扶伤，少不得见证人世太多的悲欢离合，看见过太多的走来与离开，更懂得珍爱生命、善待朋友……从岗位上退下来后，赵一鸣主动与惠南镇红十字会取得联系，希望以一名医务工作者的身份，加入红十字志愿者队伍，为社区居民服务，人生的价值从此将以奉献的深度去衡量。

就像一首歌中所唱道的，“用我百点热，耀出千分光”。赵一鸣人退心不退，充分发挥余热，主动融入社区，为社区分担责任，帮助有困难的年迈居民解决一些生活中的困难，利用自身优势参加区红十字会救护培训、市民巡访团等工作，并担任社区健康自我管理示范小组组长，指导小组成员开展健康活动。他自费订阅各种健康类报刊，每月精心准备，向小组成员讲解高血压、糖尿病等慢性病防治知识，还从日常饮食保健、心理健康、养生锻炼着手，为组员带来了“四控一动”、合理膳食、心理疏导等健康自我管理知识。他还是博爱健康活动的实践者，义务为居民测量血压，开展健康咨询服务，组织组员进行“日行万步”等健身活动。在他的组织下，小组活动开展得有声有色，组员参与活动的积极性日益高涨。在志愿服务社区、服务居民的同时，赵一鸣感觉实现了退休以后的人生价值，让退休生活更加丰富多彩。

作为红十字志愿者，赵一鸣尊老爱幼，和邻居互帮互助，和睦相处，与附近楼组的独居老人结对，定期上门看望并提供健康服务，是独居老人心里的“好人”。三年多来，他为社区老人量血压 1000 多人次，为社区各类人员培训初级急救知识 300 多人次。救护知识的培训，往往一听就懂，一学就会，一走就忘，所以必须强调个人的操作，例如心肺复苏，一定要让每个人在模拟人上反复演练操作，从按压的频率、深度，反复摸索，反复体验，才能熟练掌握。坚持在操作实践中体会，在操作实践中提高，在操作实践中巩固。他先后到第六人民医院、龙华医院等三甲医院，听专家讲课，在学习中不断完善讲课技巧，扩大知识面。他主动要求参加上海市红十字救护培训师资复训班，及时更新救护知识，并配合镇有关部门调查失智、失能老人100多人。此外，还为新场镇、宣桥镇残障人员宣传康复知识80多人次，授课100多场，听众达5000多人次。在为群众送去救护技能的同时，也享受着奉献助人的快乐。

赵一鸣在授课

一次，荡湾社区有一位老人早锻炼时不小心摔倒，大腿鲜血直流，旁边的一位居民马上为伤者进行了正确的止血包扎，又联系家属及时送医，为伤者争取到了救治的黄金时间。过后一打听，这位居民听过赵一鸣的急救培训课，学到了专业知识。

他还积极参加社区公益活动，主动维护公共环境，每周四的义务劳动和环境清洁日都有着他的身影。创建全国文明城区和惠南镇国家卫生镇复审期间，他每天自发和几位居民一起清理垃圾，使居民生活在一个干净的环境之中。赵一鸣还是社区文明岗和治安岗的一员，经常在社区义务宣传巡逻，参加文明宣讲和群防群治等公益活动，帮助社区居民提高文明程度和法律观念。

赵一鸣为社区、街道和广大居民做了大量努力和奉献，并带动周围党员都行动起来，自觉为群众服务做奉献，真正起到模范带头作用。居民群众都说：赵一鸣是一名优秀的志愿者、一名退而不休的好医生、一位退岗不褪色的优秀党员。

正如赵一鸣说的：“我的体会是，退休老人一定要主动找事做，做一名红十字志愿者是最好的选择。因为退休以后最大的资本就是有充足的时间，一定要利用自身优势积极参与社区各项活动。既奉献了你的才华，又充实了你的退休生活，还学习到了你所喜欢的有关知识，更结交好多新朋友。通过各种志愿奉献活动，自己真是感觉越活越年轻。”

让更多的人学会救护知识，减少死亡，减轻伤残，这是一件很有意义的事情，赵一鸣医生无私的奉献，源自于他内心强大的爱。2014 年 5 月，浦东新区民政局、气象局、红十字会、民防办、消防支队五部门特聘他为防灾减灾宣讲团成员，他表示将利用这个平台，继续努力，在奉献中传播知识，在参与中充实生活，让红十字精神在每个人心中扎根、开花、结果。

（惠南镇红十字会）

那一抹心灵的霞光

自从有了红十字，很多的人生就如同一场慈悲的修行，这修行发生在一条通往我们内心最深处的路上。在这条路上的每时每刻，人们都可以找到一种智慧，这种智慧有助于人们了解生命的真谛。

罗花，一名普通的退休工人，2005 年 9 月退休以后，成为一名社区红十字志愿者。她有自己的善良，因此总是能感知到社会的美好；她有自己的使命，因此总是能感受到生活的喜悦；她有自己的价值观，因此总是能感悟到生命的壮观。

一次组织献血的经历，让她知道了血库血液的急切需求，也知道血液的供不应求，因此她又成为一名无偿献血动员的骨干。

在汶川地震、雅安地震等这些天灾面前，罗花阿姨是最着急、最忙碌的居民之一，虽然无法去灾区做点什么，但在这千里之外的上海，她知道作为一名普通的志愿者，能为灾区献上一份自己的微薄之力，她的退休工资有限，还是慷慨地捐出省吃俭用出来的 3700 多元钱。她说灾区的人民比她更需要这点钱，自己可以挺一挺就过去了，而灾区的人民通过全国的捐助，感受到全国人民带给他们的精神抚慰，将是巨大的。

一次，小区一位张阿姨患胃癌晚期，家境贫困，罗花阿姨组织居民募捐了 7000 多元，送到张阿姨床前，说："这是我们小区居民对你的关心，请收下吧。"张阿姨流着眼泪说："大家也都不够富裕，这钱我不要。"罗花阿姨硬是把钱塞到张阿姨的手里说："谁急用这钱就给谁，你不要再推脱了，安心收下，等你出院了，身体好了，你就加入我们红十字志愿者，一样可以帮助别人。"此时，张阿姨已是泣不成声。

在罗花阿姨眼中，志愿者虽然不是职业，却可以成为事业，虽不能带来任何的物质生活，却让她的精神世界变得丰盈充实。多年来，罗花阿姨信心满怀，秉承"不仅要做，而且要做好"的理想和态度，影响和带动着身边更多的人投身公益事业。她的小外孙也在她的日常熏陶下，成为一名小小的爱心志愿者。一天，罗花阿姨的小外孙和爸爸一起来到红十字服务站，说：“爸爸刚到血站献过血，我现在还小，献血不合格，但我也有爱心，这里是我平时省下的零用钱，一共34元，托你们送到灾区去……”在场的人都格外感动。有善才有德，有德方成才，正是这种善良、仁爱、美德的种子代代相传，造就了中华民族的灵魂，形成了华夏子孙的浩然正气。

“一个志愿者是一粒微尘，无数微尘汇聚座座山峰”。罗花阿姨和她的志愿者团队一起，真正履行志愿者义务，真诚践行红十字精神，让“人道、博爱、奉献”的阳光照亮世界，让红十字的火种点燃生命的希望！

他们一句句参与红十字志愿服务的感言，像一道道印记，刻骨铭心，挥之不去。是的，生命的价值不在于时间的长短，而在于它给人们留下的记忆。就像臧克家老先生在一首诗中所写的：“有的人活着，他已经死了；有的人死了，他还活着。”那人间真爱如浩然正气，长存于天地之间。疾病诚可怕，以笑面对之；生死共相存，爱心洒人间。他们用自己的壮举向世人宣告：生命可以逝去，但人类的相互关爱和援助却将永存。在市场经济的今天，有些人的人生观念犹如大雪封径，冻成了凝滞模糊的风景线。但我们相信，伟大的人类之爱能把远冬的孤日咏进蓬勃的春天。

这些充满真诚爱心的红十字志愿者，他们不为名，不为利，不图回报，只讲奉献，更不为自己的付出而索取，他们追求的是什么？是蔚蓝，是将大海与天空融为一体的蔚蓝，它珍藏着爱的伟大，组接了情的辉煌，融进人间万象，折射出心灵无比美丽的霞光。

（花木街道红十字会）

有爱，就一直光明

在三林镇的未来域城居住着一位离休老干部，名叫倪裳，今年已经是89岁的高龄了。倪裳老奶奶出生于家境殷实的书香门第，17岁时不顾家人反对，毅然参加革命，加入刘伯承、邓小平领导下的第二野战军，在中国人民解放事业的大交响中，献上自己美丽的音符。

倪裳夫妇合影

新中国成立前，倪裳全家移民美国，她只身一人留在家乡，继续为新中国的建设奉献自己的力量。不幸的是，“文化大革命”期间由于她的资本家出生和海外关系，遭受迫害，下放、批斗、扫马路，这些她都经历过。

1981年，出于多种原因，倪裳离开上海，远赴美国，度过了一段平静的时光，而她的心却无时无刻不牵挂着祖国。时隔24年后，她毅然决定回国，回到曾经奋斗工作过的祖国，回到这魂牵梦绕的土地。回国后，倪裳得到了浦东新区老干部局、三林镇老干部办公室、永泰四居委等多方的关心和照顾，心里十分感激。她表示：作为一名离休干部，在享受政府社会关爱的同时，我也要争取做出一点贡献！

和子女商量后，倪裳奶奶向居委郑重提出：去世后，将遗体捐赠给国家医疗机构，为祖国的医疗事业尽自己的一点绵薄之力。

为表示郑重，倪裳奶奶特意花了近一个星期的时间，亲笔书写了一份遗体捐赠申请书，然后在儿子的陪同下，来到居委填写遗体捐赠登记表。

这份申请书，虽然只有一页纸，可是，对于一名 89 岁高龄并患有脑萎缩的老人来说，完成这项“工程”实属不易。在申请书中，她写道：自问，我曾经投身于中国人民解放战争，加入刘伯承、邓小平领导下的第二野战军打到四川，可我自退休后，即 1981 年起，我为祖国做了些什么？应该讲，是一段完全的空白。我看到很多退休人员在安度晚年的同时，积极参加社会工作，争当志愿者，而我已然日薄西山，无能为力。但我还有一个不愿丢在异国他乡的躯体，作为一名离休干部，在享受政府、社会关爱的同时，争取再为社会做一丁点儿的贡献。据此，我慎重提出，去世后捐出我的遗体，这是我的一个心愿，也是我目前唯一能报答社会的一个行动。

登记证书

倪裳

自愿在逝世后捐献遗体（角膜），奉献于医学科学事业，这种高尚的人道奉献精神，将永远受到人民的尊敬和赞扬。

特发此证，以示纪念。

倪裳遗体捐献登记证书

一个经历过解放战争的枪林弹雨，承受过“文革”的风风雨雨，经历过种种磨难的老人，尽管在资本主义国家生活了20多年，可依然对祖国有着难以割舍的眷恋之情。她为祖国和人民的解放做出了不平凡的贡献，可是还在自责退休后没有报答祖国，并为此摒弃了中国人传统意识上“入土为安”的观念，自愿捐献遗体，为祖国的医学事业尽自己最后一分力量。她这种高尚的“人道、博爱、奉献”的精神，如一段美轮美奂的羽衣霓裳，把一段绝代芳华奉献给人间。

人世间有这样的一种优雅，它不是装扮出来的，而是一种阅历的凝聚，是一段人生的沉淀。时间让一颗博爱的灵魂，接受岁月的历练，变得越来越动人，倪裳奶奶拥有这样一颗心，她的人生如蜡烛一样，从顶燃到底，一直都是光明的。

（三林镇红十字会）

拥有一个温暖的现在

——祝桥镇红十字心理辅导志愿者张玉兰、乔引芳服务纪

我们处在最好的时代，也是压力最大的时代。喧嚣的生活带给人们机遇与挑战，也带来了光怪陆离的变幻无常，它让每个人的人生充满无限的可能，也让人们的灵魂越来越无处安放。祝桥镇立新村有位18岁的高中女生小俞，因心理障碍，休学在家。家人向红十字会请求帮助，践行人道宗旨的红十字会即刻做出行动，红十字心理辅导志愿者张玉兰和乔引芳来到立新村，为小俞进行心理辅导。

张玉兰、乔引芳为小俞进行心理辅导

女生小俞是名优秀的学生，成绩名列前茅，去年中考考上了重点高中。她的父亲因患精神病，反复发作，在家监护；母亲是云南侗族人，在镇环卫所工作，以微薄的工作支撑整个家。小俞读书平时是走读的，早去晚归，帮助母亲干家务，做农活。4月的一天，父亲把二楼水龙头打开，把整个房子都浸上了水，当母亲把水龙头关掉时，父亲用木棒把

她右手腕打断，造成开放性骨折，目前还在家养病。小俞的父亲后来在村委帮助下到医院治疗，目睹了这一切的小俞也把自己的心门关闭了起来。

7 月 22 日，张玉兰和乔引芳来到小俞家门前，这是一个典型贫困户的境况，外墙涂料还是村委会帮助刷的。没想到，第一次上门就吃了闭门羹，叫小俞开门，她站在阳台上，不为所动，说："我又不认识你们，不愿意接受心理治疗。"

张玉兰和乔引芳反复地劝慰："我们是红十字会志愿者，我们来帮助你的，你下来开门吧！"大约 10 分钟后，大门终于打开了。

即将期末考试的前几天，在无明显诱因下，小俞说眼前经常出现三口之家不停地轮流指骂，有时候很难听，她都说不出口，并不断地反复出现，造成思想不能集中，被迫休学。她不能入睡，无法读书及劳动，整天关在房子里，有时看看电视，有时纯粹发呆。母亲看在眼里急在心里，带她到市内三级医院心理医生处治疗，配了些药，可服用后，整天睡觉，对病情无明显效果。小俞正值 18 岁，身体发育成熟，但脑功能失调，一个多月里，她没翻过心爱的书本，不想学习，整天把自己关在楼上，精神耐受能力、调控能力、社交能力完全丧失，并出现了感知障碍、幻觉障碍、言语障碍，常说："鬼又来了，又在骂我了。"

小俞的心理反应已失去合理性、协调性和稳定性，目前心理紊乱，已发展到边缘状态，又有精神病家族遗传史，如何来援救？张玉兰和乔引芳采取不断咨询、倾听、澄清、提问等多种方式，营造友好关系，亲密沟通，第一次上门收到了一定效果。临走时，和小俞勾手指约定，小俞承诺第二天拟定学习方案，开始学习，准备参加补考……

8 月 3 日下午，在镇红十字会干部的陪同下，张玉兰和乔引芳第二次上门，发现小俞情况明显好转，不仅主动开门，笑脸迎客，倒茶请坐，还和大家一起包饺子，参与了整个包、煮过程。当天小俞的心情非常好，她高兴地说："每天的学习，由原来 1 小时增加到现在 4 至 5 小时，幻听状态依然存在，但程度明显减轻，看书时思想有所集中，但时间不长。"张玉兰动员小俞的母亲姚春花，陪同女儿及时治疗，不要错过了治疗最佳时机。

两天后，两位志愿者陪着小俞母女来到南汇精神病医院，接受门诊治疗，被诊断为精神分裂症。在服药的现阶段能坚持每天按时吃饭、读书，甚至帮忙干家务，出门和亲戚一起交谈，应同学约定，一起采购学习资料。

十多天过去了，张玉兰和乔引芳第三次上门，表面看来，该女生好像没有什么精神异常现象，但幻听依然会出现。她妈妈说，现在女儿能帮助干家务，主动看书了，看到女儿的好转，母亲衷心地感谢道："你们红十字的心理辅导，做得比心理专家门诊还贴心、有用！"

虽然是摸着石头过桥，对小俞的心理辅导还是取得了一定的效果，两位志愿者都期待着9月1日，小俞能够同别的学生一样，坐在安静的教室里读书，不久的将来能够圆她自己的大学梦……

人生最大的幸福就是健康地生活着，因为生命只有一次，美丽也只有一次；人活一世，需要从容达观一些，才会轻松自在一些。但是总有一些弱势群体，在各种压力和刺激下，迷失自我，需要红十字"人道、博爱、奉献"的精神，给予润物细无声的照耀，让他们即使没有一万个美丽的未来，也会有一个温暖的现在。

（祝桥镇红十字会）

心善，就有大爱无疆的蔓延

鸡蛋，从外打破是食物，从内打破就是生命。红十字志愿者的工作亦如是。别人要求你去做，它就只是一件迫不得已的工作而已；如果是自己内心渴望去做，不仅仅可以呵护他人的生命，也会发现自己的成长，相当于一种重生。

2008 年，杨周剑从上海中医药大学硕士毕业之后，来到浦东新区肺科医院（浦东新区第二红十字老年护理院），凭着对医学事业的热爱与执着，在老年护理病区的岗位上辛勤耕耘，守住一颗宁静的心，并不断超越着自我。

工作不久，杨医师便报名加入了医院红十字志愿者医疗服务队，常常利用双休日等休息时间，随服务队到医院周边的居民小区、敬老院为群众开展医疗服务。杨医师老家在湖北，作为新上海人，之前对上海话一窍不通，更别说用浦东方言与人交流了。为了更好地服务群众，杨医师苦练语言关，平时一有空总“缠着”本地的同事，帮他纠正发音，解释语意，用方言进行对话。经过一段时间的勤学苦练，现在他根本就是“阿拉上海人”了，能用一口流利的浦东方言与居民进行交流，消除了语言上的障碍，也缩短了与社区和敬老院老人们的距离感和陌生感，为群众服务时也就更得心应手了。

他打开心灵之窗，让暖和的阳光在志愿工作中涌动；他从内部打开了人生的鸡蛋，让生命的天地更为广阔。

2013 年初，杨医师通过网络查找到“志愿曹路”这个网络群并加入进去，“志愿曹路”网群是曹路镇志愿者协会、志愿服务中心在网上的一个窗口，专门发布志愿服务信息，协调志愿服务资源与需求。通过志愿服务中心的牵线搭桥，杨医师把自己创设的“健康直通车”开进社区，为居民群众开设中医养生和健康知识讲座，开展医疗咨询服务。每次讲课前，杨医师都要花上好几个夜晚或休息日，精心准备讲课内容，制作图文并茂的 PPT 课件。在为居民服务的过程中，杨医师发现来听课和咨询的大多是社区老人，他通过细心观察，根据老人的接受能力，及时调整讲座的内容与方式，把专业术语用通俗易懂的语言表达出来，多举实例，让他们现场提问，增加互动，起到了事半功倍的效果。

2013 年 8 月，杨医师的宝贝女儿诞生了，杨医师的爸妈远在湖北，无法为他分担照顾小家庭的重任，而此时的杨医师已担任病区行政副主任，工作上更加忙碌，医院领导建议让其他医师接替他到社区服务，但杨医师说："没关系，我能合理安排好工作与照顾家庭的时间的，还是让我去吧。"杨医师的岳父母也十分支持他的工作，尽力为他照顾刚出生的小宝贝和产后妻子……一个人做一件有益于他人的事，投入到忘记自我的境地，就会令人感动，从而赢得更多的爱。

2013 年，杨医师的"健康直通车"开到十几个村居，受益群众近 4 百人，有些老人还成了杨医师忠实的"粉丝"，遇到治疗、健康保健等方面的问题，就会第一时间打个"热线电话"咨询一下杨医师。

在杨医师的影响下，医院红十字志愿者医疗服务队把"健康直通车"服务项目进一步延伸，惠及更多需要医疗服务和帮助的居民群众。2013 年 12 月，在曹路镇志愿服务项目星级展评活动中，肺科医院"健康直通车"荣获"一星"志愿服务项目。杨周剑医师感慨地说："看到自己的专业知识能为这么多的居民服务，并得到他们的认可，我觉得再苦再累也值了，只要居民有需求，我这辆'健康直通车'会一直开下去。"

人只要心宽，就有笑看风云的舒畅；人只要心安，就有知足常乐的超然；人只要心善，就有大爱无疆的蔓延。

（浦东新区第二红十字老年护理院）

在自己周围培养快乐

——记潍坊四村红十字志愿者蔡秀华医生

有句话说得很好："愚人向远方寻找快乐，智者则在自己周围培养快乐。"这样的智者懂得大爱，懂得生活里的每一个细节都蕴藏着快乐，于是乐心于从每一件事、每一个人身上，发现令自己欢悦的因素，并让快乐扩张，鼓舞和影响着周围的人。因为让人快乐就是修行，让人快乐就是健康，让人快乐就是一种幸福的感受。

星期三的上午，潍坊四村的小花园里，一阵欢笑声隐隐传来。循声寻去，只见小花园的一头，小区红十字服务站里面，红十字志愿者蔡秀华医生正为小区居民测量血压。在这小花园里，盎然的绿意，与开朗的笑声，共同谱写着生命的光彩。

蔡秀华在为小区居民测量血压

蔡秀华退休前就是一名医生，退休后她义不容辞地成为了潍坊四村的一名普通红十字志愿者。她利用自己的专长，服务于小区的公益事业，每周三的上午9点，蔡秀华雷打不动地出现在红十字服务站，仔细为每一位前来量血压的居民服务，为居民讲解有效控制血压、降低血压、预防老年疾病等健身知识，为小区居民带去健康和快乐。

从一次次的微笑中，人们见识到了蔡秀华的品质。她懂得欣赏别人、善待他人，用博大的胸怀和爱心感染身边的每一个人，关爱他人等于关爱自己，让人得到快乐，本身自然也就得到了爱与快乐。所以说，博爱之人，人恒爱之。善待别人是灵魂的健康，也是吸引友情的芬芳，蔡秀华一时声名在外，周围王家宅、八村、一村等临近小区的居民纷纷前来测量血压……每次短短的两个小时时间，前来红十字服务站的居民总有三四十位，蔡医生笑脸相迎、周到服务，让他们离开红十字服务站时，脸上也含着笑容。

这笑容，是对人生的信心，也是对世界的赞美，这笑容，安慰了人心，祥和了社会！

发扬红十字精神，践行志愿者承诺

小区内有一户独居夫妇，老伯伯常年卧病在床，生活不能自理；他们的子女又不能经常在身边照顾，单靠老伴料理所有日常家务事。蔡医生从居委得知这户居民的情况后，主动和他们结对，实行一对一的帮助，还在需要时提供免费医疗服务。一次，老伯伯生病，因无法到医院就诊，只能由社区医院的医生上门看病，然后每天在家挂水治疗。蔡医生毫不迟疑地承揽下这个任务，不管刮风下雨，都坚持天天到老伯家给他打吊针。

恰在这段时间里，蔡医生的女儿休假，本想带母亲一起出去旅游，却被蔡医生拒绝了，她说："旅游什么时候都可以去，但居民的事耽误不得。"

有爱心的人，总是善于战胜个人的愿望，成功地开发出内心善良的宝藏，为他人带去健康的财富。

为民服务，深入人心

四村小区有一支由几十位阿姨组成的舞蹈团队，每天早晨都会在小花园进行锻炼。一次舞蹈队到社区文化中心参加比赛，其中的一位阿姨在排练过程中突然晕倒，其他阿姨顿时手足无措。慌乱中，有人想到了小区的蔡秀华医生，于是马上打电话求救，正在家中做家务的蔡秀华，二话不说放下手中的活，带着医用急救箱匆匆赶到了文化中心。她一边为晕倒的阿姨测量血压、喂糖水，一边询问其他阿姨当时的情况，并拨打了120。当救护车到达时，晕倒的阿姨已经苏醒过来了，全靠蔡医生果断采取了相关急救措施，使得这位阿姨的病情没有扩展。

蔡秀华利用自己的休息时间为居民服务，有时候为了接待前来测量血压的居民，她放弃了吃饭时间。她觉得被人需要也是一种快乐，所以时常跟人开玩笑说："想不到我退休以后，比退休前更忙了。"

也有不少居民劝她，应该多休息享福，蔡秀华微笑着摇摇头，"在家闲着也是闲着，还不如做做志愿者，利用自己的特长，发挥自己的余热。"执着于善行的人，往往抓住目标不放，从不把时间浪费在琐事上，所以他们才赢得了人们的尊敬。

"让自己快乐只是智慧，让别人快乐才是博爱。"蔡秀华把自己追随红十字精神的承诺，快乐地释放在周边，也把"人道、博爱、奉献"的光辉镌刻在人们心中。

（潍坊新村街道红十字会）

“三不站长”的拧劲

下班路上，转角还未过，就听到一阵熟悉的声音：“献血利国利民，提升自我价值”，“无偿献血志愿者家属可以在需要输血时获得相应优待”，“科学证明，合理献血对身体是有好处的”……

落日余晖中，一位志愿者正在号召村民参加无偿献血活动，身上那件红马甲显得格外醒目。不用多想就知道，这位“慷慨陈词”的志愿者就是远近闻名的“三不站长”——新益村红十字服务站站长施文龙。

“三不站长”是志愿者们私下里对施老师的昵称。所谓“三不”，就是不怕任务重、不会捣糨糊、不贪图虚名。虽然施站长从来没有正儿八经认可过这个称号，但这个称号已经在周边的工作人员和志愿者当中生根发芽，提到红十字工作就绕不开“三不站长”，就不得不领略他的“三不”。工作站中已经形成了一种看法，只要“三不站长”出马，就没有解决不了的事情。人们不是常说，善良的人都是勤劳的农夫，他们在或肥沃或贫瘠的土地上播种着爱心，他们付出的心血虽不尽相同，但总能收获一个金色的秋天。

人生没有等出来的辉煌，只有走出来的成功。为了完成上级布置的工作任务，帮助镇里圆满完成年度无偿献血工作，“三不站长”下班后依然开足马力，向村民及来沪务工人员宣传无偿献血。在这段时间内，“一件红马甲，一叠宣传单页，一份登记表格”，成为他日常工作的标准配备。看着“三不站长”向村民详细地介绍献血的意义，思绪被拉回到了献血工作布置下来的情景。

“笃笃笃”，一阵急促的敲门声之后，一份文件被递进来，放在了办公桌上。“小许，你看看这次镇红十字会无偿献血工作安排，我们村面临的工作任务很严峻！”一年一度的无偿献血工作又要启动了，看到任务指标，不禁拧起了眉头。

新益村在经过大面积拆迁后，大量村民外迁，无偿献血来源主体数量急剧下降，此次任务指标虽然较去年有所减少，但相比人口基数还是一项艰巨的挑战。要完成任务指标需要投入大量工作，站长拍着我的肩膀说："今年任务重，难度大，我们就秣马厉兵早作准备，争取超额完成任务！"

在站长的带领下，工作人员和志愿者围绕"立足本村村民，辐射来沪就业人员"这一工作中心，拉开了全村无偿献血工作的序幕。

无偿献血工作最难打消民众对献血的误解以及恐惧心理。为了消除村民的顾虑，发动群众积极参与，志愿者和工作人员在站长带领下到村中张贴宣传海报、发放宣传单页，并进入村民家中和村民聊天话家常。普及无偿献血相关知识，为无偿献血正名，让村民们了解到献血对国家、对社会、对迫切需要血液救命的人员都是巨大的帮助，在一定程度上打消了村民们对献血工作的后顾之忧。

"严格把关，拒绝不合格体质人员"，宁缺毋滥是工作站一直秉承的观念，在"三不站长"的要求下，对登记参加献血的人员询问年龄、体重、身高、身体健康状况、传染病史等内容，一方面避免做无用功，另一方面提高无偿献血整体质量。在站长带领下，大家本着感恩的心，对身体条件无法达到要求的个人说明情况，给予鼓励肯定，对其志愿精神表示感谢，希望他们能够将志愿精神带动他人，为无偿献血事业继续做贡献。

看着自己辛苦付出后得到的登记表格，忙碌已久的志愿者们终于长舒了一口气，虽然没有达到工作站设定的目标，但已经超过了上级要求，"1、2、3……不对，我们离既定目标还差一个！"

"三不站长"看着登记表，"拧劲"再次爆发，大家顿时叫苦不迭。站长又再次发话："既然设定了目标，我们还是最好达到这个目标！大家最近辛苦，最后的名额由我来完成！"

于是就发生了下班路上遇到的一幕，车已行远，虽然已听不到背后的动静，但转头看见余晖下那件红色马甲，如同雕塑一般苍劲有力，格外耀眼。

（高桥镇红十字会）

蓝色的广阔，蓝色的明朗

在浦东塘桥街道，有一个拥有美丽名字的居委：蓝村。它曾经是一座蓝色的村庄吗？或者，它拥有天空与大海蕴含的那一份蓝色的广阔？是的，它有广阔，那是蓝村居委红十字志愿者的胸怀。

2007 年初，蓝村居委的吴石秋加入红十字志愿者队伍，多年来，以弘扬人道、倡导奉献为己任，从一名普通的红十字志愿者，逐渐成长为蓝村红十字服务站的业务骨干。他说过：我觉得人生不要太复杂，做好三件事就行了。第一，做一件让自己自豪的事；第二，做一件自己觉得有趣的事；第三，做一件对社会、对别人有帮助的事。真是太巧了，做红十字志愿者，这三个愿望都包含在里面了。首先，自己很自豪；其次，自己很感兴趣；再次，这是帮助别人的事情。吴石秋在做红十字志愿者的过程中找到了成就感，这不是为了向别人证明什么，而是让自己活得自信、快乐又有尊严。

年过花甲的施女士去医院体检时发现患了癌症，顿时如晴天霹雳，心里急得像热锅上的蚂蚁。老吴得知情况后，立即和她谈心，树立她战胜疾病的信心：第一，要积极配合医生治疗，适当增加营养；第二，不要被病魔吓到，要多出家门，参加社区组织的各类活动；第三，心态一定要好，要拿得起放得下；关键一句是，不要恐惧，癌症不等于死亡！一席肺腑之言，深深打动了施女士，她慢慢地放下了包袱，轻装上阵，一方面积极治疗，另一方面力所能及地参加扇子舞、乒乓健身操、排练小品演出等。不久，她的疾病得到了控制，生活质量有了明显的提高，心情也变得云淡风轻，蔚蓝一般的明朗。

老吴很懂得健康之道，他自己是个高血压病患者，总是定期参加体检，定期测量血压，按时服药，积极参加高血压自主管理小组的活动，相互交流控制血压的经验。不但他本人有效地控制了血压，也使绝大部分组员的血压恢复到正常范围，一时之间，人们的脸上多了笑容。

一天，老吴碰到了86岁的张新甫老人，顺口说道：“张老，您不见老呀！”老张笑嘻嘻地说：“我一天忙到晚，没有功夫老呀！”“没有功夫老”是老张的口头禅，也是老张长寿的秘诀。原来老张是个写作迷，1987年退休以后，多数时间在搞文艺创作，编写过50个小节目，30余篇通讯报道，退休生活安逸舒服。但天有不测风云，老伴患了脑梗，瘫痪在床，生活不能自理；儿子也因身体原因，不能上班，原本和和睦睦的家庭，突然之间改变现状，老张变得心力交瘁，一下子老了几岁。老两口的退休工资，也变得捉襟见肘，沉重的经济压力使老张喘不过气来，原本的心情开朗，变得垂头丧气，没有了精气神。

吴石秋组织募捐活动

老吴积极组织党员和楼道进行募捐，尽管捐款不多，但一个举动，一个关爱，使老张一家人重新燃起新的希望。不久，老张爱人的脑梗有所好转，慢慢地能够生活自理了；儿子在居委就业援助员的帮助下，也找到一个比较满意的工作，渡过了经济及精神的困难，一家人又扬起了生活的希望。

就是这样一件一件小事，一桩一桩感人的举措，使红十字精神在蓝村居委这个小天地中时时发光，使每一个人的心里都洋溢着人道与博爱，坚持着“勿以恶小而为之，勿以善小而不为”，把帮助别人作为自己的人生乐事，“人道、博爱、奉献”的精神在人们的心田生根发芽。

江河有百折不挠的意志，才能交汇成浩瀚的大海；雄鹰有至死不渝的意志，才能翱翔于辽阔的蓝天；蜡梅有坚贞不屈的毅力，才能怒放在严寒的冬季；蜡烛有无私奉献的精神，才能照亮人类的世界。蓝村居委的红十字志愿者以天空的高远、大海的激情，让蓝村蓝得更为纯粹，更为阳光灿烂！

（塘桥街道红十字会）

奉献是一种幸福

芳华路573弄小区居民张阿婆老年丧偶，虽育有两子，但大儿子居住他处，平时照顾老人总有不便。与她住在一起的单身小儿子，游手好闲，整天沉迷于网吧，老人对儿子的不争气看在眼里，急在心头，暗地里不知抹了多少伤心泪。红十字志愿者彭龙娣住在老人家对门，她经常上门慰问开导老人，对老人嘘寒问暖，亲如家人。

2013年年末的一个傍晚，张阿婆的小儿子又在外闯了祸，老人得知情况后伤心欲绝，一时想不通，萌发了轻生念头，在家中将自己的衣服焚烧，并服下十余粒安眠药。听到动静上门探望老人的彭阿姨赶忙上前，一把抢下了她手中的药瓶，并立刻联系居委工作人员和小区其他红十字志愿者。居委书记和志愿者刘泉山、许兰芳第一时间赶到老人家中，叫来退休医生、红十字志愿者李素兰，共同对张阿婆进行现场急救。随后小区的其他志愿者们也陆续赶到，幸亏发现得及时，又经过紧急救护，张阿婆的身体没有大碍。李素兰对张阿婆测量血压、查看生命体征，彭龙娣烧开水让老人喝，让老人尽快排泄残余药品毒素，还有的志愿者负责联系阿婆的其他亲属。忙活到晚上8点，大家晚饭都还没有吃，只是以真诚之心劝化老人、安抚老人。为了不影响大儿子的生活，老人死不愿意说出她家大儿子的联系电话，一群志愿者又做好了轮流陪夜的准备。经过居委多番努力，总算联系上了老人的大儿子，晚上9点多，张阿婆大儿子急匆匆赶来，看到这么多志愿者、好邻居陪在她母亲身边，非常感动，连声道谢。

经此以后，除了平日里对张阿婆生活上的帮助之外，小区的志愿者还利用休息日和节假日去张阿婆家陪她聊天解闷。由于老年无人陪伴，儿子又让人操心，张阿婆的生活压力非常大。为了让她打开心结、舒展眉头、重新树立生活的信心，大家经常放弃自己的休息，轮流到张阿婆家中嘘寒问暖，并鼓励她参加社区组织的一些活动。小区居民都说：这支志愿服务队救的不只是张阿婆的性命，更重要的是她的生活！

生活就像一杯茶，沏了一遍又一遍，渐渐变得无味。可有心的人还继续努力，去寻找那残留于心底的一缕余香。花木街道培花二居委红十字服务站的这群红十字志愿者，自愿牺牲业余时间无偿为社区居民测量血压、进行健康咨询服务，在为小区、为居民做着公益。“只要你们需要，我一定来”，这是彭龙娣常挂在嘴上的话，这句如同约定的话语，真真切切地体现了她对红十字坚定的信念和责任，从她身上，我们懂得了“奉献是一种幸福”。

一百多年来，由亨利·杜南先生树起的红十字旗帜，跨越种族、国家与信仰，飘扬在每一位渴望得到帮助的人们心里，深受人们的崇敬与爱戴。在人道、博爱、奉献精神的感召下，培花二居委的红十字志愿者们积极投入红十字事业，途中有过困难，有过挫折，也有家人的不理解，但是他们十年如一日地坚持了下来，也深深影响了小区的每一位居民。他们的坚持和负责，怀抱着一颗至真、至美、至善的心，走向了最美的境界。

（花木街道红十字会）

红十字：世间第一等的学问

——记塘桥街道红十字志愿者高振明

一个人阅历多了，往往喜欢追求灵魂的东西，并因此返璞归真，上升到高尚的精神境界。老党员高振明是一位退休的医生，年近七旬，居住在塘桥街道怡东小区。2011 年 9 月，他加入怡东小区红十字服务站，成为一名红十字志愿者，以老当益壮的步伐，迈入红十字“人道、博爱、奉献”的行列。

2013 年年底的一天，怡东小区红十字服务站组织志愿者进行救护复训，当时高振明体弱多病的老伴适逢住院，为了不打扰高医生照顾妻子，救护队没通知他参加此次活动。然而他一听说救护队进行复训的消息，立即一个电话，让儿子前往医院看望母亲，自己留下来和大家一起投入复训中。队员们很是感动，对他说：“高医生，你还是去医院吧，你老伴正等着你呢。”高医生笑笑，说：“没关系，有她儿子呢，我们俩相伴的时间以后还长着呢!”听到这里，有的队员眼眶都湿润了。

高医生长年从事医务工作，10 年前退休后一直从事公益活动。来到怡东小区，他积极、热心地协助居委开展各类群众活动，发挥自己的专业特长，担任了小区每周三次的志愿者医务值日，为居民测量血压、检测血糖指数，以耐心细致的工作在小区居民中得到好评。每年的“5·8”红十字纪念日，在居委搭建的平台上，高医生积极主动地为居民讲解红十字理念，把自己亲身亲历的知识传授给居民。由于多数人缺乏医学知识，对献血有一定的恐惧心理，怕给身体带来危害，高医生以自己年轻时数次参加义务献血的亲身经历，对准备报名的献血者讲解献血的意义，反复耐心地讲解有关献血对人体无害的知识，鼓励大家积极地承担社会责任，对社会奉献爱心。很多人解除了献血对人身体有危害的疑虑，踊跃报名，怡东小区报名献血的人数大大超过了预期。

此外，高医生还是怡东小区红十字救护队的指导老师，每次救护培训，他都亲临指导，为队员们讲解救护包扎的知识，不厌其烦地纠正每一个动作。作为红十字志愿者，高医生不为金钱、不求名利，他有自己的原则、自己的信仰，宠辱不惊，淡定安逸，传递着取舍之道，也传递着慈悲的光辉。

高医生的老家在川沙，家中90高龄的父亲，常在言谈间流露出希望儿子退休后能经常陪伴自己的心愿。但高医生加入志愿者队伍后，就成了一个大忙人，小区高血压自我管理小组有他的指导，太极拳小组有他矫健的身影，唯独老父亲家中很少有他的出现。父亲不无抱怨，高医生说："照顾父亲是我的责任，红十字志愿者是我的事业，事业和责任是并重的。"高医生觉得志愿服务是一项高尚的事业，帮助他人是自己最朴素的思想，他把自己的精力倾注到志愿者工作中，以真诚的心，对待每一个人；以负责的心，做好红十字的事；以奉献的心，和所有的红十字志愿者一起创造着美好。

志愿者的工作也非处处一帆风顺，有些事情不经历过就不知道其中的艰辛。怡东小区是一个高档的住宅区，居民来自世界各地，由于各自的习惯和意识不同，大家对红十字工作的认识也各有差异，而红十字工作又牵涉到千家万户，每一次的"千万人帮万家"的募捐活动，高医生总是出现在最前沿，带头募捐，宣传募捐的意义。有人不理解他，说这么大年纪了，又不缺吃少穿，何苦这样抛头露脸？高医生笑笑：我要用实际行动来体现"人道、博爱、奉献"的红十字精神，相信以后大家都会像我一样做的。他总是替人着想，与人为善，彰显着人生的品质。

是的，"人道、博爱、奉献"，正是红十字的这种精神，这种世间第一等的学问，使多少人获得了新生，多少人脱离病痛，多少人看到希望。这种精神是一种信仰，也是一种能力，是世界上最美丽的语言，是创造奇迹的伟大字眼。它在必要时帮忙激发成倍的勇气和力量，让人变得无所畏惧，于是华美的梦想、质朴的爱心一次次庇护着生命。

（塘桥街道红十字会）

永怀感恩之心

电话声突然响起，沈杨兴一接听完电话，马上背起急救包，急急出门。原来是六里五居民区 16 号 1001 室的姚老伯慢性支气管炎发作，胸闷、气喘、呼吸困难。家属打来电话，沈扬兴及时上门施救，马上为姚老伯输氧，测血压，听心脏，指导病人服药，半小时过去，姚老伯基本恢复正常，沈医生这才离开。

沈杨兴 1965 年就读于第二医科大学，毕业后先后在川沙人民医院、六里卫生医院、北蔡卫生院工作。2003 年 3 月，从北蔡医院内科主任医师任上退休后，主动向六里五居委请缨，加入了小区红十字志愿者服务队伍。

南码头路街道六里五居民区中老年人较多，拆迁农民多，由于长期务农，身体弱，健康知识缺乏，随着生活条件的不断提高，他们更加渴望健康长寿。红十字服务站为此开展了"红十字救护知识学习小组"，沈杨兴主动担任救护小组组长，定期为居民测量血压，就疾病的发病原因、症状、用药及预防等知识，向居民朋友们做详细的讲解。根据每人不同的病情，在药物方面一对一指导，加强与居民之间的互动，交流养生心得体会，深受欢迎。

有一个故事说，一位盲人在夜间走路，总是打着灯笼。旁人窃笑不已，问他：你走路打灯笼，岂不是白费蜡烛？盲人正色答道：不是，我打灯笼是为别人照亮的，别人看见了我，就不会碰到我了！做公益也是如此，帮助别人，也就是在别人的见证下升华自己。沈杨兴医生在六里五地区家喻户晓，小区居民有什么不舒服的，只要一个电话，他有求必应，马上上门指导。

17 号 1002 室金老伯中风偏瘫，失语，半身不遂，沈医生得知后，定期上门测量血压、听心脏，并做好详细记录，指导家属对病人的介护，并鼓励病人一定要说话，不要做手势，长时间不说话耳朵会聋，同时手脚要活动，可用 2 个核桃锻炼指关节。在沈医生的帮助鼓励下，经过家属一段时间的恰当护理，金老伯本来一点话也不能说，现在能说简单的语言，与正常人基本一样了，还能在平地上自己走路。

小区有十余名病重的老年居民，沈医生坚持上门为他们量血压，上门随访总是做好详细记录，多年下来，家里存下好几本记录册。但当小区居民感谢他时，沈医生总是笑着说："自己做医生，学的这个专业，既然能够帮助别人，就要诚信对人，大家信任我，我心里也有感恩，这是一名红十字志愿者应该做的。"感恩之心，不仅仅是献给那些对己有恩之人，对于沈医生来说，感恩也是一种文化素养，一种思想境界，一种生活态度和一种社会责任。

虽然没有人鼓掌，雄鹰依然飞翔；虽然没有人心疼，小草依然成长；虽然少人欣赏，深山里的花儿照样芬芳。永怀感恩之心，就是不求回报，全身心投入。沈医生协助六里五红十字服务站定期举办救护知识讲座，根据季节变化有针对性地组织专题探讨会，增加大家对各种疾病的防范意识。考虑到小区中老年居民的文化程度低，沈医生每堂讲座前都花费大量时间精心备课，坚持手写讲义稿，他的讲义条理清晰、内容丰富，为了便于居民听懂讲课的内容，坚持用本地话讲课，在这几年中开展了怎样应对各种突发灾害、紧急事故的急救和意外伤害的救护措施讲座。

为帮助他人和服务社会，沈杨兴尽己所能，不断实践着"人道、博爱、奉献"的红十字志愿者精神，他用身上的正能量鼓舞着我们，用自己的所长帮助身边的人。永怀感恩之心，人生的道路无限宽广。

（南码头路街道红十字会）

用爱，打开温暖的心门

高桥镇上炼一村的巧珍，年轻时有过短暂的婚姻。爱情没有留给她甜蜜的记忆，却在她的记忆中浸透着不尽的苦涩。婚后第二年，巧珍如愿做了母亲，可是还没等到儿子学会叫一声“妈妈”，她的丈夫和儿子似乎从人间蒸发了，不辞而别，从此杳无音信。巧珍被丈夫无情地遗弃，还带走了她正处于哺乳期的爱子。

巧珍的泪水流干了，变得精神恍惚，眼神呆滞，常常独自叽叽咕咕地不知道说些什么。她的脑子里似乎灌满了糨糊，一直旁若无人没完没了地嘀咕些什么呢？也许是对丈夫怨恨的发泄，也许是对爱子的思念和牵挂；也许是胸中无法掩饰的痛苦和悲愤的倾诉，也许她自己也不清楚在说什么，说给谁听。巧珍真可怜，她过着艰难的独居生活，虽然有足以维持生活的养老金，她却完全不具有独立生活的能力。她不会购物，不会洗衣做饭，总而言之，她什么都不会。毫不夸张地说，幼儿园孩子的生活能力，也许都比她强得多。

巧珍是不幸的，她曾经拥有一个悲惨的婚姻；但巧珍又是幸运的，她现在拥有的是红十字志愿者无私的爱和奉献。

高桥镇上炼一村是一个老式居民小区，小区里残障老人、高龄独居老人较多，巧珍和他们一样，都是生活中的弱者，成为小区红十字志愿服务的重点对象。在小区居民的亲眼见证下，红十字志愿者以“人道、博爱、奉献”的精神，点亮了巧珍这个不幸女人的生活。自从居委会的小王接过红十字志愿服务的接力棒后，巧珍的好日子更是“哑巴见到娘，乐得没法说”，一日三餐不用她操心，就连饮用的开水小王都周到地帮她解决了。

“若不是红十字志愿者提供服务，她巧珍哪能生活得像今天这般样子啊!”小区居民相互之间聊天，都会开玩笑地说巧珍是弹花匠进朝廷，是有弓（功）之臣，享受着相当级别的“特殊待遇”。

如今巧珍已年逾花甲，看上去却比实际年龄年轻许多。一身衣着虽称不得时尚，却清洁整齐，一脸的阳光灿烂，总是咧着嘴在笑。她不是在傻笑，而是红十字志愿服务给她带去了幸福的笑，甜蜜的笑。

红十字志愿服务彻底改写了巧珍不幸的命运，也深深地感动了小区的居民群众，很多人都热心参与到红十字志愿服务活动中。老党员、楼组长和一些中、低龄老年居民也自愿为小区残障老人和高龄独居老人服务。也许他们对红十字精神的认识并不像小王那样深刻，但是他们都懂得帮助别人快乐自己，乐意“行善积德”。在小王的带领下，他们主动帮残障老人代购生活用品、免费理发、免费维修小家电……小区里曾有好几个高龄独居老人不慎跌倒在自家卫生间里，都被红十字志愿者及时发现，并送到医院抢救。由于发现早，抢救及时，跌倒的高龄独居老人均转危为安。他们无比感激地说：红十字志愿服务救回了他们的命。

而巧珍把小王当作了自己的孩子，虽然衣食无忧，有时她会让小王买好吃的食品补充营养；稍有伤风感冒，就不肯吃小王给她的药，硬是要上医院，要不然她就嚷着：“快点呀！救——命——啊！”

巧珍比任何时候都重视自己的健康，母爱的天性也慢慢地苏醒了。当她丈夫病逝，丈夫的兄弟带着她的儿子来投靠她时，巧珍从志愿者的议论中获知，面前这位蓬头垢面、流着口水、约三十出头的男子，就是当年被丈夫带走的儿子。巧珍踮起脚跟为他梳理起乱蓬蓬的头发，用纸巾擦拭他嘴角上的口水……

巧珍确信母子重逢不是一场梦，可是巧珍无法用母爱换取严重智障的儿子的认可，母子只有分开生活，才能彼此获得解脱。为了巧珍和她的儿子不受到伤害，小王和红十字志愿者东奔西走，为巧珍的儿子联系了一家福利院。送走儿子，巧珍的生活又恢复了平静。

世上最难打开的门是心门，最难走的路是心路，最难过的桥是心桥！而爱可以超越一切，巧珍心存对红十字志愿者的感激之情，虽然不能分辩他们是谁，只是朝他们笑，她唯一可以叫出的是“小王”的名字：“伊叫王凤芹。”这时，巧珍脸上浮现出甜甜的笑……

（高桥镇红十字会）

爱没有密码，只有用心

潍坊新村街道有一家面积不大但不失温馨的“老伙伴健康生活馆”，这是上海首家社区失能老人的“博爱家园”，是一个具有特殊功能的失能老人“托老所”。每次当汪鸣秀走进这家生活馆，看着一侧墙上“人道、博爱、奉献”六个醒目的大字时，心中便生起万分的感慨。

汪鸣秀是张杨小区居民，退休前曾被评为上海市“三八红旗手”。退休后，汪鸣秀心想，人生有起点，服务无终点，只要生命不息，就要为社会献出自己的绵薄之力。她加入了小区多个志愿者服务队，积极参加各项公益活动，再苦再累，从无怨言。

“老伙伴健康生活馆”是专为街道失能失智老人提供安全、专业、有效的康复训练场所，设有近 20 款不同功能的服务器械，如气压式按摩器、进口步行器、功率自行车、手指功能训练桌等，有一项通过液晶屏幕感知来进行手、眼、腿、脑协调运动的游戏比赛项目，对老人们特别有吸引力。因为有分数显示，老人们入座操练可即时知道自己的训练成绩，还可进行相互比试，看谁得分高，在轻松愉悦的氛围中，让老人完成肢体与心理的健康调适，老人们感到“玩得”很开心。

无论严冬与酷暑，汪鸣秀坚持每周一次来到这里，尽心尽力，协助老人应用康复器具进行康复训练。搀一把，扶一把，虽然是一件很小的事情，但对一个失能失智者来说，这就是一种可贵的帮助，对失能失智老人家属来说也缓解了后顾之忧。汪鸣秀发现，潍坊社区的不少失能老人都非常喜欢去“老伙伴健康生活馆”，分享其中所带来的种种快乐与健康。

爱，是一种感应，一种灵魂上的默契；爱，没有时间，只有永远；爱，没有密码，只有用心。自加入潍坊新村街道红十字志愿者队伍以来，汪鸣秀深感红十字会是一个高尚的称号，是向社会进行无私奉献、帮助他人和服务他人的一个人道工作。要成为一名合格的红十字志愿者，光凭一腔热情是远远不够的，没有过硬的知识、技能，为社会和他人提供人道服务就只是一句空话。为此，汪鸣秀积极参加小区红十字现场初级急救培训及防灾逃生演练，并不断通过学习来拓宽各方面知识。她感受到了学习的年轻，她感受到了春天并不只是季节，更是内心的一种感受，她感受到了公益不只是一种行动，更是一种境界。

每周，汪鸣秀还要参加两次潍坊新村街道红十字服务总站的值班，在那里，积极配合总站工作人员的工作和有关活动，为居民细心指导家庭保健、居家护理、初级急救等方面知识，对遗体捐献者发放登记表并进行相关的咨询。忙碌的身影，如同一个年轻人。

张杨小区每月专为老年人开展一次便民服务，其中有一项是为老人扦脚。汪鸣秀每次主动为他们打下手，总要烧上十几桶水，方便老人泡脚，水稍微冷了，马上换水、倒水，来来回回要跑几十趟，很忙也很累，但能用自己的辛苦换来其他人解除疾病后的快乐。汪鸣秀感觉到自己的辛苦是值得的，虽然每个志愿者的奉献是点滴的，但聚少成多，最后就能汇成一条爱心的大河。每个志愿者的点滴爱心弘扬的是“人道、博爱、奉献”精神，实践的是“关爱生命、倡导和平”的宗旨，践行的是社会主义核心价值观，提升的是社会发展的正能量。

红十字事业是一项造福人类的崇高事业，红十字精神是与社会主义核心价值观相通的，能在有生之年践行红十字精神的同时，为核心价值观建设添砖加瓦、增光添彩，汪鸣秀说她感到非常荣幸。

英国伟大的教育家塞缪尔·斯迈尔斯在《品德的力量》一书中说：“一个国家的前途，不取决于它的国库之殷实，不取决于它的城堡之坚固，也不取决它的公共设施之华丽，而在于它的公民品格之高下。”汪鸣秀虽然已经装过两次心脏起搏器，但是常以这句话为动力。在一篇文章中，她这样写道，“只要一息尚存，就要以人道、博爱、奉献的精神坚持为他人服务。就如同黄浦江水奔腾不息地滚滚向前，流入长江，注入大海，红会的精神将永远鼓励我在发挥余热的道路上奋勇前进！”

（潍坊新村街道红十字会）

在人生路上，带上奉献的阳光

有一首耳熟能详的歌这样唱道："1992 年，又是一个春天，有一位老人在中国的南海边写下诗篇；天地间荡起滚滚春潮，征途上扬起浩浩风帆。春风啊吹绿了东方神州，春雨啊滋润了华夏故园……"

在那个风云激荡的 1992 年春天里，新场镇坦直居委陆峰的父亲把 4 个儿子召集到家里，拿出一份红十字会的遗体捐献登记表，这位离休干部仿佛拿出一曲生命的诗篇，展示在陆峰兄弟面前，让他们签字。

陆峰平时喜欢看报，知晓遗体捐献的相关讯息：医学院的学生，特别是将来要从事外科的开刀医生，在校求学期间，必须要上好人体解剖课，熟悉人体的内部结构。可是，由于中国人受传统观念的束缚，少有、甚至没有遗体捐献者，全国各大医学院供解剖用的遗体奇缺，每具遗体都要反复应用数次，实属无奈。

面对父亲的要求，陆峰对父亲深感敬佩，他正准备拿笔签字，突然大兄弟抢前一步说道："爸，你思想积极、前卫，可我们的街坊邻居都是寻常百姓，他们没有你的思想高尚，事后会拿唾沫星子把我们兄弟四人淹死。他们会说：这兄弟四人真有出息，老子死了，还把老子的遗体卖了数钱！"

父亲一听，很生气，呵斥道："街坊邻居有嘴，你们没有嘴啊？志愿捐献遗体是为医学教育事业做奉献，家属不会拿到一分钱，你读了十多年书，脑子怎么这般陈旧？你们四人今天不签也得签，不然别想走出这扇门！"最后，陆峰兄弟四人"乖乖地"在父亲的志愿遗体捐献书上签了字。

1997 年 8 月 1 日，肝癌晚期、卧床不起的父亲再次把陆峰四兄弟召集到病房前，立下遗嘱：我咽气后，不收礼、不焚烧、不做"七"，一切从简。9 月 3 日，父亲仙逝，陆峰兄弟四人遵照父亲的嘱咐，只为来奔丧的至爱亲朋摆了三桌简便的午餐。办好了遗体捐赠手续后，陆峰的父亲成为南汇遗体捐献第一人。

这些年里，随着生活水平的提高，街坊邻居办丧事的规模也节节攀升，有的甚至胜过了喜宴，动不动十几、二三十桌，有的干脆自搭篷帐摆酒宴，事后污水横流，臭气熏天；更有甚者，亲友们扛着纸屋、纸轿车，填满了锡箔元宝的草窝，浩浩荡荡地去野外焚烧，浓烟滚滚，触目惊心，新时代人们的节俭观念、环保意识都跑哪儿去了？陆峰每次想到父亲，心里暗地感叹，又不免为父亲骄傲。

转眼，21 世纪初，青浦福寿园开园，陆峰兄弟四人来到园内，站在刻有遗体捐赠者姓名的石碑前，为父亲默哀，寄托一家的哀思，也坚定了陆峰追随红十字志愿服务的想法。

工作中的陆峰

受父亲的影响，陆峰对红十字“人道、博爱、奉献”的精神了然于胸，曾在 40 岁和 50 岁时分别无偿献血 200 毫升。如今，陆峰已经是古稀之年，大病没有，小病不断，想起自己的身后事，决定学父亲，将来也把自己的遗体捐献给国家的医学教育事业。2009 年 10 月，陆峰向红十字会申领到了遗体捐献登记表，让儿子和女儿签字。儿子说：“你这不是将来让我身背不孝的骂名吗?”陆峰断然告诉他:“低碳、环保,这是你老子最后的期盼和选择——签字吧。”

女儿签完字后,表示要为他去找块墓地。陆峰当场拒绝:一块墓地少说也要占用一平方米土地。中国人多地少,如果每个人死后都占用一平方米土地,数十年后还有多少耕田?为了节约国家的土地资源,陆峰决定“不要骨灰”。2010年3月,陆峰收到了红十字会颁发的上海中医药大学遗体接收站的遗体捐献纪念证书,仿佛收到一份礼物般欣喜。

人生的道路上,带上奉献的阳光,是一种智慧。快乐与幸福毕竟没有恒定标准,完全取决于人的心态。心中有爱的,在雨季里也会看到太阳,在淋雨后,心中也有一方晴空。陆峰是一个带着奉献阳光的老者,他未迷失自我,却以红十字的精神,绚烂了生命的光彩。

(新场镇红十字会)

红十字，让人生更甜蜜

2014 年 5 月，任开倪一家从浦东金杨迁至长宁区，太多的不舍尽在搬家前的道别中。任开倪对前来道别的居民动情地说："你们如果不嫌弃我这个老太婆，只要你们需要，我还是随叫随到。"

在金杨社区，任开倪老师从 2009 年开始做红十字救护师资志愿者，面对着红十字应急救护培训这项高尚又有难度的工作，任老师在短短的时间内，面对不同年龄、不同文化修养、不同职业的受众，普及应急救护知识，提升应急救护技能，增强群众对红十字工作的认识，培养出一批合格的救护员，让学员在意外发生时能够自救互救。常年的坚持，任老师以一名红十字志愿者的奉献，生动地诠释了对生命的尊重。

保存在电脑里一张张的照片，记载着任老师红十字志愿服务的行迹：她风风火火走进社区、学校、部队、宾馆等单位，用风趣幽默、通俗易懂的语言，把枯燥、专业的知识，深入浅出地阐述清楚，用积极向上的热情，激发和感染着学员们的学习愿望。多年来，她传授急救知识约 200 期，受众人数近万人。任老师的志愿行动诠释了一个道理——人生虽然如同一杯白开水，但是，只要放入蜂蜜就是甜的。这蜂蜜就是红十字的精神，把"人道、博爱、奉献"放入人生的白开水中，心就是甜的，就是光明的，人生就处处充满了曼妙的风景。

熟悉任老师的人都知道她勤奋好学，不甘落后。随着社区群众救护培训工作的要求日益提高，任老师觉得作为一名救护师资志愿者光有热情是不够的，原有的知识越来越有局限性了。于是，她刻苦学习，虚心请教资深的老师，进一步提高个人业务水平。为了达到事半功倍的效果，她还亲自制作课件，有时整晚不睡觉。老伴心疼地说："自己已是上了年纪的人，悠着点吧，不要这么拼命。"任老师日夜投入，实现了从普通的志愿者到"优秀救护师资"的完美蜕变。

任老师年近 60 岁了，在培训课上，她依然像个年轻人一样，不断地弯腰、跪下，手把手地教会每一个学员。其实，这对任老师来说是个不小的考验，可是一想到如果有意外发生，学会这些技能的学员就会更多地挽救他人的生命时，任老师的心劲更足了。在授课过程中，她平等对待每一位学员，坚信“没有教不好、学不会的学生”，认认真真地演示每一个动作，反复指导学员掌握每一个动作要领，培养出了一个又一个爱徒，为他们终于拥有可以挽救伤病员生命的一技之长而自豪。在任老师的言传身教下，金口二居的志愿者小江慢慢成长，2013 年，小江运用学到的救护知识，成功抢救了一位吞食青团导致气道异物梗塞的老人。

爱徒们的迅速成长，为任老师的志愿服务注入了更多的动力源泉。2013 年，作为主要师资力量，任老师带领年轻的救护师资，到各块域进行培训指导，街道红十字会也圆满完成了 3500 人次的复训任务。9 月份，街道派出两支救护队参加新区应急救护大赛，任开倪老师不仅要准备教案，做好赛前的各项准备工作，而且还放弃双休日休息和队员们一起紧张封闭训练。在她精益求精的态度感召下，队员们刻苦训练，积极应战，两支队伍双双获得了新区救护技能比赛二等奖，4 名新队员获得了新区单项前 10 名的佳绩。2014 年新区个人技能救护比赛上，由她手把手教出的 3 名参赛队员更是取得了优异的成绩，2 名获得一等奖，1 名获得二等奖！

时光荏苒，任老师在慢慢变老，她尝到过不分日夜繁忙的辛苦，也尝到了受人感激的甜蜜。为了红十字志愿者这个响亮的名字，她不求名利，不求回报，在担任“博爱阳光”志愿者辅导员时，还积极配合街道红十字会做好失智老人关爱、造血干细胞捐献等服务……用她的话说，这是我喜欢做的事情，为他人做点有用的事情是很开心的！

如今，任老师已搬到了长宁区，距离远了，然而唯一不变的还是她对志愿服务的满腔热情，相信在长宁区她也会将红十字的精神酿造成“蜂蜜”，让更多的人生更甜蜜。

（金杨新村街道红十字会）

以良善的心改善世界

《礼记·大学》上说："物格而后知至，知至而后意诚，意诚而后心正，心正而后身修，身修而后家齐，家齐而后国治，国治而后天下平。"一个人降低自己的欲望，减少自己的贪念，就能头脑清醒，是非分明，在待人处事上就能做到真诚，勤做善行。久而久之，修养就起来了，然后才能齐家治国平天下。从2009年开始，赵国平走上红十字之路，在他看来，红十字志愿服务是一项崇高的事业，这项事业能够帮助他人、服务困难老人，成为一名红十字志愿者是个人对于这个城市文明建设的绵薄奉献。他踏上红十字志愿服务之路，做到了"物格而后知至，知至而后意诚，意诚而后心正，心正而后身修……"，不为金钱、不求名利，只是承担起一份社会责任，以良善的心，改善周遭的事物。

赵国平心中充满对这个社会的大爱，并且信心满满，始终秉承"不仅要做，而且要做好"的理想和态度，从各方面严格要求自己，努力学习、提高个人素质，希望通过自己的志愿服务，影响和带动身边更多的人投身到红十字事业当中来，共同奉献一颗热心、一颗爱心！

倪某智力重度残疾，系重残无业人士，母亲也有肢体残疾，家里还有一个在上小学的孩子，这一家是村里的特困户。赵国平每月资助这家的孩子100元，从小学三年级一直到初中毕业，如今这个孩子已经高二了，由于课外辅导书的增加，赵国平的资助也增加到每月200元。在他9年的坚持与帮助下，这个家庭的状况和孩子的学习环境都得到了相应改善。

救灾是红十字会的核心任务之一，赵国平作为一村之长，村里大小事务都要他经手，有时真的会忙得透不过气来，可救灾这项工作始终放在他的心上，做到有灾救灾、无灾备灾。面对重大灾害时，他遵照上级要求，对募捐工作进行部署，带头与村委全体工作人员和志愿工作者开展募捐，把募捐物资和款项送到灾区人民手里。这不仅体现了赵国平对自身责任的担当，对社会责任的担当，也彰显了红十字会在重大灾难面前所表现出来的人道主义精神。

红十字志愿者虽不是职业，却可以成为事业，虽不能带来任何物质生活的享受，却能带来精神世界的充实。这些年，赵国平献过血，也捐过款，作为一名村领导，他不仅支持红十字会工作，而且还带头积极开展红十字会活动、参与各项社会公益活动。

“失智老人关怀项目”是政府关心弱势群体的实事项目，赵国平经常深入了解老人群体，为符合条件的“失智困难老人”积极申领护理用品。村里“失智困难老人”最多时有4名，现有1名，赵国平每月坚持为“失智困难老人”上门发放护理用品，带去国家和政府关怀的阳光。

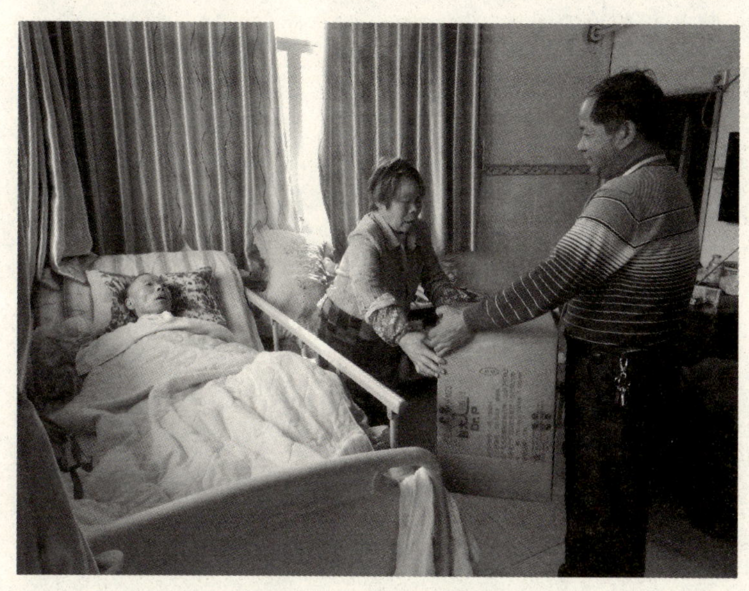

赵国平上门发放护理用品

他还积极参加“博爱阳光”志愿服务培训班、“老年介护”培训班，用学到的知识，为“失智困难老人”提供更人性化的服务。授人以鱼，不如授人以渔，赵国平教会其家属正确使用护理用品，从而更好地照顾“失智困难老人”，让这些“特殊”的老人能有个安详的晚年。看似微不足道的志愿服务，却带给老人更多的关爱，让他们更多地感受到“博爱阳光”的温暖，感受到人间何处不温暖，感受到人道主义的关怀。

四年多的志愿服务经历，让赵国平感慨万千。他说：“志愿服务是一个红十字志愿者应尽的义务，也是人生一大乐趣，为困难老人服务，能体现‘我为人人，人人为我’的品质，因为自己也会老的，我所做的志愿服务，主要是让困难老人感知温暖。‘人道、博爱、奉献’是红十字志愿者恒久不变的追求，昨天只能代表过去，明天的路依然漫长。”赵国平坚信，不管将来如何，他都会坚定地做一名合格的、受人称赞的红十字志愿者。

“一个志愿者是一粒微尘，无数微尘汇聚座座山峰。”这火山般的山峰，让红十字的火种点燃生命的希望，让大爱充满人间，驱赶雾霾，撑起一片蓝天！

一个人真正的成功，往往并不是来自别人的认可和评价，而是由自我满足带来的宁静与平和的心态。在自己力所能及的范围内，尽最大的努力，以良善之心，改进别人的现状，改善我们所处的世界，这就是红十字志愿者最大的成功。

（川沙新镇红十字会）

比翼双飞博爱梦

有没有不退休的医生？有没有不退休的志愿者？有！宋天明和夫人曹孝玲就是这样的红十字志愿者医生。两人从医近 70 个春秋，年龄加起来有 167 岁，自退休后就参与居委红十字服务，13 年如一日开设“健康热线”，被居民誉为比翼双飞的白衣天使伉俪。他们爱对方，更爱红十字事业，让博爱誉满人间。

宋医生退休后，发现不少居民缺少保健知识，整天跟药“为伴”。一天，他抢救了一位心脏病的老邻居，回家路上冒出一个念头——开办一个保健知识讲座班，宣传健康文化知识，提高大家的保健意识。他把自己的想法告诉了老伴曹孝玲，两人一拍即合。开课至今，有 1200 多人次参与，有的居民通过听课顺利扔掉了药罐头，去医院的次数也明显减少。夫妻两人成功地帮大家开发出生命的力量，得以在健康的阳光下一路前行。

13 年前，一位邻居突发脑溢血，宋医生得到信息迟了，这位患者留下了后遗症，宋医生为之懊恼不已。而他的一位同事患病时，家人拨通了宋医生的电话，使之得到及时抢救，安然无恙，这两件事引发宋医生夫妇公布自己家电话号码的想法。现在，小区 200 多家居民都求助过这个热线电话，无论是凌晨，还是半夜，只要健康求助热线一响，宋医生夫妇总是随叫随到，十几年来，抢救了百余急发病人。

如今宋医生已 87 高龄，老伴也 80 岁，而小区老年人也越来越多，他们拓展小区红十字志愿者团队的想法，得到了居委的支持，从 15 人扩大到 46 人。团队建立了居民健康状况台账，80 岁高龄老人、大病重病、独居老人、退休人数都记录在案，并派对结友，开展阳光关爱活动。星期天上午的测血压咨询活动，两位老人忙得不亦乐乎，但是看到老年邻居们身体健康，红光满面，宋老夫妇乐开了怀。居民们竖起大拇指夸他俩是一对心系于民、情系于民，忙碌在小区里的白衣天使贤伉俪。

2014年竹南创建红十字博爱社区，曹医生主动担当起志愿者带头人，每月的第二个星期四，她组织志愿者进行急救包扎培训。包扎伤口对于大多数人来说既新鲜又陌生，一方小小的三角巾，竟然可以包扎身体的各个部位，起到压迫止血的作用。40多名中老年志愿者，在曹医生真诚、悉心的指导下，认真学习了头顶帽式包扎、三角巾下颌包扎等十几种方法，掌握了红十字急救的要领和精髓。曹医生还耐心向居民宣传器官捐献、造血干细胞捐献、无偿献血的重要性及意义；她常在小区内宣传器官捐献是拯救他人生命的高尚行为，是人道、博爱、奉献精神的崇高体现，并和志愿者团队一起喊出了“给他人希望，让自己永恒”的响亮口号。

拥有爱的人是快乐的，给予爱的人是幸福的，充满爱的世界是温馨的。宋老夫妇二人同心同德为人民服务，全身心投入红十字志愿服务，让居民的心灵在红十字的博爱中益加丰满强大！

（潍坊新村街道红十字会）

爱心在涌动　志愿无止境

——浦东新区红十字老年医院志愿服务风采录

有一个小朋友拿着两个苹果，妈妈问："给妈妈一个好不好?" 小朋友看着妈妈，把两个苹果各咬了一口。此刻，母亲的内心有种莫名的失落，孩子慢慢嚼完后，对妈妈说："这个最甜的，给妈妈。" 这是关于血缘的爱，虽然忍耐或等待的过程有时很疼，但结果会很甜蜜，因为爱心在路上。

茫茫人海，你我本无缘，若因"造血干细胞捐献"结下血缘，则是一种爱的呼唤，一种生命的共鸣，这吸引着有爱心的人。

2012 年 8 月 10 日上午 9 点，作为浦东新区 7 家红十字医疗机构之一，浦东新区红十字老年医院的"点燃生命的希望——造血干细胞志愿捐献者招募"活动正在举行。时值盛夏，天气炎热，可是许多职工都放弃了休息，特地从家里赶到医院参加活动。有的职工刚值好夜班，交接完工作就赶来现场。欧阳冰君与张俊、魏飞与冯绪英、夏世国与赵文娟这三对夫妻都是医院里的医务人员，他们双双加入造血干细胞捐献志愿者资料库。魏飞与冯绪英还带上他们 3 岁的儿子来到捐献现场，他们说，希望以自己的实际行动为孩子树立起"博爱、奉献"的榜样。

一直以来，新区红十字老年医院志愿者服务队，秉承"人道、博爱、奉献"的红十字精神，在志愿服务上以"三救""三献"为重点，以招募造血干细胞捐献志愿者作为志愿服务的阳光工程，在启动时进行宣传与发动，组织人员通过解释采集造血干细胞的流程，做好职工及家人的思想工作，让医院职工对造血干细胞的采集过程和捐献步骤有了充分的认识与了解，消除了捐献后会对身体健康有影响的担心和忧虑，使许多职工在家人支持的情况下参与到志愿捐献的行列中来。

在招募现场，医院职工积极填写"志愿捐献者登记表"，伸出手臂参与造血干细胞志愿血检入库活动，让人感受到一颗颗爱心伴随着一股股暖流在涌动。最终，符合条件的 80 多名职工成功加入了中华骨髓库，他们的无私奉献，将为那些血液病患者尤其是白血病患者，重新点燃生命的希望。可以想象的到，当患者的生命在捐献者的爱之中得到延续时，捐献者的生活也将会变得更加美丽而富有光彩。

这一年在世纪公园，在“红十字——人道的力量”巨大横幅下，区红十字老年医院开展了针对弱势群体的健康咨询志愿活动。医院呼吸内科、老年科、舒缓医护科、疼痛科、骨科等10名医疗志愿专家参加了义诊、咨询，面对面的志愿服务，为弱势群体指点迷津，温暖了他们渴望健康的心，增加了“人道的力量”，更提升了志愿服务者的境界。

2013年的金秋十月，桂花飘香，区红十字会为老年医院捐赠了30辆轮椅，提供给腿脚不便、肢体残障的老年病人日常使用。这使医院志愿者服务队又有了用武之地，他们将老年病人一个个搀扶到轮椅上，推着在医院里转，让多日不见阳光的老人们感受阳光的温暖，呼吸久违的新鲜空气，笑声在空中荡漾。

爱心企业为听力障碍的住院困难老人免费发放的“助听器”，志愿者帮助指导老人安装、调试和使用，使失聪老人们重新聆听到了美妙的声音，聆听到了人世间的欢乐和幸福。

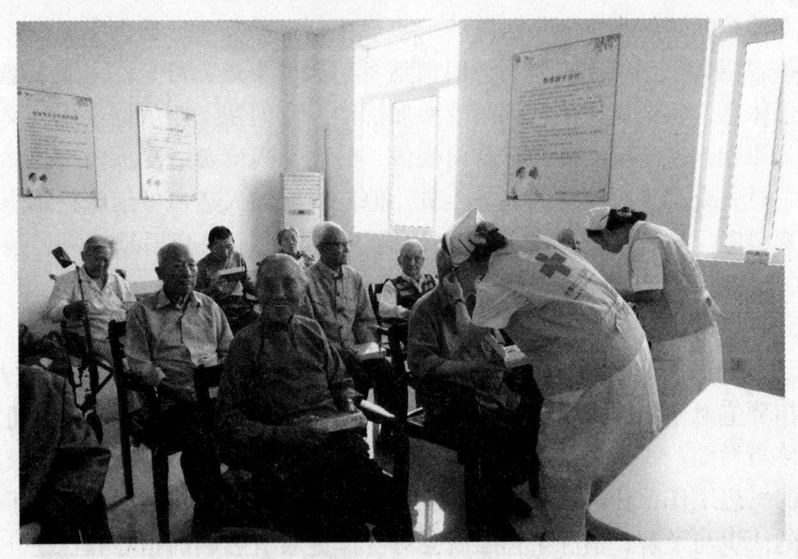

浦东新区红十字老年医院志愿者为老人调试助听器

“爱心在涌动，志愿无止境”。2014年5月8日，第67个世界红十字日，老年医院联合宣桥镇红十字会在欣兰苑居委共同举办了一场健康义诊咨询活动。在宣传横幅和健康宣传展板前面，义诊、咨询及测量血压、血糖，发放宣传资料等形式多样的活动正在开展；同时，在这个特殊的日子里，医院组织志愿者在门诊开展导医、咨询、陪同就医、辅助检查等志愿服务，为住院老年人开展温情探视服务，倾听患者需求，解决患者实际困难，提供心理疏导等服务，让红十字“人道、博爱、奉献”的精神，在这个初夏美丽地绽放。

（浦东新区红十字老年医院）

珍惜曾经拥有，追求生命永恒

——记高桥镇一对老党员伉俪志愿捐献遗体的事迹

2013 年 1 月 13 日中午 12 时 50 分是港城新苑居民谢嘉珍、黄子云这一对老党员伉俪生死离别的悲痛日子，老伴谢嘉珍在 2010 年 4 月 18 日因患脑梗，造成半身瘫痪；其爱人黄子云也已 87 岁高龄，且长期患有高血压，期间因疝气发作，不得不住院进行修补术。在一千多个日日夜夜里，四个儿子形影不离，衣不解带，精心护理，定期就诊。

谢嘉珍、黄子云夫妇合影

直到 2013 年 1 月 13 日，黄子云老人突发脑梗、昏迷和失忆，急送医院抢救，而此时他的老伴已昏睡不醒，悄然离去，给这个家庭的子女带来了无比的焦急和悲痛。老人生前于 2012 年 5 月 9 日与镇红十字会签订了遗体捐献的协议，于是子女们就遵照老人的意愿，在第一时间与受赠单位——上海市第二军医大学取得了联系。在他们的帮助下，元月十五日在军医大学教学楼群中的小礼堂举行了隆重而俭朴的谢嘉珍同志追悼会，逝者以安详而从容的姿态安睡在鲜花丛中，她走得是那么从容和坦荡，因为她把全部的精力乃至身躯奉献给了这个社会和医学事业，把她全部的爱给了爱她的人，而病中的老伴只能在病榻上祝愿她一路走好。

随着时间的推移，到了2014年3月20日，接到区红十字会举行遗体捐献者公祭大会的通知，在镇红十字会的关心下，在港城新苑居委主任的伴同下，黄子云老人与其二子和长媳驱车前往南汇福寿园海港陵园祭扫。站在墓碑前，老人神情肃穆，心中有多少话要与老伴诉说，他与老伴说的第一句话是："我们都十分珍惜拥有一个共产党员的称号，在拥有这个称号50多年的风雨中，相互学习和鼓励，共同搀扶着，坚定对党的信念和忠诚，对人民群众的尊重，无论在农村、企业或干部岗位上，自觉践行着党的全心全意为人民服务的宗旨，做到光明磊落、办事公道、廉洁自律、为官一任、造福一方，得到组织肯定和群众的好口碑。在'文革'期间受到了诬陷和批斗不公正的对待，但是我们彼此安慰和鼓励，坚定信念，实事求是地接受组织的审查和考验，在党的拨乱反正中还以清白和新生。从而更坚定了听党的话，跟共产党走的自觉性。"

第二句话是："我们俩十分珍惜的是拥有四个有情有义懂孝道的儿子，虽然没有大的出息，但秉承了我俩善良、诚实、守信的品质，为四化建设和国家建设做出了一定的贡献和成绩，而且各自成家立业后与我们一样努力培养下一代，继续为民族和国家的振兴出力，你我均值得自豪和安慰。望你在天之灵护佑他们安康。"

第三句话是："古语说得好，滴水之恩当涌泉相报，我们今天的幸福晚年都是党和人民给的，生者可以微薄之力为社会效力，而逝者唯一能做的就是捐献遗体。作为对党组织和社会的一种感恩和回报，用我们的实际行动为国家的医学科学进步，为培养医学人才作奉献，更好地为百姓谋福祉，实现人生价值。我们可以说无怨无悔，不朽此生！为此我出院后向军医大学提出捐献器官的申请，让生命可以得到延续，共同携手追求生命的永恒。"

"最后在你的墓前放上鲜花的同时，很想跟你唱几句你生前最喜爱的《毕业歌》：'同学们，大家起来，肩负起民族的兴亡……我们今天是桃李芬芳，明天是社会的栋梁；我们今天是弦歌在一堂，明天要掀起民族自救的巨浪……'你曾叮嘱儿子去买此歌带，没有买到，成为一种永久的遗憾，我想争取明年的清明，买到后在你的墓前放给你听，同时我想我俩共同以此歌曲来勉励二军医大的莘莘学子，国家兴亡，匹夫有责。祝愿他们学业有成，早日成为民族振兴的栋梁，为百姓服务的精英!”

（高桥镇红十字会）

附：志愿者黄子云老人所作的诗《捐献者之感悟》

捐献者之感悟

身后甘将遗体捐，
造福人民了心愿。
供研医学众生济，
免占土地后人传。
追求文明弃旧俗，
有识之士该率先。
人道博爱争奉献，
“红会”倡导宜广宣。

身后甘将遗体捐，
造福人民了心愿。
供研医学众生济，
免占土地后人传。
追求文明弃旧俗，
有识之士该率先。
老伴先行我必续，
也将留名福寿园。